SEU FUTURO ASTROLÓGICO APÓS 2012

Lyn Birkbeck

SEU FUTURO ASTROLÓGICO APÓS 2012

As principais previsões astrológicas de agora até 2020

Um guia de sobrevivência para você definir seu destino
– do materialismo atual para o caminho espiritual

Tradução:
MÁRIO MOLINA

Editora
Pensamento
SÃO PAULO

Título do original: *Understanding the Future.*

1ª edição 2012.

Texto de acordo com as novas regras ortográficas da língua portuguesa.

Publicado em 2008 pela Watkins Publishing, Sixth Floor, Castle House, 75-76 Wells Street, London, W1T 3QH.

Coordenação editorial: Denise de C. Rocha Delela e Roseli de S. Ferraz
Preparação de originais: Maria Sylvia Correa
Revisão: Liliane S. M. Cajado
Diagramacão: Macquete Produções Gráficas

Dados Internacionais de Catalogação na Publicação (CIP)
(Câmara Brasileira do Livro, SP, Brasil)

Birkbeck, Lyn
Seu futuro astrológico após 2012 : as principais previsões astrológicas de agora até 2020 : um guia de sobrevivência para você definir seu destino do materialismo atual para o caminho espiritual / Lyn Birkbeck ; tradução Mário Molina. -- São Paulo : Pensamento, 2012.

Título original: Understanding the future
ISBN 978-85-315-1782-2

1. Previsão astrológica I. Título.

12-00938 CDD-133.5

Índices para catálogo sistemático:
1. Previsão astrológica 133.5

Direitos de tradução para o Brasil
adquiridos com exclusividade pela
EDITORA PENSAMENTO-CULTRIX LTDA.
Rua Dr. Mário Vicente, 368 — 04270-000 — São Paulo, SP
Fone: (11) 2066-9000 — Fax: (11) 2066-9008
E-mail: atendimento@editorapensamento.com.br
http://www.editorapensamento.com.br
que se reserva a propriedade literária desta tradução.
Foi feito o depósito legal.

SUMÁRIO

Advertência para a Saúde Astroquântica........................ 7

Nota do Autor........................ 8

Introdução........................ 9

1 Na Crista!........................ 25

2 A Onda-Mãe Urano-Plutão 2007-2020........................ 34

3 Ondas Saturno-Plutão 2007-2021........................ 88

4 Ondas Saturno-Netuno 2007-2020........................ 144

5 Ondas Saturno-Urano 2007-2022........................ 196

6 Ondas de Júpiter entre 2007 e 2020........................ 241

Apêndices

1 Astroquântica........................ 246

2 Ciclos Planetários........................ 250

3 Onda-Mãe Urano-Plutão: Registro Histórico e Visão Geral da Grande Tempestade 1900-2019........................ 254

4 O Começo da Era de Aquário e o Fim do Calendário Maia........................ 258

5 Guia de Trânsito da Casa Planetária........................ 265

6 Pontos Focais........................ 305

7 Índice Ano a Ano da Onda Planetária........................ 317

Advertência para a Saúde Astroquântica

E. Lorenz, um dos principais iniciadores da Teoria do Caos, sugeriu que o clima do próximo mês... podia a tal ponto depender sutilmente das ***condições de hoje*** que tinha sentido perguntar: "A batida das asas de uma borboleta no Brasil provoca um tornado no Texas?" – sendo este o subtítulo de seu relatório "Previsibilidade", no encontro de 1979 da American Association for the Advancement of Science.

John Leslie, *The End of the World*

Este livro *não* é sobre previsões. É um livro sobre as "condições de hoje" como vistas através da lente do simbolismo e do movimento planetário passado, presente e futuro, que constitui a astrologia, e de várias teorias da física quântica, especialmente a chamada Realidade Criada pelo Observador. Ambas, em termos reais ou metafóricos, declaram que o modo como somos e o modo como vemos o mundo é o modo como o criamos. Em outras palavras, e particularmente com a ajuda dessas duas disciplinas...

Nós Criamos Nosso Futuro Agora

Nota do Autor

A redação de *Seu Futuro Astrológico Após 2012* foi concluída em novembro de 2007. Qualquer descrição ou alusão a acontecimentos ou desdobramentos ocorridos entre essa data e a publicação original, no final de 2008 – isto é, enquanto o livro estava em produção – foi portanto registrada anteriormente, não resultando da mera observação dos eventos.

Lyn Birkbeck
3 de março de 2008
Lake District, Inglaterra

Introdução

Que Tempo é Este?

Desligue-se um momento de coisas como contas a pagar, preocupações sexuais ou se está gordo ou magro demais... Você se sente assustado ou sem ação, ou mesmo morbidamente fascinado, diante dos problemas e desastres ameaçadores de hoje?

- Aquecimento global, incluindo a poluição e os riscos para a saúde e ambientais que o acompanham;
- Crises de energia;
- Terrorismo internacional;
- Extremismo perigoso; aumento do crime e da violência;
- Ameaça de guerra nuclear, desta vez partindo possivelmente de países nocivos;
- Ciência pouco confiável, com perigosos reatores nucleares, produtos químicos causadores de mutações na cadeia alimentar, colheitas transgênicas, etc.;
- Um uso excessivo da tecnologia e um excesso de confiança nela, o que encoraja a negligência e a disfunção emocional num nível humano (por exemplo, empresas e instituições sem rosto e ineficientes, com computadores que não conseguem substituir o toque humano);
- Estruturas econômicas, filosofias e métodos que estão rapidamente atingindo sua data de vencimento;
- Um número cada vez maior de viagens aéreas internacionais e de emigração/imigração mundiais que aumentam a probabilidade de acidentes, a poluição e a proliferação de doenças e distúrbios civis;

- Diversos desastres naturais que podem ocorrer a qualquer hora, como a erupção do supervulcão sob o Parque Yellowstone.

Você já reparou que o estado mental e emocional de um número crescente de indivíduos está mais confuso e volátil que nunca, alimentado pela máquina de propaganda/consumo que os convence de que querem e precisam de coisas que realmente não querem nem precisam? Quando descobrem que o tal "sonho" não pode ser alcançado, têm de recorrer ao crime, às drogas ou ao álcool para criar ou manter a ilusão desse sonho.

Tempo de Encontrar um Equilíbrio

Tudo isso impõe a pergunta: o que está acontecendo com a vida humana no planeta Terra? Parece que nós, como indivíduos e gênero humano como um todo, temos nos esforçado para alcançar algo – paz, felicidade, sentido – enquanto alguma outra força parece ter, durante todo o tempo, se oposto a isso, fazendo-nos mergulhar no conflito, no sofrimento e na inutilidade. Às vezes somos forçados a nos rebelar e enfrentar os que têm poder sobre nós e têm abusado desse poder – como na Revolução Francesa, quando os oprimidos ou maltratados cobraram uma vingança sangrenta da elite dominante, ou como nos anos da década de 1960, quando tentamos encontrar um caminho de libertação mais afetuoso, criativo e pacífico. Mas os anos 60 tiveram uma parcela considerável de violência e insurreição; e a era da Revolução Francesa conheceu muita inovação com o nascimento da automação, da produção em massa, da química moderna e de toda a filosofia de liberdade e direitos de que hoje somos tão conscientes – que encaramos, inclusive, com toda a naturalidade. Tudo isso pode ser chamado de guinada para a esquerda.

Examinando a situação do ponto de vista oposto, guinando para a direita, poderia ser dito que as facções rebeldes, nesses períodos e em períodos semelhantes, foram longe demais na tentativa de desafiar ou destruir a ordem existente e que, no bojo de uma reação repressiva e violenta, foram tomadas – frequentemente pelos próprios "libertadores" – medidas draconianas para impedir a anarquia e o domínio da multidão. Isso, inclusive, ocorre juntamente com um movimento pendular que deixa o idealismo para retornar ao materialismo. Por exemplo, tem sido declarado com frequência que estamos pagando agora as "liberdades" dos anos 60, com negligência dos pais, desagregação da unidade da família, políticas públicas e planejamento social mal orientados, falta de direção espiritual com um resultante vácuo moral, criando decadência social e cultural. Ao mesmo tempo, porém, os anos 60 são carinhosamente lembrados por muitos por seu idealismo ingênuo e continuam sendo uma fonte de inspiração (principalmente em termos de música e moda).

Não seria bom se encontrássemos um equilíbrio entre esses extremos de esquerda e direita, de liberdade e controle? *Seu Futuro Astrológico Após 2012*, você logo descobrirá, tenta encontrar um equilíbrio procurando descobrir, de maneira precisa, o que existe nos pratos da balança para *ser* equilibrado.

Tempo de uma Revolução!

Sem dúvida alguns dirão que estamos condenados como civilização e os exemplos anteriores dão apoio a essa previsão. E sim, encarar a situação e a condição humana com o mesmo olhar de sempre nos fará chegar à mesma confusão de sempre – ou talvez a uma confusão muito mais definitiva. "A necessidade", costuma-se dizer, "é a mãe da invenção" e, sendo assim, estamos precisando da mãe de *todas* as invenções! Essa invenção tem de ser o equivalente à descoberta do fogo, algo que altere radicalmente o modo como vivemos e vemos a vida. No entanto, como um dispositivo técnico que você nunca sabe muito bem como usar ou conectar, tal "invenção" ou "descoberta" tem estado já há um bom tempo à nossa volta. Na realidade, trata-se antes de *dois* dispositivos que ainda não fomos capazes de usar de um modo que faça justiça a ambos. Alguns os usaram, mas a maioria deu apenas uma olhada num deles ou nos dois com ar intrigado ou incredulidade – e talvez um pouco de fascinação.

Esses dois "dispositivos" são a astrologia e a física quântica. O primeiro é tão antigo que pode ser encarado pelas mentes convencionais, na melhor das hipóteses, como arcaico e, na pior, como maluquice. O segundo parece, em termos relativos, tão novo que é em geral encarado como demasiado abstrato ou obscuro para ter qualquer significado ou utilidade na vida cotidiana. Mas são esses dois dispositivos – reunidos como de fato estão e chamados de astrologia quântica ou apenas astroquântica – que nos darão aquela "mãe de todas as invenções", aquela chama para disparar os fogos de nosso futuro: um futuro pelo qual vale a pena nos empenharmos.

Astroquântica: Uma Percepção Revolucionária de Tempo e Realidade

Antes que alguns possam achar que isso é forçado ou mesmo loucura, que eles se lembrem de que nossos velhos hábitos e paradigmas são parte do problema, não parte da solução. Este novo modo de ver a vida e vivê-la – como ela realmente se apresenta em seu nível mais fundamental – é agora humildemente posto ao nosso alcance para nos permitir encontrar um equilíbrio,e um caminho para uma época muito diferente – e um *senso* muito diferente de tempo. Juntamente com esse revolucionário senso de tempo, vem um senso revolucionário da própria realidade; uma nova consciência! Que tempo profundo este aqui! Astrologia e física quântica se combinam e assumem a forma do Relógio Cósmico. E o Relógio Cósmico soa um alarme na tentativa de nos despertar. Pois o Relógio Cósmico é esse revolucionário senso de tempo e realidade que está surgindo no momento exato. Mais detalhes de como a astroquântica funciona serão naturalmente revelados à medida que prosseguirmos, mas se você deseja ver seus rudimentos explicados, vá para o Apêndice 1, na página 246.

O Relógio Cósmico

Os planetas do nosso sistema solar podem ser vistos como um grande relógio que nos conta o que está se desenrolando através do tempo: o drama da vida no planeta Terra. Quando dois planetas quaisquer estão em certas posições no céu com relação à Terra – lembrando muito o ponteiro das horas e o ponteiro dos minutos de um relógio comum, com a Terra, por assim dizer, no centro – eles estão indicando tempos específicos. Cada um desses "tempos" tem um atributo ou toque particular, que depende do significado

O Relógio Cósmico: Horas de Urano/Plutão

(Isto é apenas uma amostra. Ver Apêndice 3, na página 254, para um registro mais abrangente.)

Períodos de Tempo Urano/Plutão	Eventos Cruciais
74-65 a.C	Rebelião de Espártaco contra Roma
1489-1507	Colombo redescobre a América
1592-1602	Obras de Shakespeare
1620-27	O *Mayflower* começa a navegar para a América
1705-16	Início da Revolução Industrial – a era do vapor, do carvão e do ferro
1787-98	A Revolução Francesa. Automação. Abolição da escravatura
1873-80	Advento do telefone e da reprodução sonora
1896-1907	Movimentos Militantes das Mulheres. Movimentos pelos Direitos Civis dos Negros Primeiro voo com propulsão a motor pelos irmãos Wright. Física quântica
1928-37	Divisão do átomo: nascimento da era nuclear. Hitler, Stálin e Mao
1960-72	Os anos 60. A pílula. Primeiro homem no espaço e pouso na Lua
2007-20 (aprox.)	Esses anos podem ser um período decisivo para nós, visto que essa onda-mãe vem com a atitude e os riscos ambientais do século XXI.

Você pode ver que as Horas de Urano/Plutão são épicas, verdadeiras criadoras de história, visto que acompanham, em graus variados, todos os planetas de movimento mais lento que, além de Urano e Plutão, incluem Júpiter, Saturno e Netuno.

Quando é a Próxima Criadora Épica de História?

A próxima Hora de Urano/Plutão estava apenas começando a surgir em 2007 e vai durar até aproximadamente 2020.

astrológico dos planetas em questão. Com frequência nos referimos ao "clima da época" ou "espírito do tempo", ou simplesmente a um "ano bom" ou "ano ruim". E exatamente como um relógio comum pode ter diferentes modos (hora, data, alarme, etc.), o Relógio Cósmico tem diferentes modos dependendo do par de planetas que estamos examinando.

Por exemplo, quando olhamos para o Relógio Cósmico no "modo Urano e Plutão", vemos que, sempre que esses dois planetas estiveram em ângulos específicos um com relação ao outro, ocorreram os períodos históricos e eventos mostrados na lista da p. 13; períodos que estiveram carregados dos atributos associados a esses dois planetas (vá para o Apêndice 2, na página 250, se quiser ver os Ciclos Planetários explicados de forma mais completa). Urano é o planeta da libertação e dos direitos iguais, da invenção e inovação, evolução e revolução, enquanto Plutão é o planeta da intensificação, da profundidade, dos extremos, do destino e do poder. Assim as "horas*" de Urano/Plutão são aquelas de grandes invenções, mudança drástica, profundos avanços, ânsia mais intensa por liberdade que também pode estimular uma repressão dela, liberação do que se encontra no nosso íntimo, o melhor e o pior da natureza humana, e numerosas outras combinações dos atributos desses dois planetas que iremos explorar.

Ondas Planetárias

Falamos de ondas de influência, de "novas ondas", ondas de calor, ondas de choque, etc., e essas horas de "planeta com planeta" também podem ser vistas como ondas: Ondas Planetárias. Exatamente como ondas, elas crescem lentamente, atingem um pico e, por fim, refluem – mas deixam no rastro o efeito, não importa qual, de sua influência. Também vão e vêm com regularidade, repetidamente, porque ondas chegam em sucessão. O Relógio Cósmico pode nos dizer quando uma determinada onda está vindo, bem como a grandeza, característica e duração do período de mudança que ela traz. Além disso, diferentes períodos planetários, ou Ondas Planetárias, podem ocorrer simultaneamente, tecendo uma espécie de "tapeçaria do tempo" de influências que se sustentam mutuamente, de perigosas correntezas criadas por correntes em conflito ou de combinações de ambas.

---

* Para facilitar o entendimento, optou-se por traduzir a palavra "*time*" ora por "tempo", ora por "hora", dependendo do contexto. (N. do T.)

Horas de Saturno/Plutão – 11 de Setembro, Iraque, Primeira e Segunda Guerras Mundiais

Se olharmos para o Relógio Cósmico numa modalidade diferente, como, digamos, a de Saturno e Plutão, então em certas épocas os atributos de Plutão se combinariam com atributos saturninos, como autoridade, ordem, repressão, limites, divisão, realidade material, esforço e disciplina. Assim, Horas de Saturno/Plutão veriam ou poderiam ver acontecimentos envolvendo forte repressão, intensificação das divisões, medidas drásticas para manter a ordem, transformação do *status quo*, violação ou destruição de fronteiras, mostras de forte moderação e uso disciplinado da força, bem como a instalação ou o desmantelamento de estruturas profundamente arraigadas. A última Hora ou Onda Saturno/Plutão foi de meados de 2000 a meados de 2004, atingindo um pico de meados de 2001 a meados de 2002, onde vimos o 11 de Setembro, bem como a invasão do Iraque e do Afeganistão por forças dos Estados Unidos. Ambas as guerras mundiais começaram durante os *picos* de Ondas Saturno/Plutão – 1914/15 e 1939/40 respectivamente.

Nota Astroquântica

Tudo são ondas. Pensamentos são ondas. Seus pensamentos são uma expressão de sua consciência. Sua consciência é uma sucessão de ondas. As ondas brotam e contribuem para a criação da realidade. Assim, seu estado de consciência tem algo a ver com o estado do mundo. Ondas Planetárias são a consciência do sistema solar do qual nossa Terra faz parte. Sinta, conheça, surfe as Ondas Planetárias e sua consciência estará em sincronia com a consciência maior que forma e transforma mundos. Consciência: o estado de ser consciente; percepção da própria existência, de sensações, pensamentos, do ambiente, etc.

A consciência é a moeda corrente.

Há três Ondas Saturno/Plutão entre 2007 e 2020, ocorrendo simultaneamente com a abrangente "onda-mãe" formada por Urano e Plutão.

Clima da Onda Planetária

Cada Onda Planetária também traz consigo um "clima" próprio, que depende da natureza dos dois planetas envolvidos e de suas posições relativas.

O clima da Onda Planetária pode ser escuro e tempestuoso, como o de algumas ondas ou períodos já mencionados, mas também pode apresentar "ventos favoráveis", que nos ajudam a encontrar soluções e criar harmonia. Por outro lado, progressos e vantagens podem ser encontrados também – ou especialmente – nas adversidades. Nas páginas seguintes, vamos ver quais são as Ondas Planetárias que vão ocorrer entre 2007 e 2020 e até depois dessa data; vamos ver também qual é o clima que elas trarão. Vamos entender ainda, por fim, que, se aproveitarmos o vento das tempestades e surfarmos adequadamente as ondas – de maneira equilibrada e informada –, seremos capazes de transformar em vez de destruir, subir em vez de afundar, resolver problemas em vez de criá-los. E poderemos fazer isso tanto ao nível pessoal quanto ao nível global. Sem dúvida nos será mostrado como o *único* está indissoluvelmente ligado aos *muitos* – como surfando individualmente as ondas da maneira certa ou tirando proveito de ventos favoráveis, você ajuda o mundo a fazer o mesmo. Como isso acontece?

Tempo de Descobrir como Você Pode Fazer Diferença

Do que foi dito anteriormente e talvez com base em sua própria experiência, você pode ver que a astrologia e as chamadas influências dos planetas são muito reais. Mas para entender como você, pessoalmente, pode afetar a condição do mundo e a história, precisamos avaliar o que a astrologia realmente é. Um eminente físico quântico, chamado David Bohm, propôs a existência de um lugar do qual vem toda a realidade que conhecemos e experimentamos. Ele chamou o lugar de "Mar da Ordem Implicada" – implicada no sentido de *dobrada sobre si mesma*; isto é, esperando para ser *des*dobrada. É semelhante ao botão que se desdobra numa flor ou ao potencial de um homem e uma mulher para reproduzir uma criança. Assim, este mar é a Fonte de toda a vida – como, sem dúvida, é o verdadeiro mar. O Relógio Cósmico nos diz o que está se desdobrando ou emanando desse Mar num dado momento. É isso o que são as Ondas Planetárias. São uma *expressão* da Fonte antes que ela tenha se manifestado como acontecimento ou experiência humana. O que fazemos delas, que acontecimentos, produtos e realidade criamos a partir delas, só depende de nós.

A Onda Planetária, contudo, tem uma qualidade e intenção próprias, dependendo dos planetas em questão e de seus climas. Além disso, e de acordo com algo chamado Não Localidade em física quântica (ver página 246, Astroquântica), fazer ou pensar em alguma coisa relacionada com a "influência" de um planeta tem um efeito imediato e correspondente em outros lugares, perto e longe, e desse modo afeta o todo, negativa ou positivamente, dependendo de estarmos alinhados com as más ou as boas energias de uma Onda Planetária.

"Ondas Planetárias são expressões da Fonte antes que ela tenha se manifestado como acontecimento ou experiência humana."

Interpretando as Ondas, Surfando as Tempestades

Como um surfista, temos de interpretar a onda para pegá-la da maneira certa. Temos de entender sua natureza e direção, respeitá-la como algo vivo – e infinitamente mais poderoso que o surfista que viaja por ela. Os que interpretam as ondas e as pegam serão levados para onde essas ondas *naturalmente* deveriam ir e, portanto, vão tirar um proveito infinitamente maior delas, alcançando um resultado bastante positivo. Os que não interpretam as ondas serão, mais cedo ou mais tarde, *eliminados*. Ante uma onda insolitamente grande e poderosa, torna-se crucial que a pessoa a interprete. Você será levado longe, numa viagem empolgante para um novo tempo e lugar, ou ficará exausto, será engolido pela onda, talvez suma.

A Onda Urano/Plutão de 2007-2020 é uma onda dessas. Mostrando a você o ritmo, a direção e como manter o equilíbrio, *Seu Futuro Astrológico Após 2012* vai guiá-lo através dessa Onda Planetária e de todas as outras Ondas que formam parte dela.

A Visão Espiritual: Uma Situação em que Todos Ganham

Como já declarei, alguns dirão que nós, como civilização, estamos condenados. Mas interpretando as Ondas Planetárias, e portanto viajando nelas, podemos ajudar o mundo a chegar a um lugar melhor, se houver um número suficiente de surfistas trabalhando em conjunto. Isso porque teremos permitido que as Ondas Planetárias, essa expressão do Mar da Ordem Implicada, tornem-se o que elas naturalmente querem se tornar – algo saudável e bom, visto que está em sintonia com a Fonte, como um carvalho está em sintonia com a expressão natural de sua semente! Mas se o número de pessoas surfando as Ondas de maneira certa e viajando pelas tempestades não for suficiente, o desastre, então, cairá sobre o mundo.

A partir de uma visão de mundo puramente materialista, isso pode parecer deprimente, dando origem a um sentimento de inutilidade e à pergunta: por que se preocupar se é bem provável que tudo acabe chegando ao fim se não houver gente suficiente se empenhando no tipo certo de esforço? Muito depende aqui das suas crenças individuais com relação a uma vida após a morte, com relação à continuidade da consciência, ao karma, etc. Mas tanto a astrologia quanto a física quântica são essencialmente espirituais em suas perspectivas, pois existe a compreensão de que a energia da vida flui eternamente da Fonte e assume a forma de coisas vivas (o que inclui você e eu), retornando depois para continuar fluindo e tomar forma de novo, e assim infinitamente. Além disso, a qualidade da forma de expressão dada a essa energia de vida – isto é, em termos astroquânticos, até que ponto a pessoa sabe viajar pelas Ondas Planetárias – tem muita relação com a qualidade da energia que retorna à Fonte e, portanto, com a qualidade do que emana dela daí em diante. Em outras palavras, mesmo se o investimento que você faz – para ajudar a salvar o mundo, pegando as Ondas Planetárias de maneira certa – fracassar, você terá contribuído para aumentar a vibração ou melhorar a qualidade da energia universal da vida. O que significa melhorar a qualidade da vida após a morte, a qualidade da consciência, do karma, de outras dimensões ou de seja lá o que você queira chamar de expressão da *eternidade*, algo que é testemunhado em astrologia como o movimento interminável de corpos celestes e na física quântica como a emissão e intercâmbio intermináveis de ondas e partículas subatômicas.

Essa é uma visão decididamente espiritual ou iluminada, mas é precisamente o que esta Onda Planetária Urano/Plutão está nos forçando a adotar, a aceitar, a ver com uma clareza bem maior. E não vamos esquecer que "visão espiritual" inclui qualquer abordagem da vida guiada por princípios mais elevados ou seres mais elevados, não exclusivamente pelos planetas e suas ondas.

O Drama Cósmico 2007-2020

E assim é que, na época da redação deste livro, os ponteiros do Relógio Cósmico no modo Urano/Plutão indicam a aproximação de uma Grande Tempestade da Onda-Mãe – o último clima planetário desse tipo ocorreu durante os anos de 1960. Como nos anos 60, virá acompanhada de numerosas outras Ondas Planetárias de menor tamanho, tanto de bom quanto de mau tempo. Esses picos e depressões, tufões ferozes e brisas favoráveis persistirão até o que parece ser um "ponto de partida" por volta do ano 2020, após uma crise bem definida entre 2009 e 2017.

No entanto, o *centro do centro* deste período coincide com o fim do calendário maia, 2012, uma época que se prevê como o Fim do Mundo, ou melhor, o Fim do *Tempo* como o conhecemos. Se o significado das Horas e Ondas Planetárias através da história, como exposto nestas páginas, é algo pelo qual devemos nos guiar, então esses anos parecem ser de fato um tempo de grandes rupturas para nós. Isso acontece porque, ao contrário dos anos 60 ou de qualquer outra Onda Urano/Plutão na história conhecida, *estamos agora nos confrontando com uma série sem precedente de "problemas e desastres ameaçadores"*. Mas estão essas calamidades realmente vindo de fora, de uma "força contrária", como um adversário alienígena e agressivo? Ou o inimigo está vindo de dentro?

Nota Astroquântica

Muito tem sido dito sobre o fato de a física quântica não dar realmente respaldo a novos modelos para a vida e o pensamento, como os adotados por obras como *Quem Somos Nós?* e *O Segredo* – e agora aqui em *Seu Futuro Astrológico Após 2012*. Todas essas publicações dão grande importância à ideia de que, como a física quântica declara que partículas subatômicas, como os elétrons, só passam realmente a existir quando estão sendo observadas, então, na vida real, o que entendemos por nossa realidade depende inteiramente de nós (ver página 246 Astroquântica/Realidade Criada pelo Observador).

O físico quântico argumentará que é uma máquina que estava fazendo a observação no experimento, não olhos e mente humanos. Mas aqui se está perdendo de vista o fundamental. A física quântica diz respeito inteiramente à realidade interna da matéria e, portanto, é análoga à realidade interior de nossa mente e vida, e a astrologia diz respeito inteiramente a isso. Os olhos humanos veem o que a máquina está fazendo e mentes humanas criaram a máquina – à sua própria imagem.

A teoria quântica pode ser vista como uma metáfora para o poder da mente.

O Jogo da Culpa

Existe algo em nossa natureza que esteja nos levando rumo a uma vida mais feliz e mais saudável ou este algo está reprimindo uma necessidade de nos expressarmos livremente? O que continuamente nos causa o transtorno necessário para atrair agressão (e agressão capaz de atrair vingança, criando rixas e guerras intermináveis, seja entre indivíduos ou países inteiros) são apenas os nossos desajustes, inibições pessoais, reações infantis e atitudes defensivas nascidas de mágoas da infância? Aqui um exemplo literalmente extremo é o do terrorista que está reagindo a uma repressão localizada muito mais perto de casa do que da área ou ideologia estrangeiras que ele ataca. Ou inversamente, o caso do líder que ataca com violência o terrorismo quando o que está realmente tentando fazer é reprimir o terrorista interior ou esconder-se (dele). (Ver página 67, Despertando o Mundo Subterrâneo.)

Autocontrole Astroquântico

Se, no entanto, ficamos em sintonia e sincronia com o Relógio Cósmico, assumimos um papel, por menor que seja, que afetará positivamente tanto a nós mesmos quanto à situação coletiva. Desse modo, a cadeia de atitude defensiva-agressão-vingança é quebrada. É o que se chama Autocontrole Astroquântico.

Assim, quando o Relógio Cósmico diz que é tempo de liberar e policiar a *nós mesmos* na devida proporção; ou soltar e conter a *nós mesmos* como for apropriado; ou criar qualquer outro tipo de equilíbrio dentro de *nós mesmos*, ao levar isso a cabo ou pelo menos tentar levar a cabo num nível pessoal, estamos nos alinhando com a direção que a Onda Planetária quer seguir no sentido de mudar o todo de modo positivo.

Isso acontece porque a direção da Onda Planetária é o modo natural e autorregulador, como o que faz os planetas ficarem fiéis às suas órbitas, e o sistema solar permanecer estável. É mais ou menos como vermos lixo num parque público e "interpretarmos" esse fato como uma convocação para dar fim àquele lixo. O lixo pode não ter sido nosso, mas respondendo dessa maneira ao incidente, tornamos o parque um lugar mais seguro, mais limpo e mais agradável para todos, inclusive para nós mesmos. Além disso, sentiremos a força, o vigor e o espírito da Onda Planetária particular que nos atravessa enquanto viajamos por ela, assim como um surfista diante de uma onda comum.

Sincronicidade

De maneira significativa, o Relógio Cósmico também pode nos mostrar que acontecimentos que são aparentemente "acidentais" ou fruto da "vontade de Deus" estão de fato relacionados à condição humana e ao comportamento humano. É o caso da sincronicidade ou a ideia de que incidentes distintos acontecendo ao mesmo tempo estão significativamente relacionados.

Considere, por exemplo, a Onda Saturno/Netuno que começa em 2004, finalmente reflui em 2008, mas deixa uma impressão duradoura (para um relato completo sobre as Ondas Saturno/Netuno, ver página 144). O "ponteiro" Netuno do Relógio Cósmico indica energias e influências que têm, numa ponta de seu espectro, relação com sonhos e ideais, além de um senso de espiritualidade e identidade oceânica – mas, na outra ponta do espectro de Netuno, têm relação com ilusões e o subsequente desapontamento, com a sensação de ser inundado por algo além de seu controle. E você lembrará que Saturno indica coisas que dizem respeito exatamente ao oposto, como autoridade, realidade material, ordem e limites.

Ondas Dentro de Ondas

Assim, 2004 viu uma onda de imensa decepção pública com as autoridades, evidenciada nos Estados Unidos mais particularmente pela reeleição de Bush, mas também no desencanto mundial com os políticos e os governos, não poupando de modo algum Blair e seu governo na Grã-Bretanha. Ao mesmo tempo, contudo, ocorreu uma dissolução de fronteiras, cruamente mostrada pelo oceano na forma do tsunami, que inundou os litorais de vários países asiáticos. Durante a mesma Onda ou período Saturno/Netuno, vimos, em 2005, a inundação de Nova Orleans, como resultado do furacão Katrina, juntamente com o manejo escandalosamente inepto desse desastre pelas autoridades (o que ainda nos fez lembrar do mau traçado da própria cidade).

Se retrocedermos à Onda Saturno/Netuno que veio antes dessa, a de 1987-1991, vemos de novo a dissolução de fronteiras e a decepção com a autoridade, com a queda do Muro de Berlim e o fim da União Soviética. Ainda durante o mesmo ano (1989), ocorreram "acidentes" ou "coisas do destino" que violavam fronteiras, como o vazamento de óleo do Exxon Valdez nas costas do Alasca e um enorme terremoto na Área da Baía de São Francisco.

Outra forma ainda de "dissolução de fronteiras" pode ser vista na pandemia de gripe espanhola de 1918 (com um total de mortos entre 20 e 40 milhões), que aconteceu durante a Onda Saturno/Netuno de 1916-1919, com

Nota Astroquântica

Siga o fluxo da onda.

o cruzamento das fronteiras do país, das fronteiras do sistema imunológico e das fronteiras entre as espécies (quando se concluiu que tinha sido originalmente uma gripe aviária que passara para os humanos). Na época em que escrevo, durante a Onda Saturno/Netuno de 2004-2008, há um alarme crescente ante a possibilidade de que isso aconteça de novo com a atual disseminação da gripe aviária ao nível global e a febre aftosa na Europa. Elas se adicionam a muitos outros frutos de Saturno/Netuno que examinaremos no capítulo das Ondas Saturno/Netuno, que começa na página 144.

Se ocorre ou não uma pandemia durante esse tempo, ou na próxima Onda Saturno/Netuno de 2014-2017, depende de como surfarmos a própria Onda Saturno/Netuno. É um mistério saber por que, na mesma situação, uma pessoa pegará uma doença e outra não. Uma das respostas do Relógio Cósmico é que uma tem um senso bem equilibrado de fronteiras (Saturno) e acessibilidade (Netuno), enquanto a outra não. Num nível coletivo, de uma maneira ou de outra, isso ficará registrado como uma massa crítica que pode fazer a diferença entre uma epidemia branda e uma pandemia pior que a de 1918 (ver página 166, O Efeito Borboleta).

Em Sincronia com o Tempo

Mais uma coisa sobre sincronicidade. Surfando as Ondas Planetárias, você acabará descobrindo que as coisas em sua vida fluem mais facilmente quando estão no ritmo, sintonizadas umas com as outras, ou melhor, quando estão alinhadas com um tema comum e aglutinador. Quando o chamado acaso irrompe e coincidências felizes ocorrem com toda a naturalidade, um bom ritmo se torna a regra. A sincronicidade, então, se difunde rapidamente pelo coletivo, tornando-se mais harmoniosa e integrada. Isso se assemelha a um grupo de músicos tocando bem porque estão em harmonia uns com os outros e/ou lendo a mesma partitura.

Nota Astroquântica

Ondas Planetárias podem ser vistas como "Mensageiras do Destino". Surfar por essas ondas consiste simplesmente em viver a vida. Podemos lutar contra a força e a direção delas, arranjando encrenca, ou nos sintonizarmos com elas e seguir sua direção usando sua força, como um surfista ao pegar uma onda comum. A teoria quântica declara que absolutamente todas as coisas são fundamentalmente ondas, assim como a luz e o som são ondas (ver página 246, astroquântica). Nossos pensamentos são ondas. As ondas podem interagir umas com as outras, em fase ou fora de fase, de modo harmonioso ou discordante.

Pense em duas pessoas cantando afinadas ou desafinadas, ou na turbulência onde um rio encontra o mar. Assim, o modo como seus pensamentos interagem com o que está acontecendo, ou parece prestes a acontecer, tem tudo a ver com o que ocorre agora ou no futuro. Com isso em mente, *Seu Futuro Astrológico Após 2012* mostra a você o que está basicamente acontecendo ou pode estar prestes a acontecer, mais ou menos como se interpretasse o próprio vento em vez dos objetos que o vento está carregando. Sua mente está tendo, portanto, a oportunidade de ecoar com essas Ondas no mesmo nível delas – fazendo as ondas de pensamento se harmonizarem com as Ondas Planetárias. Isso produz um resultado ou destino positivos.

Seu Futuro Astrológico Após 2012
nos mostra como cooperar com o destino

"Esta Onda-Mãe Urano/Plutão de 2007-2020 tem potencial para incrementar o poder mental humano e nos capacitar a fazer 'correções de curso' que evitarão os desastres que nos ameaçam."

Despertando para o Poder

Finalmente, tem de ser enfatizado que o mais importante e mais belo acerca da Onda-Mãe Urano/Plutão de 2007-2020 é que sua intenção central é despertar em nós o poder que possuímos de moldar nosso destino. Ela quer que descubramos exatamente quanto poder nossa mente tem sobre a matéria, para que tendo uma percepção consciente dessa onda vindoura de história e da realidade em formação possamos influenciar o curso dos acontecimentos *na fonte*. É o advento do Superpoder Mental.

De fato, como os físicos quânticos estão se tornando cada vez mais conscientes, somos também criadores de vida. Pode-se dizer que os planetas, que são os ponteiros do Relógio Cósmico, estão apontando para o que precisamos saber e para o que precisamos fazer, *antes que qualquer coisa realmente aconteça*. Eles revelam quais problemas estão nos pratos da balança para serem pesados, na panela para serem misturados e combinados, ou eliminados, ou refinados, *antes* que o conteúdo seja servido e consumido. Significa dizer que como e o que realmente pensamos no presente momento está totalmente relacionado com o que realmente vai acontecer.

Isso também está de acordo com a física quântica – e com a antiga máxima esotérica "a energia segue o pensamento". Mas, se estamos entorpecidos para isso e para o que aqui se coloca, se não *despertarmos para o nosso poder*, então os poderes que existem – e que deviam *não* existir – continuarão a nos manipular e, por fim, a nos destruir.

Nota Astroquântica: Equações Simples

Consciência das Ondas	=	Resposta Apropriada	=	Futuro Brilhante
Ignorância das Ondas	=	Reação Cega ou Falta de Reação	=	Futuro Sombrio

"Concentrando-nos no futuro agora, surfando as Ondas Planetárias e aplicando o Autocontrole Astroquântico, podemos mudar o futuro – já."

CAPÍTULO 1

Na Crista!

Como Viver, Criar e Aproveitar o Futuro Já

Lembretes

O Relógio Cósmico, que é a astrologia, nos fala do espírito do tempo que estamos atravessando durante cada período da história. A natureza e o poder desse espírito ou *zeitgeist* são indicados pelo atributo de determinados pares de planetas, ponteiros do Relógio Cósmico. Os pares planetários criam Ondas Planetárias que crescem e se encrespam através do tempo e de nossa vida.

Assim, **Ondas Planetárias são "Mensageiras do Destino"**. Viajar por essas ondas consiste em simplesmente viver a vida. Podemos lutar contra sua força e direção, arranjando encrenca, ou nos sintonizarmos com elas e seguir sua direção, usar sua força, como um surfista pegando uma onda comum.

Dois planetas interagindo criam uma Onda. Uma metáfora humana para isso são duas pessoas muito diferentes e muito decididas entrando em contato, com o melhor e o pior de cada uma sendo trazido à luz e ampliado. Dois planetas fazem o mesmo um ao outro numa escala cósmica.

Astroquântica – *Seu Futuro Astrológico Após 2012* compara e combina a astrologia com os rudimentos da física quântica. Por exemplo, uma descoberta da física quântica como a não localidade – onde algo ocorrendo num lugar acontece simultaneamente muito longe dali – nos deixa ver como a astrologia funciona. Ela mostra que, se uma pessoa está surfando uma Onda de modo correto, isso terá imediatamente um efeito positivo do outro lado do mundo. E, além do mais, podemos surfar Ondas que ainda estão por vir e mudar o futuro já!

Como um surfista, temos de interpretar a Onda se quisermos pegá-la de modo correto. Isso se chama *Consciência das Ondas* e o restante deste livro é um manual que trata exatamente desse assunto.

Gráfico do Clima da Onda Planetária e Cronologia e Índice da Onda Planetária

Este manual começa com o Gráfico do Clima da Onda Planetária e a Cronologia e Índice da Onda Planetária. São os principais mapas que você tem, seus guias para surfar a Onda Planetária!

- **O Gráfico do Clima** mostra esquematicamente todas as Ondas e seus tipos de clima durante a Onda-Mãe Urano/Plutão de 2007-2020, juntamente com a própria Onda-Mãe. Também inclui o início da era de Aquário e o fim do calendário maia – tudo isso é explicado no Apêndice 4 da página 258.
- **A Cronologia e Índice da Onda Planetária** mostra o Gráfico do Clima na forma de uma tabela cronológica, explicando detalhadamente a verdadeira duração, o tipo de clima, a expressão-chave e, de extrema utilidade, o(s) número(s) da(s) página(s) onde você pode encontrar tudo sobre qualquer Onda em particular.
- **E Além** – Este livro não mostra apenas como surfar todas as Ondas Planetárias. Serve também como um manual para quaisquer Ondas Planetárias semelhantes que ocorram depois de 2020 e que podem ser determinadas por qualquer um com um pequeno conhecimento astrológico.

Gráfico do Clima da Onda Planetária para a Onda-Mãe Urano/Plutão de 2007-2020

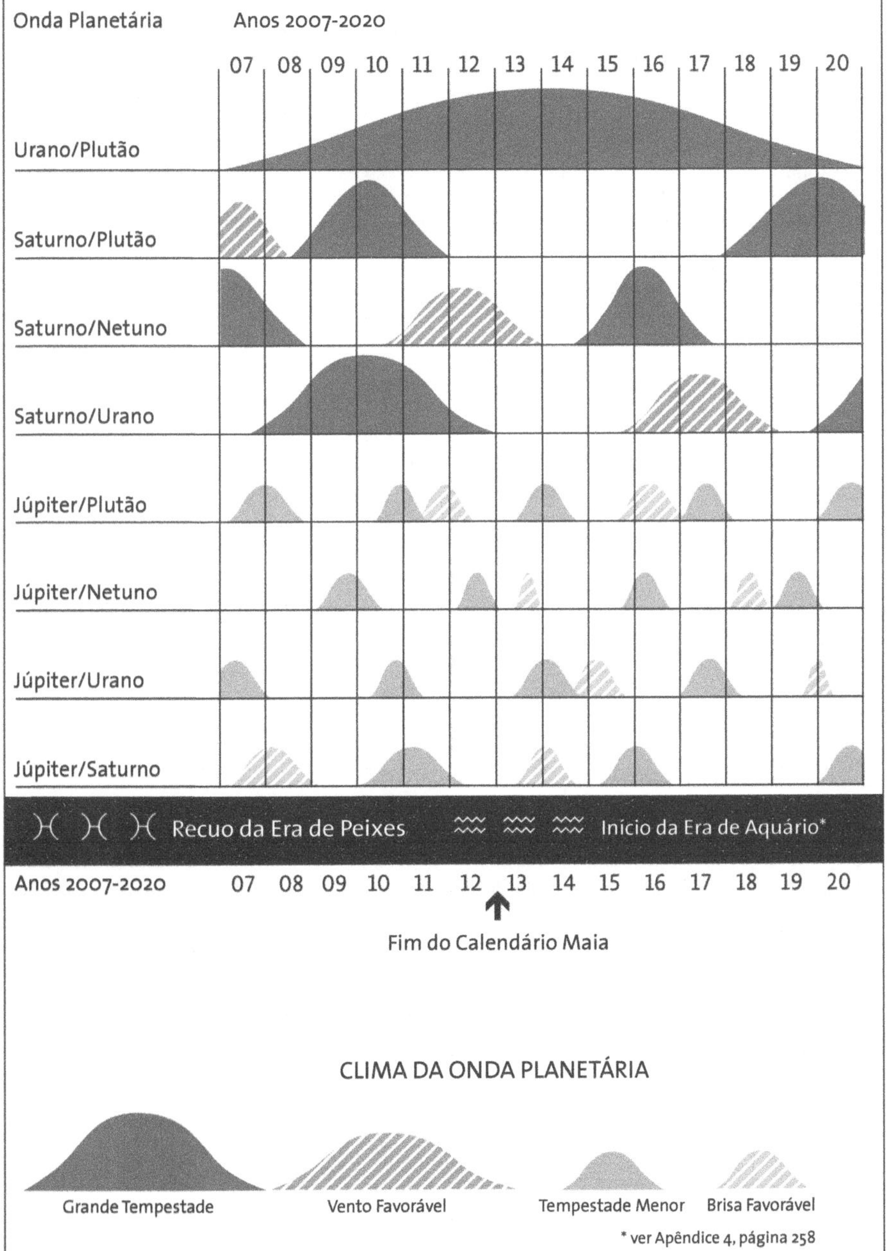

Cronologia e Índice da Onda Planetária

nº	Ano(s)	Onda Planetária	Expressão-Chave	Tempo	Página
1	2007-2020	Urano/Plutão	Despertando para o Poder	Grande Tempestade	34-87
2	11/2004-08/2008	Saturno/Netuno	Transcendência de Limitações	Grande Tempestade	131,144-179, 182-184, 187-195, 230
3	8/2006-8/2008	*Saturno/Plutão*	*Uso Construtivo do Poder*	*Vento Favorável*	119-131 182, 231
4	12/2006-11/2007	Júpiter/Urano	Despertar da Fé	Tempestade Menor	76, 231
5	1/2007-9/2008	Júpiter/Plutão	O Poder da Crença	Tempestade Menor	76, 131
6	2/2007-1/2009	*Júpiter/Saturno*	*Controle Benevolente*	*Brisa Favorável*	131, 132 183, 231
7	9/2007-7/2012	Saturno/Urano	O Velho *versus* o Novo	Grande Tempestade	131, 132 183, 184, 198-227, 230-232 234-240
8	11/2008-8/2011	Saturno/Plutão	Lutas pelo Poder	Grande Tempestade	89-127, 132-133, 136-143, 184, 231
9	2/2009-3/2010	Júpiter/Netuno	Visão Espiritual ou Terra Prometida	Tempestade Menor	183
10	3/2010-3/2012	Júpiter/Saturno	Crescimento *versus* Ordem	Tempestade Menor	132, 185, 233
11	3/2010-4/2011	Júpiter/Urano	Despertar da Fé 2	Tempestade Menor	76, 233
12	5/2010-4/2011	Júpiter/Plutão	O Poder da Crença 2	Tempestade Menor	76, 132
13	12/2010-11/2013	*Saturno/Netuno*	*Visão Prática*	*Vento Favorável*	132, 180-181, 184, 185, 233
14	5/2011-5/2012	*Júpiter/Plutão*	*Regeneração*	*Brisa Favorável*	76, 132
15	5/2012-8/2012	Júpiter/Netuno	Visão Espiritual ou Terra Prometida 2	Tempestade Menor	185
16	6/2013-6/2014	*Júpiter/Saturno*	*Controle Benevolente 2*	*Brisa Favorável*	185
17	6/2013-7/2014	Júpiter/Plutão	O Poder da Crença 3	Tempestade Menor	77

Cronologia e Índice da Onda Planetária (cont.)

nº	Ano(s)	Onda Planetária	Expressão-Chave	Tempo	Página
18	6/2013 -8/2013	*Júpiter/Netuno*	*Crescimento Espiritual*	*Brisa Favorável*	185
19	7/2013-6/2014	Júpiter/Urano	Despertar da Fé 3	Tempestade Menor	77
20	8/2014-8/2015	*Júpiter/Urano*	*Dando Sorte*	*Brisa Favorável*	77
21	11/2014-9/2017	**Saturno/Netuno**	**Transcendência de Limitações 2**	**Grande Tempestade**	144-179 185-186, 186-195, 232
22	6/2015-7/2016	Júpiter/Saturno	Crescimento *versus* Ordem 2	Tempestade Menor	185, 232
23	8/2015-8/2016	*Júpiter/Plutão*	*Regeneração 2*	*Brisa Favorável*	77
24	7/2015-8/2016	Júpiter/Netuno	Visão Espiritual ou Terra Prometida 3	Tempestade Menor	185
25	11/2015-12/2018	***Saturno/Urano***	***O Velho se Mistura com o Novo***	***Vento Favorável***	135, 185 228-229, 232-233
26	10/2016-9/2017	Júpiter/Plutão	O Poder da Crença 4	Tempestade Menor	78
27	10/2016-1/2018	Júpiter/Urano	Despertar da Fé 4	Tempestade Menor	78-233
28	10/2017-10/2018	*Júpiter/Netuno*	*Crescimento Espiritual 2*	*Brisa Favorável*	186
29	1/2018-12/2021	**Saturno/Plutão**	**Lutas pelo Poder 2**	**Grande Tempestade**	89-127 134, 136-143, 233
30	11/2018-11/2019	Júpiter/Netuno	Visão Espiritual ou Terra Prometida 4	Tempestade Menor	186
31	11/2019-1/2020	*Júpiter/Urano*	*Dando Sorte 2*	*Brisa Favorável*	78
32	12/2019-4/2021	Júpiter/Saturno	Crescimento *versus* Ordem 3	Tempestade Menor	134, 233
33	1/2020-1/2021	Júpiter/Plutão	O Poder da Crença 5	Tempestade Menor	78-134
34	1/2020-10/2022	**Saturno/Urano**	**O Velho *versus* o Novo 2**	**Grande Tempestade**	134, 197-227, 233-240

Antes de Molhar os Pés

Cada capítulo sobre Onda Planetária consiste em várias seções – capítulos dentro de capítulos se você preferir; aqui está o que você encontrará em cada um e o que precisará saber quando se deparar para valer com eles...

Informações da Onda Básica

O Período Ativo, o tipo de Clima da Onda e as páginas sobre Como Surfá-la.

Que Tempo é Este?

Que Tempo ou Tempos a Onda está trazendo consigo. As Energias em Jogo.

Anteriormente e Até Agora

O que aconteceu anteriormente com Ondas similares, desde o início do século XX, e com qualquer Onda até o momento.

Notas Astroquânticas

Elas não deixam você se esquecer da natureza básica do surfe pela Onda Planetária.

Artigos Isolados (✦)

São inserções que dão destaque a aspectos importantes da Onda em questão.

Surfá-la ou Cair?

A Batalha entre o Espírito do Tempo e o Demônio do Tempo, bem como os Conflitos, Tendências e Possibilidades que eles trazem. Exposto em categorias de vida.

O Humor do Tempo

Descreve a atmosfera emocional e psicológica da Onda.

A Escolha é Nossa

Um quadro para um surfe tranquilo que pode beneficiar a todos.

Ventos Favoráveis

Quando ocorrem, proporcionam uma oportunidade considerável de melhorar as coisas e abrandar os efeitos das Grandes Tempestades. Obviamente, Ventos Favoráveis em parte alguma se aproximam da força das Grandes Tempestades e você tem de "içar corretamente suas velas" para se beneficiar deles. Grandes Tempestades jogam-no em sua trajetória dinâmica, esteja você pensando nelas ou não! É um fato da astrologia e um fato da vida. É mais fácil cair de um tronco que subir numa árvore; é mais fácil não fazer um esforço do que fazer. O Universo é um lugar dinâmico que exige esforço e consciência de tudo o que quer funcionar nele, especialmente em planetas de forte gravidade como aquele em que estamos vivendo – isto é, somos na maioria das vezes obrigados a "subir em árvores" em vez de apenas "cair dos troncos". O planeta que governa a gravidade é Saturno; é por isso que a maioria das Grandes Tempestades envolve Saturno, porque são fenômenos nascidos da gravidade (peso, pressão e a força das circunstâncias) trabalhando contra o outro planeta em questão, forçando suas energias a se manifestarem no mundo material.

A História em Curso: Ondas se Fundindo e Reforços* de Júpiter

Ondas se Fundindo. Elas informam sobre outras Grandes Tempestades e Ventos Favoráveis ocorrendo ao mesmo tempo que a Onda em questão. Ondas se fundindo podem ser vistas com nitidez no Gráfico do Clima da Onda Planetária.

Reforços de Júpiter. Assim como as Ondas se Fundindo, há Ondas Planetárias envolvendo Júpiter que entram no quadro da Onda sendo examinada, e Júpiter mais ou menos reforça o que quer que esteja acontecendo, ampliando as coisas até não podermos deixar de reparar nos problemas ou nas oportunidades! Como podemos ver no Gráfico do Clima da Onda Planetária na página 27, as Ondas de Júpiter existem por si mesmas e são responsáveis por Tempestades Menores e Brisas Favoráveis.

As Crônicas da Onda Planetária. Os Reforços de Júpiter e as Ondas se Fundindo podem intensificar ou modificar os efeitos de quaisquer

* Em inglês, *boosters*. (N. do T.)

Grandes Tempestades e dos Ventos Favoráveis que estejam ocorrendo ao mesmo tempo. Tomadas em conjunto, essas Ondas se Fundindo e Reforços de Júpiter dramatizam esses efeitos e dão o ritmo de seu trajeto completo, mais ou menos como faria um narrador, ao contar suas histórias.

"Ao descrever as Ondas Planetárias, Seu Futuro Astrológico Após 2012 *está mostrando a você basicamente o que está acontecendo ou pode estar prestes a acontecer, mais ou menos como se estivesse interpretando o próprio vento em vez dos objetos que o vento está carregando."*

Efeito Pessoal

Toda Onda Planetária afeta você como indivíduo e pode ser percorrida com êxito se você **Surfar através das Casas**, administrar **Relações**, levar em conta que **A Escolha é Nossa** e com a mais simples de todas as ajudas para surfar: **Os Gráficos do Equilíbrio de Poder**. Todas essas ajudas pessoais são concebidas para servir também ao todo, pois é disso que tratam a vida e a astrologia. Eu também o aconselharia a pedir a um astrólogo experiente para que interprete seu mapa individual, pela primeira vez ou de novo.

Pontos Focais*

São momentos para ficar com os dois pés no chão, quando é maior a probabilidade de algo acontecer. Os Pontos Focais de todas as Ondas Planetárias entre 2007 e 2020 podem ser encontrados no Apêndice 6.

Índice da Onda Planetária Ano a Ano

(Ver Apêndice 7.) Vá direto para o que está acontecendo durante o ano que interessa a você.

---

* Em inglês, *hotspots*. (N. do T.)

Referência e Relevância

Este livro pode ser lido "lateralmente", assim como de modo linear. O que significa que você não tem necessariamente de ler o livro do princípio ao fim (embora possa fazer isso se quiser), pois ele vai para a frente, para trás e para os "lados", exatamente como nossa mente e a própria vida. Há muitos pontos onde você pode deixar a página em que está e ir para outra que tenha alguma relação com ela. Quando este é o caso, há simplesmente um dos seguintes símbolos: {>} ou {<}, com o nome do item e o número da página, mais atrás ou na frente, para onde você pode pular se quiser ter um foco mais detalhado daquilo que está lendo ou se quiser vê-lo sob outro ângulo.

Nota Astroquântica: Ondas Múltiplas

Quando você vir um 🕑, seguido por um número de página e o nome de outro capítulo de Onda Planetária, isso significa que na página indicada há outra Onda Planetária ocorrendo ao mesmo tempo, similar em efeito àquela sobre a qual você está lendo. É bem mais provável que os eventos, tendências ou possibilidades mencionados tenham se originado do efeito combinado dessas duas ou mais Ondas. Observe que nem todos os eventos ganham referências cruzadas como essa, apenas os mais significativos; senão o texto ficaria confuso. Use o Gráfico do Clima da Onda Planetária para ter uma visão completa e detalhada.

Efeitos simultâneos e similares de Onda Planetária indicam que o destino está falando mais alto!

Aí Vêm as Ondas Planetárias – Fique Ligado!

CAPÍTULO 2

A Onda-Mãe Urano/Plutão 2007-2020

Que Tempo é Este? Tempo de Despertar para o Nosso Poder

Período Ativo	Clima da Onda	Como Surfar
2007-2020	Grande Tempestade da Onda-Mãe	Páginas 35-87

A próxima Onda-Mãe Urano/Plutão é a de 2041-2052.

Ondas recentes recuando para o início do século XX são revistas abaixo.

Ondas-Mãe Urano/Plutão mais antigas estão listadas no Apêndice 3, página 254.

Energias em Jogo Quando Surfamos Esta Onda

As energias de Urano estão interagindo com as energias de Plutão e tudo e todos no planeta Terra estarão sujeitos a essa interação enquanto o processo durar, assim como aos efeitos secundários que se seguem a essa Onda Planetária. Lembre que dois planetas interagindo são mais ou menos como duas pessoas muito diferentes e muito decididas entrando em contato, com o melhor e o pior de cada uma sendo trazidos à luz e ampliados. Urano e Plutão fazem o mesmo um com o outro numa escala cósmica, afetando todos nós!

♅ O caráter de **Urano** é **Liberdade e Inovação** e sua energia está **Despertando e/ou Rompendo.**

♇ O caráter de **Plutão** é **Profundidade e Poder** e sua energia está **Capacitando e/ou Destruindo.**

O efeito combinado está portanto...
Despertando e/ou Rompendo Profundidade e Poder.
Capacitando e/ou Destruindo Liberdade e Inovação.

O que Nós, Seres Humanos, Estamos Realmente Fazendo?

Uma Onda-Mãe Urano/Plutão lança para a superfície todas aquelas coisas que andamos reprimindo, pondo de lado ou simplesmente negando. Ela não faz isso para criar o caos, mas porque está inteiramente empenhada em nos pôr mais em contato com o que realmente significa, em seu sentido mais profundo, ser uma criatura humana – vivendo como vivemos numa bola de terra e água girando no espaço em volta de uma bola de fogo ainda maior! Ela quer que nos sintamos livres para ser o que estávamos destinados a ser, o que realmente devíamos ser.

O problema é que, devido a uma supercompensação, isso pode significar que vivemos mais para exceder e destruir do que para libertar, ou que certas forças nos reprimem quando colocamos a boca no mundo reclamando liberdade e uma existência mais gratificante e significativa. Essas "forças" podem ser internas, sob a forma de medos e condicionamentos, ou externas, sob a forma de autoridade, tradição ou de alguém que tenha algum poder sobre nós. De um modo ou de outro, quanto mais elas resistem à nossa necessidade de sermos quem realmente somos ou a reprimem, tanto maior será a dimensão explosiva, o tamanho da rebelião e a convulsão desencadeadas em nosso dia a dia para satisfazer ou, pelo menos, reconhecer essa necessidade.

Como você vai descobrir à medida que lê este livro, esse excesso ou repressão está agora tomando forma na condição física objetiva do planeta em que vivemos. Nossos excessos combinados com nossa falta de consciência do que realmente significa ser uma criatura humana criaram em nós apetites e hábitos que estão nos destruindo e destruindo nosso ambiente. Apenas reprimir ou declarar esses excessos ilegais só os faz aumentar. Temos realmente de ir fundo nas razões que nos levam a ser como somos – e descobrir *o que* somos.

Usando a linguagem da astrologia e algumas descobertas da física quântica, tentarei fornecer algumas respostas a essa questão monumental. Isso se aplica tanto à esfera pessoal quanto à esfera global e, mais significativamente, ao vigor com que uma afeta a outra. Vou examinar primeiro como Ondas-Mãe Urano/Plutão anteriores nos afetaram e depois interpretar o que a atual e outras Ondas Planetárias ocorrendo ao mesmo tempo estão tentando nos comunicar – e para onde estão tentando nos levar.

"Nossos excessos e falta de consciência estão nos destruindo e destruindo nosso ambiente."

Linha do Tempo 2007 – Anteriormente e Até Aqui

O surfe pela Onda Planetária pode ser mais fácil se você souber alguma coisa do que aconteceu durante as Ondas-Mãe Urano/Plutão anteriores, assim como examinar o que está acontecendo com esta até agora. Se, no entanto, você quer ir logo para a Onda atual, vá para a página 51.

Iniciamos nossa retrospectiva na virada do século XX, mas, se quiser dar uma olhada ainda mais para trás, passe para o Apêndice 3.

Onda-Mãe Urano/Plutão 1896-1907

No verdadeiro estilo Urano/Plutão, esta Onda trouxe profundas redefinições. Isso não se relaciona apenas à mudança de um século para outro, mas à Era Vitoriana. Ela conduziu ao que possivelmente foi a mais progressista e mutável das épocas, o século XX. Veja como o tema Urano/Plutão, de vigorosas mudanças – provocada por descobertas radicais, movimentos revolucionários e personalidades profundamente influentes – surge principalmente nas épocas em que esta Onda-Mãe está se avolumando. {147 Saturno/Netuno}

Emancipação e Revolução

No âmbito sociopolítico, as clássicas energias de poder Urano/Plutão, como liberdade, profundidade e inovação, encontraram expressão no nascimento dos partidos socialista e comunista – originados do *Manifesto Comunista* de

Marx e Engels, produzido durante a Onda Urano/Plutão anterior, em 1848. A Onda de 1896-1907 também deu origem a movimentos feministas, como a Women's Social and Political Union – WSPU, fundada por Emmeline Pankhurst na Inglaterra, e à publicação mensal anarquista *Mother Eart,* nos Estados Unidos. Também durante a Onda, a luta pelos direitos civis dos negros, iniciada por W.E.B. Du Bois com seu Niagara Movement, assumiu dimensão nacional nos Estados Unidos. Na Índia, Gandhi forjou a filosofia de desobediência civil, a "força da verdade" – que era em boa dose de Urano (verdade)/Plutão (força)!

Além desses movimentos emancipatórios, houve também, na Europa, a ascensão das subculturas boêmia e neopagã, e nos Estados Unidos a gênese da contracultura da Costa Oeste. A dança livre de puritanismo do ícone terpsicoreano* Isadora Duncan foi adequadamente descrita como a crista dessa onda rebelde.

Progresso Científico

Tecnologicamente, houve os saltos gigantescos proporcionados pelo primeiro voo com propulsão a motor dos irmãos Wright, a teoria da relatividade de Einstein e o nascimento da própria física quântica com a descoberta do quantum por Max Planck, em 1900. Também nessa época o físico Ernest Rutherford realmente previu, acompanhando a descoberta da radioatividade no urânio, a era nuclear e como ela poderia dominar o mundo que conhecíamos. Sigmund Freud e outros investigadores pioneiros da mente começaram a sondar o abismo vertiginoso da psicologia profunda, deixando fora de dúvida que a mente humana e nosso comportamento jamais poderiam voltar a ser vistos da mesma maneira {>67 Despertando o Mundo Subterrâneo}. E tudo isso foi regado com megalitros de sublevações mundiais.

Onda-Mãe Urano/Plutão 1928-1937

Com força confiável e previsível, Urano e Plutão liberaram de novo sua dose de direitos, reforma e revolução, assim como personalidades icônicas, agindo por eles ou contra eles, dependendo do lado da barricada em que se encontravam. {94 Saturno/Plutão} {147 Saturno/Netuno} Esta época viu também a descoberta do próprio Plutão! {200 Saturno/Urano}.

---

* De Terpsícore, musa da dança na mitologia grega. (N. do T.)

Hitler, Mussolini, Stálin e Mao

O aparecimento dessas figuras sustenta o fascismo, o marxismo e o socialismo radical, tão típicos de Urano/Plutão, nascidos como são de algum impulso primal de conquistar liberdade ou poder, ou ambos. Mesmo o ícone de tantos ícones, Che Guevara, nasceu nessa época. A Onda também trouxe com ela a Guerra Civil Espanhola (em seguida à eleição do Partido Socialista com suas políticas anti-igreja), combinada com o existencialismo ateu de Jean-Paul Sartre, Simone de Beauvoir e outros {>48 A Morte e o Renascimento de Deus}. E com a ascensão do nazismo ocorreu, como na Onda anterior, de novo o neopaganismo – desta vez de gênero teutônico – sendo essas religiões primitivas pré-cristãs uma expressão forte e persistente de Urano/Plutão.

Sindicatos, Gângsteres e Manifestantes

Nos Estados Unidos houve reforma radical, com os sindicatos trabalhistas ganhando imenso poder, paralelamente ao surgimento das teorias econômicas revolucionárias de John Maynard Keynes, que afetaram a política econômica pelo restante do século. Uma expressão literal e particularmente vil de Urano/Plutão foi a ascensão da cultura do gângster {>67 Despertando o Mundo Subterrâneo}. De maneira positiva e criativa, na vida e nas obras do cantor-compositor Woody Guthrie, toda força foi concedida à rebelião contra a injustiça social e a privação econômica. Guthrie, por sua vez, serviu de inspiração a Bob Dylan, que vestiu a camisa de cantor de protesto durante a Onda seguinte, entre 1960 e 1972. Na Inglaterra, o feminismo encontrou uma líder e um ícone em Virginia Woolf, com o sucesso de seu *Um Teto Todo Seu.*

A Era Nuclear

No âmbito tecnológico, em 1932, Cockcroft e Watson fizeram as primeiras incursões para dividir o átomo, o que deu origem à realização da fissão nuclear por Enrico Fermi em 1934, tornando assim real a previsão de Rutherford da Era Nuclear (ver 1896-1907 anteriormente), com tudo o que ela desencadeou.

Quebra da Bolsa e Depressão

A economia certamente não escapa das convulsões que uma Onda-Mãe Urano/Plutão pode trazer. Plutão é poder, que é igual a dinheiro, e Urano dá um choque proporcional a quaisquer rupturas que já tenham ocorrido. E assim não foi surpreendente (de um ponto de vista astrológico) que uma das maiores, senão *a* maior crise econômica de todos os tempos, tenha ocorrido com o colapso das ações de Wall Street em outubro de 1929. O que precipitou a Grande Depressão dos anos 30.

Nota Astroquântica: Consciência das Ondas

O que realmente importa na observação das Ondas passadas é a possível conclusão de que, muitas vezes, elas poderiam ter sido surfadas um pouco melhor! Isso aconteceu principalmente porque não sabíamos mesmo como surfá-las; pela simples razão de que não sabíamos para onde estavam querendo ir, qual era sua natureza, o que pretendiam, quando iam engrossar e, mais do que tudo, porque não sabíamos sequer que essas Ondas existiam!

Em *Seu Futuro Astrológico Após 2012* podemos conhecer o potencial do futuro e do presente. A ignorância não é mais uma opção – nem o desastre e o sofrimento que a ignorância traz. O que não significa que possamos conhecer o resultado exato e os eventos de uma Onda Planetária, mas podemos ter consciência do que essa Onda, essa "mensageira do destino", está fazendo – assim como um surfista sente a onda sob a prancha. Também não estou dizendo que não haverá dano colateral e que não será difícil nos livrarmos de formas, crenças, atitudes e métodos antigos – mas tendo Consciência das Ondas saberemos ou sentiremos o que precisa ser colocado de lado, por que e como, assim como qual deverá ser o nosso foco.

Com a Onda-Mãe Urano/Plutão está rolando o Poder da Verdade. Precisamos realmente ir com ela, não ficar em seu caminho!

Onda-Mãe Urano/Plutão 1960-1972

O período durante o qual ocorreu a última Onda-Mãe Urano/Plutão foi o dos "anos 60", objeto de muita difamação ou muita saudade, com seu radicalismo, protestos e gritos por liberdade, como expressos na música, moda, literatura, política, luta racial e feminismo – atividades características desse tipo de Onda. Além disso, como as Ondas Saturno/Urano e as Ondas Saturno/Plutão estiveram se fundindo com a Onda-Mãe mais ou menos no seu período de pico, ela foi acompanhada de algo que sacudiu mais literalmente a Terra...

Três dos Maiores Terremotos entre 1900 e 2007

- 13 de outubro de 1963, terremoto de 8,6M* nas Ilhas Kuril {204 Saturno/Urano}.
- 28 de março de 1964, terremoto de 9,2M no Estreito do Príncipe William, Alasca {98 Saturno/Plutão e 204 Saturno/Urano}.
- 4 de fevereiro de 1965, terremoto de 8,7M nas Ilhas Rat, Alasca {98 Saturno/Plutão e 204 Saturno/Urano}.

E entre as muitas inovações tecnológicas – sem esquecer de mencionar o primeiro pouso do homem na Lua em 1969 – houve uma em particular que quimicamente deu a esta Onda um efeito fundamental...

A Pílula

Possivelmente o mais significativo acontecimento dessa época num sentido sociocultural tenha sido o início da disponibilidade e do uso generalizado de um anticoncepcional oral, a pílula, pois ela teve um efeito profundo sobre o modo como vivemos nossa vida. Para as mulheres, em particular, desencadeou um sentimento muito real de libertação – a gravidez indesejada tendo sido sempre o que as sujeitava à família e ao lar. Para os homens também foi algo liberador, pois, juntamente com as mulheres, eles poderiam agora desfrutar do sexo sem outras preocupações. Mas como estamos hoje conscientes, tal "libertação sexual" tinha um ferrão na cauda. O lado negativo revelou-se progressivamente como famílias sem um dos genitores, geralmente sem o pai. A destruição parcial da unidade da família (especialmente em países sem um elemento moral-religioso realmente atuante) produziu muitos jovens desenraizados, com pouca estrutura ou autocontrole. E essa falta de raízes se aplica especialmente aos que são filhos dos que nasceram nos liberados Anos 60.

Cultura de Gangue

Isto, por sua vez, deu origem a um acentuado aumento na cultura de gangue (assim como a Onda anterior) e tudo o que ela acarreta, em particular um sentimento de hierarquia e tribalismo, substituindo aquela falta de raízes e estrutura. Isso tem sido extremamente negativo porque há muita raiva e violência, que resulta do fato de a pessoa se sentir desamparada pelos pais, especialmente pelo

---

*Isto é, terremoto com magnitude (M) de 8,6 na escala Richter. (N. do T.)

pai, e pela própria sociedade. Contribuindo está a cultura da droga – brotando do que foi também um fenômeno dos anos 60 – e portanto o aumento na atividade criminosa. A Onda-Mãe Urano/Plutão 2007-2020 promete levar o atual resultado deste quadro – a subcultura de gangue – a um ponto crítico.

Caixa de Pandora

Tudo isso poderia entrar sob o tópico Urano/Plutão "Despertando para o Sexo e toda essa coisa" {>67 Despertando o Mundo Subterrâneo}, que considera ironicamente quanta gente estava acordando ao lado de alguém com quem tinha apenas dormido e que mal conhecia! À medida que se avoluma a atual Onda Urano/Plutão de 2007-2020 – com a AIDS e outras doenças sexualmente transmissíveis ameaçando se fundir – a pergunta ainda persiste: até que ponto estamos conscientes do significado do sexo? Numa atitude típica dos anos 60, como Pandora abrindo sua caixa mítica de aflições humanas, pulamos numa piscina cuja profundidade não conhecemos, revelando uma falta de respeito ou simplesmente ignorância da própria força criadora de vida. O sexo, o centro dessa força, é o que a pílula tornou acessível demais, mostrando-nos que realmente não existe "sexo seguro".

O sexo, como qualquer coisa de fato empolgante, é inerentemente perigoso – e isso inclui trazer uma criança para este mundo. No que diz respeito à maioria das pessoas, não há nada mais empolgante do que o sexo. E precisaria ser assim – de outro modo teríamos há muito tempo sido extintos! {>113 Ondas Saturno/Plutão, onde a ilusão de "sexo seguro" é melhor explorada, juntamente com o surgimento da AIDS.

Engenharia Genética

O final dos anos 60 e início da década de 1970 testemunharam os primórdios da engenharia genética por meio de experimentos com bactérias, vírus e pequenos anéis de DNA que flutuam livres, chamados plasmídeos, encontrados nas bactérias. Pode-se dizer que isto liberaria a Caixa de Pandora, ativando algo que danificaria ou mesmo destruiria nosso ambiente natural se deixássemos que saísse de controle. GE – ironicamente o nome grego para a primeira e máxima divindade, a Mãe Terra, também conhecida como Gaia, mãe de Urano* {>67 Despertando o Mundo Subterrâneo} – en-

*A ironia está no fato de GE ser a abreviatura, bastante usada nos Estados Unidos, de Genetic Engineering, Engenharia Genética. (N. do T.)

cerra o potencial para curar e alimentar o mundo, correspondendo de maneira curiosa à única coisa boa da Caixa de Pandora, a *Esperança*. O problema é que, se houver um modo de alguma coisa sair de controle, ela o fará; e geralmente há! Como diz o poeta Robert Frost: "Alguma coisa existe que não aprecia o muro". De novo a atividade favorita de Urano/Plutão, o protesto, terá cada vez mais de se manifestar sobre o respeito devido àquela "esperança" durante a promissora Onda 2007-2020 – *esperemos* que antes de algum monstro sair da caixa!

Levante-se, Defenda-se, Defenda Seus Direitos

A canção de Bob Marley, composta bem no final dessa Onda, volta-se com respeito, de forma simples e poética, para a possibilidade dos oprimidos encontrarem sua força e sua voz – algo tão seguramente previsível com as Ondas Urano/Plutão. Um exemplo clássico é Espártaco! Extremamente significativo foi Martin Luther King Jr., cujo trabalho e coragem, juntamente com movimentos do poder negro como os Panteras Negras, culminaram nas Leis de Direitos Civis de 1965 e 1968. Na própria África, a luta por liberdade e igualdade foi liderada por Nelson Mandela e o Congresso Nacional Africano. O protesto contra a mais violenta e ultrajante de todas as atividades humanas, a guerra, foi também mais manifesto que nunca, em particular contra a Guerra do Vietnã, que foi se ampliando durante esse período, principalmente depois dos primeiros ataques aéreos contra o país feitos pelos Estados Unidos em 1965 {🕒 99 Ondas Saturno/Plutão}.

Quase um Desastre Nuclear

Tal protesto contra a guerra era mais do que justificado, levando em conta como estivemos perto da guerra nuclear global com a Crise dos Mísseis Cubanos em outubro de 1962. Aconteceu quando os Estados Unidos se opuseram com violência à instalação pela Rússia de uma base de mísseis nucleares no Caribe, ela própria uma resposta à colocação pelos Estados Unidos de mísseis similares na Turquia. Foi apenas a intercessão do secretário-geral das Nações Unidas que evitou a catástrofe, recorrendo, no espírito da cultura planetária, ao efeito do horror coletivo e aos sentimentos antiguerra que estavam brotando à medida que esta Onda Urano/Plutão ganhava impulso. Também possui relevância em termos dos astros que a China tenha começado a guerra contra a Índia no mesmo dia dessa intercessão,

28 de outubro, e os historiadores especularam que ela estivesse programada para ocorrer ao mesmo tempo que a crise dos mísseis – por outro lado, no entanto, havia uma alternativa de Lua Nova naquele dia, cujo significado astrológico é algo de que a mente oriental tem nítida consciência.

Feminismo

Foi também uma época de grande ressurgimento do feminismo com a aparição de muitos grupos feministas, de figuras-chave e de iniciativas de importância essencial, da publicação de *A Mística Feminina*, de Betty Friedan, em 1963, à fundação da Aliança pela Ação das Mulheres, em 1971. O feminismo encontra novas forças a cada nova Onda Urano/Plutão, mais notadamente com o primeiro grande manifesto feminista, *Uma Defesa dos Direitos das Mulheres*, escrito por Mary Wollstonecraft em 1792, durante a Onda Urano/Plutão daquela época.

Onda-Mãe Urano/Plutão 2007-2020 Até Agora

Quando escrevo [final de 2007], já existem sinais típicos dos primeiros momentos dessa Onda...

Despertando para o Poder: A Questão da Energia 1

A ideia de que seu modo de pensar, de que os próprios pensamentos são uma espécie de força ou energia que afeta diretamente as verdadeiras circunstâncias de sua vida e da vida de outras pessoas nada tem de nova. Tudo, desde uma máxima esotérica tradicional como "a energia segue o pensamento" até a "Realidade Criada pelo Observador" da física quântica {>246 Astroquântica}, tem confirmado essa ideia. Mas agora – como um atestado de sua própria veracidade – a ideia está ganhando ímpeto, vendo-se discutida e capaz de agir sobre o mundo cotidiano. Mais uma vez, por iniciativa própria, os principais instigadores dessa consciência mais generalizada – a de que os pensamentos são mais poderosos do que geralmente se acreditava – fizeram seu jogo um pouco antes dos primórdios técnicos ou visíveis da Onda-Mãe Urano/Plutão. Foram os livros/DVDs enormemente e inesperadamente populares: *Quem Somos Nós* (2005) e *O Segredo* (2006). Desde então houve várias outras publicações de conteúdo similar, mas como estamos nos primeiros tempos desta Onda Urano/Plutão, tais títulos poderiam ser vistos (e ter sido criticados) como um tanto ingênuos e simplistas, o que é explorado no painel na página 19. Isso, contudo, é muito natural quando algo está em seus primeiros estágios de proliferação maciça. O broto de uma planta é algo rudimentar, mas o potencial está todo lá para ser realizado e desenvolvido, o que é precisamente o que vai acontecer quando essa Onda-Mãe engrossar e fizer seu jogo de iniciadora!

Despertando para o Poder: A Questão da Energia 2

A ideia mais comum do que é a energia, em termos humanos, é simplesmente saber o quanto nos sentimos energizados no nosso dia a dia. Já foi mencionado que, como todas as Ondas Planetárias interagem umas com as outras, elas não existem e nem nos influenciam sozinhas; elas agem em conjunto. Isso é particularmente verdadeiro na questão da energia, porque muita gente tem sentido quedas evidentes em sua energia, ou um suprimento errático dela, como resultado da Onda Saturno/Netuno que começa em 2004 e termina em 2008. O tópico é abordado no capítulo sobre as Ondas Saturno/Netuno, começando na página 144, e lá se deixa claro que essa Onda Saturno/Netuno age como um prólogo para a Onda-Mãe Urano/Plutão, visto que, até certo ponto, ela nos passa o sentimento de que a energia tem algo a ver com o modo como estamos pensando e, consequentemente, com o que estamos fazendo. Ela faz isso *tirando energia* se nossos pensamentos não estão indo na direção certa ou se estamos tentando seguir ao mesmo tempo em duas direções incompatíveis. É como um surfista tentando ir contra a direção da onda, com o resultado de que ele acaba exausto e, no mínimo, não chega a parte alguma. Assim, as ondas Saturno/Netuno e Urano/Plutão estão ambas servindo ao mesmo fim, extremamente importante: mostrar-nos que nosso poder ou energia depende de algo tão sutil quanto fundamental, que é *acompanhar o fluxo e ter os pensamentos certos.*

Despertando para o Poder: a Questão da Energia 3

Com respeito a combustível e eletricidade, etc., estão sendo buscadas formas de energia amigas do ambiente ou renováveis, mas as versões mais populares, a energia solar e eólia, estão longe de proporcionar a energia necessária; a energia do vento, inclusive, não é muito aceitável em termos de poluição visual e auditiva. A Onda Urano/Plutão promete trazer algumas inovações profundas para o âmbito da energia renovável, mas por ora temos de conviver com uma forma de energia que é Urano/Plutão por natureza – a energia nuclear – porque é gerada do urânio e do plutônio. A Grã-Bretanha acabou de decidir relançar seu programa de energia nuclear, não sem resistência e protesto dos ecologistas.

Uma óbvia e literal interpretação astrológica é que haverá, durante essa Onda, a ascensão e o retorno da produção de energia nuclear e, estatisticamente, o medo disso é um tanto infundado. Os acidentes na produção de energia são um risco bem conhecido e aceito, mas em comparação com os envolvidos na extração de combustíveis fósseis (até hoje nossa maior fonte de energia), os causados pela produção de energia nuclear são pequenos. Trata-se, contudo, de uma estatística baseada em apenas 50 anos de indústria nuclear. Quanto ao problema de nos desfazermos de produtos nucleares, é algo cuja solução será provavelmente encontrada à medida que sejam feitos mais investimentos no uso do poder nuclear, que por ora é a única forma pragmaticamente viável de energia.

Outro Chernobyl?

O risco de acontecer algo súbito e de grandes proporções – como outro Chernobyl, um dos mais sérios de todos os acidentes nucleares civis – não é tão fácil de computar. Mas astrologicamente, é durante essa Onda Urano/Plutão que existe o perigo de ocorrer um desses acidentes – um ponto culminante. Isso se dá porque ocorre aqui, simultaneamente, outro tipo de Onda Planetária que é particularmente "vulnerável" a acidentes nucleares, o próprio Chernobyl sendo um deles. Trata-se da Onda Saturno/Urano, que surge de setembro de 2007 a julho de 2012 {🕒 230 Ondas Saturno/Urano}, e tenha em mente que, quando Saturno faz parte de uma Onda Planetária, é provável que haja uma lição a ser aprendida (um muro de tijolos com que colidir). A onda que estava ocorrendo, que na realidade estava apenas começando a se "avolumar" na época de Chernobyl ia de fins de 1985 a fins de 1990 – sendo o dia real do desastre 26 de abril de 1986. Curiosamente, ou sinistramente, a Onda Saturno/Urano que veio depois, anterior a esta de 2007-2012, foi a de 1998 a 2001, que presenciou o pior acidente nuclear do Japão, em 30 de setembro de 1999. A última e única vez durante a existência da indústria nuclear que tivemos uma Onda-Mãe Urano/Plutão ocorrendo ao mesmo tempo que uma Onda Saturno/Urano foi de novo nos anos 60, quando houve não menos de quatro acidentes nucleares, provocando derretimentos parciais e sérias contaminações.

Ameaça de Bomba Nuclear

Atualmente, tanto o Irã quanto a Coreia do Norte estão perto de ter bombas nucleares. Como ambos os países, certa ou erradamente, foram apelidados de "Estados do mal" por aqueles que já têm capacidade nuclear, levanta-se o espectro de vermos um deles ou os dois jogando a bomba em algum lugar. Pode-se argumentar que países que já têm há algum tempo bombas nucleares, as chamadas superpotências, desenvolveram uma certa sabedoria no que diz respeito à sua utilização – isto é, a sabedoria de usá-las apenas como meio de dissuasão. Mas no momento mesmo em que escrevo estas palavras, notícias sobre as intenções americanas de construir sistemas de defesa por mísseis perto das fronteiras da Rússia, e com a Rússia ameaçando apontar seus mísseis para a Europa como resposta, já estão trazendo de volta recordações da Crise cubana dos Mísseis em plena Guerra Fria, de novo naqueles precariamente sensíveis anos 60. Esses Estados do mal, ou melhor, seus líderes podem ser vistos como tendo uma mentalidade tipo "nada a perder" ou simplesmente psicopática, megalomaníaca. Contudo, o que interessa em termos astrológicos é antes de mais nada que a combinação de Onda Urano/Plutão com a Onda Saturno/Urano é particularmente "vulnerável em termos nucleares", como aconteceu nesses anteriores acidentes nucleares. Em segundo lugar, foi durante os anos 60 que vimos o mais apoiado e intenso protesto contra bombas nucleares, algo que se relacionava diretamente com a vontade de impedir que coisas assim ocorressem. Portanto, há possibilidades de haver um forte ressurgimento de um tipo ou de outro de manifestações contra a bomba, com uma versão século XXI nitidamente aguçada, bem como protestos contra várias outras coisas que agridem as pessoas, sendo todos uma expressão clássica do Despertando para o Nosso Poder *e de seu uso positivo*, qualidade central, num sentido saudável, desta Onda-Mãe.

Previsões de Juízo Final

O sentido muito real de crises ameaçadoras se reflete e se refletirá cada vez mais na mídia, na medida em que ela se concentra em todas as coisas que possam assumir uma forma perigosa ou imperfeita em nosso mundo (inclusive uma forma de cogumelo!). Isso alimenta um sentimento de cautela, pânico ou desesperança. Na sequência, pode dar origem, de um lado, à negação de que haja alguma coisa em ação (como demonstrado a seguir em O Espírito desta Época), de outro a uma tensão que tudo impregna, cuja causa é difícil de apontar com precisão porque há pouca consciência sobre o que está realmente acontecendo e, portanto, sobre o que o indivíduo pode fazer. Agências governamentais naturalmente criarão novas leis e parâmetros relativos em especial a problemas de poluição, uso de energia, etc., mas no mundo convencional haverá pouca orientação sobre como identificar, tratar e expressar o que está realmente acontecendo num nível mais profundo, mais significativo e essencialmente espiritual.

Tal informação virá das áreas espirituais e alternativas ou relativamente marginais da atividade sociocultural, a genuína astrologia sendo ela própria uma delas, com este livro encarando de frente os problemas de "juízo final". Até essas percepções positivas se filtrarem para a população em geral, é provável que haja um aumento no número de suicídios e assassinatos, especialmente de jovens, que ao mesmo tempo que sentem este "juízo final" são oprimidos por uma sociedade que se tornou perigosamente orientada para o desempenho e a imagem.

A solução astroquântica para o problema acima, ou seja, como nós, como indivíduos comuns, podemos ajudar a evitar tais desastres, é criar e manter um equilíbrio sob todas as formas sugeridas por todas as Ondas Planetárias do início ao fim deste período. Isso porque derretimentos do gelo polar, contaminações, pânico e desesperança são fundamental e energeticamente resultado de desequilíbrio global. Trata-se de algo bem crítico.

Nota Astroquântica

A sintonia com a energia de uma Onda Planetária e o empenho em surfá-la de modo certo nos ajudarão a garantir a consciência de seus atributos positivos e a evitar os negativos, mesmo em áreas que não estejam diretamente conectadas. Por exemplo, surfar bem por uma Onda, e assim melhorar as relações com amigos, sócios, vizinhos, etc., contribuirá automaticamente para melhorar as relações entre um país e outro. Tudo e todos estão conectados – instantaneamente. Isso está refletido em como a astrologia e a mecânica quântica trabalham. {>246 Astroquântica}

Assim dentro como fora – assim em cima como embaixo.

A Morte e o Renascimento de Deus como o Novo Superparadigma

Na linguagem astrológica, Plutão é a morte. Isso faz eco ao que é chamado, em ciência, de Segunda Lei da Física – a Lei da Conservação da Energia. Ela simplesmente declara que a energia nunca nasce e nunca morre – só muda a forma que assume. Plutão, portanto, é Morte, é Transformação, é Renascimento.

Deus, em termos astrológicos, é visto no simbolismo e na existência de todos os corpos celestes, particularmente o Sol, já que sem ele, Gerador da Vida, nada estaria absolutamente aqui. Urano, contudo, é Deus no sentido da ideia de que existe uma Mente Universal, algo que tem uma visão geral, durante todo o tempo, de todos os processos que se desenrolam e diz que existe uma espécie de *superlógica* em tudo isso. Se pudermos encontrar os símbolos, equações ou códigos certos (e desenvolver, através da utilização deles, uma intuição e um julgamento suficientemente puros), poderemos penetrar no que está na Mente de Deus, no que está realmente acontecendo e que é diferente do que subjetivamente achamos que está acontecendo (quando influenciados, como costumamos estar, por esperanças, medos e opiniões de outros que encaramos como mais competentes ou instruídos que nós).

Segundo suas próprias disciplinas, tanto a astrologia quanto a ciência fazem isso – encontrar e usar símbolos, equações e códigos –, pelo menos até onde, num determinado momento, seus profissionais conseguem fazê-lo. A astrologia tem sido sucintamente chamada de Escrita Celeste de Deus, pois a Mente Universal revela sua condição, propósito e humores por meio dos movimentos dos corpos celestes {< 12 Introdução/Relógio Cósmico}. Atualmente, alguns físicos quânticos (quando olham para a realidade interna da matéria) se veem penetrando na Mente Universal, o que os obriga a readmitir que a entidade misteriosa e infinita que chamamos de Deus existiu o tempo todo, a despeito de anteriores descobertas científicas e conclusões em contrário.

Poderíamos dizer que a ciência começou a eliminar Deus com as descobertas e leis de *sir* Isaac Newton, pai da física moderna e, por ironia, profundamente espiritualizado. Elas compreendiam a realidade como mecânica, mensurável, sem nenhuma presença divina a ordená-la. Desde a virada do século XX, época de uma Onda-Mãe Urano/Plutão extremamente poderosa (ver acima), as descobertas científicas – juntamente com a libertação sociossexual – criaram de modo ainda mais eficaz a impressão de que não existem coisas como força divina ou moral, nem coisas como Deus. Os avanços tecnológicos e revoluções sociais que foram produto de um século que incluiu duas guerras mundiais – e as Ondas Urano/Plutão discutidas aqui – pareciam colocar o poder e a liberdade à disposição da intenção e do apetite humanos.

Os anos 60 puseram um ponto final nisso – ou melhor, fizeram tudo definitivamente deslanchar! O homem pisando na Lua em 1969 foi retratado de modo a dar a impressão de que aquele corpo celeste era apenas mais um exemplo de bem imobiliário, onde se poderia jogar golfe e fincar uma bandeira. Agora nada poderia nos deter, era o que parecia. E a pílula, acima mencionada, bem como a engenharia genética, tomavam providências para que a escolha de criar vida estivesse ainda mais em nossas próprias mãos. Além disso, na maior parte do mundo ocidental durante os liberais anos 60, impedi-la também se tornou mais fácil com a legalização do aborto. Adicione-se a isso contribuições posteriores da ciência médica com a pílula do dia seguinte, a capacidade de detectar bebês "indesejados", como os portadores da Síndrome de Down, e o poder concreto ou ilusório da libertação (das mãos do Destino) estava bem no centro do palco.

Como sempre, no entanto, o pêndulo oscila e as palavras de Voltaire, ligeiramente parafraseadas, "se Deus não existisse, seria preciso *re*inventá-lo" voltam a nos assombrar sob a forma de fundamentalismo religioso de diferentes gêneros, ameaçando os "não crentes" com uma vingança do século XII, quando já entramos no XXI. De maneira mais saudável, a física quântica e o movimento da Nova Era também redescobriram que ainda existe alguma coisa extremamente poderosa e radicalmente misteriosa no centro da existência e isso é explorado de uma ponta à outra neste livro. Na verdade, é sua própria essência!

Um tópico em que a Onda Urano/Plutão de 2007-2020 não pode deixar de nos fazer pensar é que o fundamentalismo religioso e a consciência do verdadeiro poder da natureza humana, que nasce da reunião de ciência e metafísica, estão ambos atingindo uma massa crítica. A pergunta é: qual dos dois terá êxito?

Com esse objetivo de êxito, e em resposta à pergunta acima, a Onda-Mãe Urano/Plutão também quer que façamos a distinção entre religião e Deus ou, mais precisamente, entre a igreja (seja qual for a denominação religiosa) e o mestre/avatar/profeta que ela declara seguir e cuja doutrina adota. Tal procedimento deve nos levar a perceber... que é tudo uma questão de *interpretação*. E essa interpretação gira em torno de uma só coisa:

Consciência

A ciência também chegará, e sob certos aspectos já está chegando, a essa conclusão. Enquanto anteriormente, o "superparadigma" da ciência – isto é, um modelo de existência cobrindo tudo e adequado a tudo – estava baseado em seu conceito de matéria, espaço e tempo, ela agora perceberá e finalmente provará (como a ciência tem sempre de fazer para ser fiel a si mesma) que a verdadeira coisa que surge com todos os conceitos, científicos e de outras áreas, *é* a consciência. O Novo Superparadigma é a Consciência.

A ciência descobrirá que a consciência – como a matéria, espaço e tempo – tem suas próprias leis. Uma essencial – ou possivelmente *a* essencial – é que, antes de mais nada, existe algo divino ou sobrenatural que a torna possível. Estamos de volta a Deus ou ao Espírito – e ao Diabo!

Outra Lei do Novo Superparadigma que a ciência descobrirá – mas que sempre foi conhecida por todo místico de respeito ou buscador da verdade, e também dos físicos quânticos – é que: **Tudo está Interconectado**.

Devido a essa interconectividade, existe um eterno, automático e imaculado processo de equilíbrio em andamento. Por exemplo, e voltando ao tema presente, se você encontra uma parte da realidade/consciência – sob a forma de seres humanos materialistas que negam a Deus, acreditando que podem fazer o que bem entenderem desde que possam fazê-lo sem encontrar problemas –, você também vai encontrar outra, sob a forma de crentes militantes ou fundamentalistas, mostrando que você *não pode* deixar de encontrar problemas. E evidentemente esse processo de equilíbrio eterno, automático e imaculado é visto com toda a clareza na ecologia, no próprio livro-caixa e balancete da Mãe Natureza!

Em outras palavras, segundo o Novo Superparadigma, tudo é apenas reflexo e manifestação do quanto somos ou não equilibrados, e do quanto estamos conscientes da necessidade de ser assim, para nossa própria sobrevivência. Se soubéssemos durante passadas Ondas Urano/Plutão o que sabemos agora, como as teríamos surfado? Ou melhor, como surfaremos aquela em que estamos *agora*, sabendo o que sabemos? Em suma, nosso estado de consciência é o que determina todo o nosso estado físico, tanto presente quanto futuro. Basta perguntar a si mesmo: "O que é a consciência?", e você pegará a ideia.

✦

Surfá-la ou Cair?

A Grande Tempestade da Onda-Mãe Urano/Plutão

Então, que caminho você vai, nós vamos, seguir?
Um caminho, surfar a Onda ou agir no verdadeiro Espírito desta Época, nos levará a um futuro positivo – o outro, ceder ao Demônio desta Época, nos levará a um futuro negativo.

O Espírito Desta Época

Alegre Despertar

Uma olhada na história recente das Ondas-Mãe Urano/Plutão nos deu uma ideia e uma percepção muito boas do que elas traziam: o Poder da Verdade, o fato de que há um *Verdadeiro Poder* atravessando a humanidade, a eternidade, a vida na Terra e presente em todo lugar. Há uma grande história sendo contada na qual cada um de nós está cumprindo sua parte, está procurando, está lutando por algo livre, nobre e de essência perfeitamente humana, algo que está tentando se libertar.

A Onda-Mãe Urano/Plutão de 2007-2020 é, mais do que nunca, um despertar do poder de mudar nossa sorte e de pôr em movimento nosso verdadeiro destino, de encontrar a liberdade para fazer exatamente isso, de nos estimular a lembrança de que existe algo belo, grandioso e venerável acerca do ser humano. Na prática, somos instados a pôr em ação ideias, sentimentos e sonhos inspiradores – sejam os nossos, sejam os expressos em outro lugar – por meio do reconhecimento do poder que nossos pensamentos têm. Podemos, então, utilizar esses pensamentos por meio de técnicas de visualização, por meio da prece e por meio de pequenas mas influentes palavras e atos, tanto no trabalho quanto em nossa vida pessoal, sob formas comprometidas com a construção de um mundo melhor. Isso se refere tanto a você pessoalmente quanto ao mundo como um todo. De fato se descobrirá que hoje não podemos ter um sem o outro, pois essa Onda deixa muito claro que "temos de aprender a viver juntos como irmãos ou a perecer juntos como idiotas" (Martin Luther King Jr.).

Ter imagens definidas desse "mundo melhor" ajuda muito – é como puxar numa só direção e não em várias. Inspirado e guiado pela força, amor e inteligência inerentes à ordem e à beleza da astroquântica, este livro sugere visões e perspectivas que dão a você um sentido dessas imagens – enquanto permitem, ao mesmo tempo, que você as interprete e as expresse do seu jeito próprio e único. Isso é uma parte muito significativa do que este *zeitgeist* "Força da Liberdade e do Pensamento" realmente é. Visualizando um mundo melhor, encontramos naturalmente novos meios de eliminar os males do mundo. O que está colocando a vida dentro de nosso próprio controle. E é o modo de surfar para uma nova era positiva. Ideias valiosas e revolucionárias são lançadas à superfície (especialmente se cavamos fundo para encontrar o que vale a pena) quando nossas costas estão contra a parede. Isso incluirá despertar para o mal uso do poder, como em política e energia, e para qualquer coisa que bloqueie ou dificulte nossa disposição de alcançar o que é necessário para criar esse "mundo melhor", esse mundo *saudável*.

É intenção dessa Onda-Mãe nos transportar para um tempo e lugar muito diferentes onde, como seres humanos, descubramos que a honestidade é francamente a melhor política e que viver e deixar viver, e fazer aos outros o que você gostaria que eles fizessem com você, são os únicos meios de se viver.

Nota Astroquântica

Até o modo como você pensa afetará o futuro!

O Demônio Desta Época

Acordando Mal

Trata-se do abuso do poder, passando influências negativas ou simplesmente negando tudo de modo cínico e fora de sintonia com o Espírito da Época como descrito anteriormente. Poderia ser um desencadeamento, possivelmente em grande escala, de poderes destrutivos. Estaria colocando a vida fora de nosso controle, na pior hipótese com cenários de guerra nuclear ou de um desastre natural, especialmente terremotos, vulcões ou alguma outra coisa cataclísmica ou destrutiva descrita neste capítulo e em outros. Estaria nos dizendo que não compreendemos que cada um tem, dentro de si, o poder que contribui para tornar o mundo um lugar melhor ou pior.

Essa Onda-Mãe tem o poder de aniquilar a nós ou à maioria de nós se persistirmos com nossos antigos hábitos egoístas e ignorantes, culpados e gananciosos – ou com a ideia de que, se alguém não concorda conosco, só pode estar contra nós. Mais que tudo, a incapacidade ou não de perceber que você, como indivíduo, tem o poder de influenciar o todo, de um modo pequeno ou grande (porque o todo é constituído de milhões de vontades e mentes individuais), vai contribuir para que o Demônio desta Época trilhe seu caminho perverso ou para que prevaleça o Espírito da Época, como queremos que aconteça.

> *"Um poder realmente grande não degenera em mera força, mas permanece interiormente unido aos princípios fundamentais do correto e da justiça."*
>
> I Ching (tradução para o inglês de Richard Wilhelm), hexagrama 34

Conflitos, Tendências e Possibilidades

Espirituais

Deus e Ciência

À medida que os físicos quânticos e os que buscam um Novo Superparadigma {< 48 A Morte e o Renascimento de Deus} avançam cada vez mais no caminho da compreensão do que verdadeiramente compõe nossa realidade e da natureza da consciência humana, o sentimento e o conhecimento de que Deus e a Ciência não são mutuamente excludentes tornam-se mais evidentes e mais difíceis de ignorar. É provável que apareça uma figura que abarque e personifique esses dois grandes aspectos da realidade e será preciso que ela seja divinamente protegida para não ser eliminada antes que comece a fazer alguma diferença. Por outro lado, é mais provável que uma tal "segunda vinda" chegue através daquele grupo crescente de indivíduos que está dando expressão ao Novo Superparadigma. Quando ele alcançar massa crítica haverá um salto quântico na consciência coletiva e então uma mudança no que nossa realidade é.

Experiências de Pico

Do mesmo modo que o efeito Urano/Plutão aumenta a incidência de doença mental e aberração perceptiva (ver mais abaixo, Saúde), as pessoas estarão mais propensas a episódios de epifania,* permitindo-lhes experimentar diretamente o divino, dando origem a um salto quântico na compreensão da natureza do Espírito na sua vida e na vida humana em geral. Por sua vez, elas serão compelidas a compartilhar essas epifanias, que desencadearão o mesmo efeito em outros – se bem que, em certos casos, de modo fantasioso.

* Aparição ou manifestação divina. (N. do T.)

Socioculturais

Vulcão Emocional

A sociedade se torna mais violenta se existe um vulcão emocional em erupção. Algo se agita e desperta lá nas profundezas. O modo como isso se manifesta tem tudo a ver com o indivíduo e a percepção que ele têm do que sente – e ainda mais importante, com o que acredita que está autorizado a sentir. Pessoas com raiva, aquelas que simplesmente e cruamente jogam as frustrações em cima dos outros, serão mais parecidas com isso – sendo maior o consumo de drogas e álcool para alimentar seus rancores e dissolver quaisquer inibições que possam ter. Métodos e entidades serão (precisarão ser) postos em ação para lidar com isso, recorrendo a punições mais severas e/ou a programas de tratamento que cheguem ao fundo de um tal comportamento.

Na outra ponta do espectro social, aqueles que têm problemas para expressar sentimentos mais duros, nitidamente antissociais, estão sujeitos a enfrentar transtornos de saúde, visto que seus corpos tentam expressar a tensão e angústia crescentes que eles estão suportando. Sob o aspecto educacional, tudo isso poderia levar ao ensino dos rudimentos da psicologia humana como parte da educação secundária ou mesmo primária, para que as crianças tivessem conhecimento da mente inconsciente e de como ela afeta suas vidas. {>67 Despertando o Mundo Subterrâneo.}

Nova Onda Criativa

Novas e mais chocantes formas de arte, música e moda são abundantes. Imagens e sons que dão expressão ao "despertar do espírito em trajes de monstro", isto é, às visões, sonhos e impulsos reprimidos que são em si mesmos expressão de tudo o que é bom, mau, intenso e que anseia por libertação no plano humano. Essa Onda traz o estilo revolucionário na música, na arte e na moda, que é o equivalente moderno do que estava no ar nos anos 60, época da última Onda-Mãe Urano/Plutão.

Comércio e Indústria

Mudanças Econômicas e Ambientais

Excesso de gastos e empréstimos, greves e rivalidades, para não mencionar mudanças climáticas não planejadas afetando as colheitas e os transportes, tudo contribui para desestabilizar o mercado. Psicologicamente, existe um risco de se estar criando um "nervosismo" com relação a comprar e vender ações, fazendo assim com que o clima econômico reflita, sob mais de um aspecto, o ambiental. Contudo, na medida em que o mercado sempre foi um reflexo da condição humana, isso é um tanto inevitável.

Esperanças e medos das pessoas receberam uma sacudida cósmica desta Onda-Mãe Urano/Plutão, significando que o pânico da compra e venda poderia ser a coisa mesma que transforma uma situação má numa situação desastrosa. Testemunha disso foi o craque da Wall Street em 1929 {< 38}. Por outro lado, percebemos que nossa visão de mundo materialista é drasticamente inadequada quando se trata de criar ou manter estabilidade real. A frase de efeito de Bill Clinton: "É a economia, estúpido!", poderia receber um ajuste simples, mas decisivo. A sobrevivência da vida na Terra, tão dolorosamente distinta da sobrevivência política, gira em torno da *ecologia*, estúpido!

Com este objetivo, a demanda e implementação de medidas que protejam os "pequenos negócios" levam práticas existentes, como a do comércio justo, ainda mais longe. Gigantescos supermercados e pequenos produtores cooperam – compulsória ou voluntariamente – para criar um sistema justo e ecologicamente sadio de comércio e manufatura.

Ambientais

Lei de Sod*

O problema com Urano/Plutão é que, se um balão vai subir ou se uma palha vai furar o lombo do camelo, é muito provável que aconteça durante uma de suas Ondas-Mãe. Esta, a de 2007-2020, provoca a emoção adicional de trazer com ela o amanhecer da Era de Aquário e o fim do Calendário Maia {>261}. Somado a tudo isso está o detalhe puramente estatístico de que realmente há muito tempo nosso ambiente não enfrentava as ameaças que enfrenta hoje, devido ao fato de nossa era industrial e científica interferir na Natureza e em seus hábitos sagrados. Épocas em que nosso ambiente está vulnerável a outras Ondas Planetárias, mais curtas, também devem ser consideradas {118 Saturno/Plutão, 158 Saturno/Netuno, 208 Saturno/Urano}.

*A Lei de Sod (uma das leis da gerência de projetos) diz que tudo que pode dar errado vai dar errado ou que, se alguma coisa pode dar errado, vai dar errado da pior maneira possível. (N. do T.)

O que Tem de Ser Feito?

Deixando de lado a possibilidade de acontecer um milagre ou a hipótese de que tudo isso seja um falso alarme (que não é), o que pode ser feito para impedir ou minimizar desastres produzidos pelo homem sob a forma de poluição e aquecimento global que afetam nosso clima, nossa saúde e bem-estar numa extensão muito maior que antes? O que pode ser feito com relação a desastres naturais como uma explosão solar ou um supervulcão nos atirando num inverno nuclear que duraria tempo suficiente para acabar conosco?

A não ser que confiemos num falso alarme – que está um tanto perto demais da *negação* sobre a qual se falou páginas atrás – parece que um milagre é a melhor aposta! Mas "milagre" sem dúvida é um termo relativo – tudo depende do que você encara como possível. O efeito combinado de um número crítico de seres humanos concentrando suas mentes em surfar esta e outras Ondas Planetárias da maneira certa é o que fará o milagre acontecer. O que não significa dizer que você tenha de possuir conhecimento sobre as Ondas Planetárias para fazer isso, para ajudar um milagre a ocorrer, mas o desconhecimento certamente diminui as chances de um ou mais milagres acontecerem.

A má escolha é aquela a que se faz alusão na página 9 da Introdução, sob o título "A Visão Espiritual: Uma Situação em Que Todos Ganham": se você morre, o que lhe acontece tem tudo a ver com o modo como você viveu e surfou. E é melhor ter vivido e surfado do que absolutamente nunca ter surfado!

Milagre? Que Milagre?

A palavra "milagre" é derivada da palavra latina que significa *algo para nos deixar espantados* – e portanto se origina também de espanto e espantado. Precisamos, então, ficar espantados com o mundo da Natureza, com o mundo de nossa Mente e com o efeito combinado de todos nós nos espantando ante as potencialidades trazidas pela física quântica, pela astrologia, por uma fé muito real na existência do divino e no espírito humano. Assim, além da convencional militância verde e às atividades conservacionistas, visualizando ou imaginando essas graças de salvação em nosso horizonte coletivo e nos empenhando em realizá-las, elas de fato – como se convocadas do além – aparecerão nesse horizonte. Os milagres que amamos, aqueles em que desejamos ardentemente acreditar e que contemplamos com deleite quando aparecem na tela prateada, temos mesmo de acreditar que são reais, que se tornaram reais. A Onda-Mãe Urano/Plutão está nos chamando para despertarmos e nos espantarmos ante o poder de nossa própria existência! {>164 Científico/Prova de Unidade}.

Saúde

Sequelas Elétricas

O efeito – sobre a saúde e o mundo natural – de cabos de alta tensão e ondas de rádio, por exemplo, as torres de transmissão de celulares, atinge massa crítica. Sintomas como convulsões e vômitos ou distúrbios curiosos, mais sutis, tornam-se cada vez mais comuns à medida que aumentam as ondas de rádio e as pessoas têm domicílios mais próximos de cabos de alta tensão e subestações. Em geral, há uma proliferação de condições que são difíceis de diagnosticar, rotular ou verificar a causa. Pode-se dizer que, visto que a Onda Urano/Plutão incentiva a individualidade, ela também torna as doenças físicas mais idiossincráticas.

Efeitos Colaterais Retardados

Inesperados efeitos colaterais de tratamentos e métodos clínicos anteriores começam a se revelar com alarmante frequência: alguma coisa que vai de reações de longo prazo a drogas a deficiências em pessoas que nasceram como resultado de métodos de inseminação artificial.

Problemas Mentais

Problemas psicológicos e mentais são mais correntes porque Urano/Plutão aumenta o volume e a intensidade da percepção e da sensibilidade humanas. É por isso que alcançar um Novo Superparadigma {< 48 A Morte e o Renascimento de Deus} é tão importante. Ele dará às pessoas um diferente conjunto de pontos de referência e valores para medir e identificar a realidade. Mas enquanto isso está sendo desenvolvido, muitos se verão entre a cruz e a caldeirinha, pois experimentam pensamentos e sensações que não têm meios de identificar ou aceitar.

Revolução na Cura

Grandes avanços no cuidado da saúde são realizados, e não apenas com relação às tendências abordadas acima. Graças a eles serão lançadas pontes para a compreensão do que realmente constitui a saúde num sentido holístico. Consequentemente, disciplinas alternativas/complementares começam a se combinar com métodos convencionais de um modo muito mais abrangente. Cirurgias radicais são cada vez menos usadas e se percebe que frequentemente elas são mais prejudiciais que benéficas. Pesquisas e aplicações de células-tronco seguem à frente com muita rapidez enquanto se descobre que esse aspecto da medicina está em sintonia com a verdadeira fonte da vida, assumindo, portanto, uma conotação mais espiritual. Haverá, no entanto, objeções e protestos proporcionais a tudo isso, partindo tanto de instâncias médicas quanto religiosas, como acontecerá no caso da engenharia genética (ver acima).

Mais que qualquer outra coisa, os principais avanços e mudanças na área da saúde e da cura dependem da compreensão do quanto a mente pode ser usada para tratar do corpo e do quanto o corpo pode ser usado para tratar da mente. Isso nada tem de novo para quem trabalha com métodos alternativos ou milenares, mas o importante é que a ciência médica está sendo capaz de confirmar sua veracidade, colocando-a além de qualquer dúvida. Como resultado, há uma revolução completa no modo como atuam as instâncias da saúde e seus profissionais. Mais uma vez, nada acontecerá sem objeção e resistência {197 Saturno/Urano}.

Científicos

Soluções para Fontes de Energia e a Poluição

Avanços, descobertas e invenções empolgantes podem ajudar em nossos problemas de energia e poluição {Ondas Saturno/Urano>196}. Certas invenções ou descobertas, é verdade, estiveram em discussão por algum tempo, mas a vontade política e a "justificativa econômica" não estavam presentes. Agora, um contexto premente de "necessidades imperiosas" vem à tona. E assim como os gigantescos esforços tecnológicos que tiveram lugar durante as duas guerras mundiais e o programa espacial, revoluções na tecnologia conseguirão dar alguns passos, mas não todos os passos, para evitar que aconteçam desastres globais.

Uma descoberta única e extremamente radical é que salvará realmente o barco. De fato, uma descoberta que criará realmente o Novo Dia. Ela empregará certos processos naturais que sempre existiram, dando origem ao que poderia ser chamado de forma acelerada de simbiose, que mais ou menos "reinstala" o ambiente. O pedacinho difícil – que não sendo cumprido tornaria todo o resto inviável – terá algo a ver com usar o poder mental e a disposição de um número crítico de seres humanos. E isso ocorrerá, se de fato ocorrer, na hora H.

Uma Ponta de Dúvida

Ao mesmo tempo, os cientistas precisam ser extremamente cautelosos ao pensar que estão dando um passo à frente em suas meritórias e esforçadas tentativas de remediar os males que eles próprios criaram em nome da construção de um "mundo melhor" – como fazem os políticos quando os aprovam entusiasticamente para conquistar votos. O problema é que a própria urgência de trabalhar com uma energia mais branda e mais segura poderia levá-los a dar um ou dois passos atrás. Já foi descoberto que lâmpadas poupadoras de energia – de uso a ser em breve tornado compulsório em alguns países durante esta Onda de Força (Plutão) Elétrica (Urano) – têm o desastroso efeito colateral de desencadear ataques nos que sofrem de epilepsia.

Ovo na Cara

Cada vez mais, descobre-se que inovações tecnológicas do passado têm sérias desvantagens para a saúde pública. Um dos primeiros exemplos foi a pesquisa revelando que revestimentos antiaderentes, como o teflon, podem instruir o sistema imunológico para desenvolver uma resposta exagerada a agentes alérgicos, como os ácaros contidos no pó e o pelo animal. E é justamente esse dano ao sistema imunológico que se descobre estar por trás da incidência maior de conhecidos problemas de saúde, como a asma, e também do aparecimento de novos.

Crise na Internet

No momento em que escrevo, a disseminação da Internet está atingindo um ponto crítico, num sentido técnico, comercial e moral. A não ser que ocorra uma mudança importante em todos esses três níveis, a Internet corre grande risco de se tornar não manejável, inconfiável e inaceitavelmente indisciplinada e corruptora. Provavelmente ela terá de ficar assim antes que haja uma mudança na sua tecnologia e na gerência de sua utilização, transformando-a em algo que una o mundo como ele jamais esteve unido, o que sempre foi sua promessa e sublime propósito.

Políticos

Procura-se Visionário: Candidatar-se Apenas os Autênticos

A necessidade de um líder político inspirador no mundo ou, mais provavelmente, de alguém que inspire um líder político é o que resume o estado de coisas. A ideia de que, quando precisamos de uma tal figura, ela aparece deve muito provavelmente corresponder à realidade. Esse indivíduo terá de ser igualmente uraniano e plutônico; isto é, ter tanto uma mente de gênio quanto uma vigorosa personalidade. É portanto provável que ele tenha criado algo de significativo nos anos 60 ou seja filho dessa época, durante a última Onda Urano/Plutão, pois historicamente esse é com frequência o caso.

Uma dessas figuras icônicas, por exemplo, foi Karl Marx, que nasceu durante uma Onda-Mãe (1818), cuja filosofia emergiu na onda seguinte (1845-1856) e depois realmente decolou com o nascimento dos partidos socialista e comunista durante a onda que se seguiu a essa (1896-1907) {<36}. Não estou sugerindo que Marx tenha surfado a onda com exatidão, mas o fato é que sua influência foi muito poderosa e marcou o verdadeiro início de como (pelo menos em teoria) trazer liberdade (Urano) e poder (Plutão) para as massas.

O líder de que agora se precisa tem a tarefa de unir o mundo e seus líderes em torno da meta da sobrevivência global/da espécie. Por essa razão, ele terá de ser uma criatura profundamente espiritualizada. Uma segunda vinda? (Ver a seção Espirituais, acima.)

O Humor Desta Época

Existe algo no ar, com certeza. Como se qualquer coisa pudesse acontecer – de perigosa a milagrosa! Fazer algo decisivo ou dizer algo que mostre um real discernimento são coisas que hoje dão mais resultado do que em outras épocas, são mais influentes, ecoam de forma mais dramática – seja num nível pessoal ou global. Ao mesmo tempo, tudo é exagerado, por isso ser franco ou exibido pode lhe trazer mais do que o esperado. Todo mundo, mas em especial aqueles que realmente exercem algum tipo de poder, é capaz de fazer diferença e afetar as mudanças, para o bem ou para o mal, mais do que nas épocas em que não havia uma abundante energia de Onda Urano/Plutão.

Um horizonte radicalmente novo parece estar nos acenando – e está. O que surge nesse horizonte está próximo de todos nós... Há uma nuvem em forma de cogumelo ou um avanço revolucionário no modo como vemos e vivemos nossa vida? Sob tudo isso há um sentimento crescente de que a humanidade e o mundo estão em crise. Os problemas descritos na Introdução apontam todos para isso e para as formas que esse senso de crise iminente está tomando. Se você pulou a Introdução, sugiro enfaticamente que volte atrás e leia, porque ela também explicará as Ondas Planetárias em termos gerais, agindo como cartilha básica sobre como surfá-las.

Negação

É um dos humores mais perigosos da época e nasceu, ironicamente, de um medo bastante natural de não sobrevivência. Ele se transmuta em diferentes formas de negação que realmente servem para tornar a não sobrevivência uma probabilidade ou pelo menos uma possibilidade mais forte. É um caso clássico do poder do pensamento – algo para o qual a Onda está toda empenhada em nos despertar – mas da variedade negativa. Uma forma comum de negação é vista na resposta ao aquecimento global, fortemente alimentada pela confusão sobre qual é sua causa ou sobre se o aquecimento realmente existe.

As duas causas "mais quentes" para o aquecimento global são: 1) o efeito estufa causado pelas emissões de carbono resultantes da queima de combustíveis fósseis; e 2) explosões solares que afetam nossas nuvens e clima regularmente, às vezes de forma bastante intensa. É um equívoco acreditar que não temos nada que nos preocupar com relação a eventos como *icebergs* do tamanho do País de Gales desprendendo-se das geleiras da Groenlândia, simplesmente porque é algo que já "aconteceu antes" e que é apenas parte dos ciclos de evolução da Terra. Aquelas duas causas estão provavelmente por trás do aquecimento global e algumas outras também contribuem. Seja como for, permanece o fato de que vem acontecendo algo que está afetando seriamente nossa vida.

O Chamado de Despertar

Do ponto de vista astroquântico, tudo está interconectado – o que significa que nós, seres humanos, temos de fato algo a ver com a causa do aquecimento global e qualquer outra condição ou atividade que esteja criando ou ameaçando o delicado equilíbrio ecológico que sustenta a vida no planeta Terra. Encarar a coisa com uma atitude de "bem, tudo já aconteceu antes" é não compreendê-la. *Não* aconteceu antes e esta época e Onda estão prestes a nos despertar para o fato de que, como administradores do planeta, devemos dar atualidade ao fato de que tudo está interconectado e NÓS somos uma parte muito importante dessa interconectividade!

Poderíamos ser vistos como o elo crucial na cadeia da vida – mas a pergunta é: somos o elo mais forte ou o elo mais fraco? Esse, portanto, é o chamado de despertar para acabar com todos os chamados de despertar – possivelmente em sentido bem literal. Em outras palavras... ***Chegamos o mais longe possível na possibilidade de nos mantermos num estado de negação sobre nossa participação no drama chamado Vida na Terra.***

Juntamente com outras Ondas Planetárias ocorrendo ao mesmo tempo, essa está nos forçando a reconhecer ou está nos mostrando – dependendo do quanto somos idiotas ou inteligentes – que todos nós somos criadores e expressões da Vida {>246 Astroquântica}.

Aumento da Doença Mental

Enterrando a cabeça bem fundo na areia, podemos ver, se não sufocarmos, como ela se projeta do outro lado da Terra. Tal comportamento de avestruz pode ser selecionado dentre uma coleção de mil e uma distrações ou substituições, como estarmos obcecados com o tamanho e forma do nosso corpo em vez de nos preocuparmos com o estado do corpo planetário em que vivemos ou em vez de percebermos que os sentimentos que a pessoa tem sobre o próprio corpo são uma expressão da sua vida e do modo como ela a vive. Outra alternativa poderia ser fazer uma "sessão terapêutica de compras", onde a pessoa resolve se entregar ao sentimento ilusório de que é uma parte que funciona bem de um mundo que funciona mal.

Esse humor tão comum da época também alcançará um ponto de crise, com as pessoas perdendo toda a noção do que está acontecendo e de onde elas estão quando se afogam na autopiedade ou na ignorância autoinduzida; quando sucumbem aos hábitos do mundo idiotizado e abertamente materialista que criamos ou permitimos que outros criassem para nós. Tudo isso, juntamente com outros estresses de uma vida não natural, significa que a insanidade pode estar em crescimento. Lembre que isso acontece porque a percepção da crise que se aproxima é *o* humor da época – pela simples razão de que *estamos* atingindo o ponto de crise. Como sempre, a escolha é nossa... Ficarmos conscientes ou malucos. Pormos a cabeça para funcionar ou descer a ladeira. Sermos parte da solução ou parte do problema.

A negação, você pode dizer, é uma reação compreensível a uma crise tão monumental – isto é, se não houvesse nada a ser feito acerca dela ou nada a ser aprendido com ela. Existe algo que podemos fazer e aprender – mas precisamos assumir um ponto de vista radicalmente diferente sobre o que nós, humanos, realmente somos ou estamos em vias de nos tornar. Nossa Onda Urano/Plutão é particularmente eficaz em nos despertar para isso, auxiliada por todas as outras Ondas Planetárias que estão ocorrendo do início ao fim de sua época. Essas outras Ondas Planetárias menores estão muito mais potentes do que quando ocorrem sozinhas. Em vez de serem apenas grandes ondas, são como grandes ondas no topo de um tsunami.

Pânico

É o outro lado da negação e envolve duas respostas essenciais à Onda Urano/Plutão. A primeira é simplesmente o exagero das ameaças ao nosso bem-estar e sobrevivência feito pelas próprias pessoas que estão nos advertindo contra elas. O que é um tanto justificado. Por exemplo, muitos dos efeitos mais sérios do aquecimento global, como a redução das massas de terra existentes a meros arquipélagos, podem demorar centenas de anos – mas nosso choque deve ser suficiente para determos o que os provoca AGORA! O problema seria vermos que isso não vai acontecer da noite para o dia, ou pelo menos durante o nosso tempo de vida, e pularmos para o conforto da zona de negação descrita acima. De fato – e esse é um tema extremamente importante do início ao fim deste livro, em particular neste capítulo sobre a Onda Urano/Plutão – ***tudo o que é potencialmente apocalíptico vai acontecer muito mais depressa do que tem sido discutido até agora.***

Por acaso, no momento em que escrevo, relatórios de cientistas trabalhando na Antártica afirmam que esse ritmo mais rápido é exatamente o caso do aquecimento global. Quanto ao modo como realmente afetamos o clima e o tempo, ele entra na esfera das Ondas Saturno/Netuno, que são explicadas e exploradas no capítulo que começa na página 144.

Choque Futuro

A segunda reação à Onda Urano/Plutão que pode criar pânico é, de novo ironicamente, o irromper da própria aptidão humana para intuir o futuro, em particular quando ele está ameaçando a vida. Por exemplo, você sabia que há sempre menos pessoas em trens e aviões que se acidentam do que naqueles que nada sofrem? No caso dos aviões sequestrados em 11 de Setembro, todos os quatro estavam levando apenas metade do número de passageiros que costumavam transportar. À medida que aumenta a intensidade do que a Onda Urano/Plutão está trazendo, um número cada vez maior de pessoas estará captando a coisa – com mostras, no lado negativo, de ansiedade, pressentimento e males físicos (em particular transtornos no estômago e nos intestinos) e, no lado positivo, de genuínas e valiosas percepções e intuições.

Se os pressentimentos de desastre podem nos ajudar a evitá-los, ou não, depende do quanto somos conscientes e construtivos ao reagir a eles, pessoalmente ou através dos outros. Em simbolismo planetário, isso é simplesmente indicado como o Poder (Plutão) de Predizer (Urano), algo que Einstein sempre sustentou que era real, observando que a distinção entre passado, presente e futuro era "uma ilusão teimosamente persistente". Ou como a Rainha Branca coloca em *Alice Através do Espelho*, de Lewis Carroll: "É um pobre tipo de memória, que só trabalha para trás".

Contudo, devíamos ter em mente que tais pressentimentos são e serão puramente emocionais e ocorrerão num nível instintivo, em vez de serem uma "predição" específica no sentido popular do termo. De fato, demonstrando o que se tornará cada vez mais frequente, muitos faltaram ao trabalho nas Torres Gêmeas em 11 de Setembro, não porque soubessem o que ia acontecer, mas simplesmente porque não tiveram vontade de ir – algo os deteve. Assim, o Humor particular desta Época pode estar presenteando muitas pessoas com percepções instintivas que elas fariam bem em obedecer e compartilhar com outros.

O Poder da Mudança

Tudo dito e feito, é o fato de nosso tempo dizer respeito ao Poder (Plutão) da Mudança (Urano) que afeta tão intensamente o Humor da Época. Em termos simples, se você aceita e vê necessidade de mudança num nível bem fundamental, capaz mesmo de mudar a vida, então estará pronto para surfar esta Onda-Mãe de maneira certa! Perceberá a história maior que está em curso, os grandes ajustes que são necessários e os vários estágios que temos de atravessar para chegar lá. Se, contudo, você optar por se entrincheirar e resistir a qualquer tipo de mudança, pode contar que vai se sentir inquieto, ansioso e mesmo ameaçado.

Metaforicamente, é, por um lado, como deixar seus sentidos assumirem o controle quando você surfa uma Onda, surpreendendo a si próprio e aos outros com seus poderes de inovação e improvisação enquanto avança como e para onde a Onda quer levá-lo. Por outro lado, seria como insistir em assumir controle sobre um cavalo bravo que intui, segundo a segundo, para onde tem de ir de modo a se desenvolver e sobreviver. Você teria uma cavalgada muito difícil e provavelmente iria cair – ou pelo menos teria a sensação de que era isso que ia acontecer a qualquer momento; seria de fato uma paranoia. Para resumir numa frase: *desenraizamento construtivo ou destrutivo* é a opção que vai acabar levando ao Humor que você experimenta.

Lembre que o cheiro da revolução está no ar. Às vezes será enervante e assustador, mas a concentração nos objetivos e a "Consciência das Ondas" das maneiras descritas nestas páginas conduzirão você e os seus para uma época, e mesmo um lugar, muito diferentes.

Nota Astroquântica

Está ao nosso alcance, individualmente assim como coletivamente, virar para outro lado a máquina do Armagedom. Isso depende, principalmente, de despertarmos para isso e seguirmos a Sabedoria Planetária e outros métodos de poder mental para tornar manifesta uma mudança positiva.

Temos de fato o poder de mudar, mas devemos mudar para ter o poder.

Poderosas Coincidências

Algo que será fascinante, alarmante ou tristemente ignorado é uma percepção maior da sincronicidade – isto é, de coincidências significativas ocorrendo com mais frequência que o habitual. Podemos encarar tais eventos:

a) como "meras coincidências" e não lhes darmos absolutamente qualquer atenção;
b) como algo muito empolgante e de significado exagerado, que inunda nosso senso normal de realidade a ponto de nos deixar incomodados ou de chatearmos outros com ele; ou
c) reagindo a eles como simplesmente um "reconhecimento" de que estamos no caminho certo ou de que alguma coisa está tentando nos dizer algo.

Esses dois últimos modos de interpretar as coincidências são os corretos, mas no que diz respeito a *b*, se elas o deixam nervoso ou deixam outros nervosos, procure absorvê-las com uma pitada de sal. Seja terra a terra com relação a elas, assim você não se lançará a conclusões erradas ou malucas. A frequência e intensidade dessas poderosas coincidências aumentarão durante os Pontos Focais (ver página 305).

✦

Despertando o Mundo Subterrâneo

De Indireta a na Sua Cara

O Mundo Subterrâneo, do qual Plutão é o Senhor, é algo que se encontra sob a superfície da vida ou do mundo cotidiano. Dessa zona emanam todas aquelas coisas que são encaradas como sombrias e sórdidas, misteriosas e intrigantes, horríveis e não mencionáveis, imperiosas e profundas, ocultas e xamânicas, sexy e brutais, cruéis e criminosas, horripilantes e rastejantes, góticas e medonhas. Mas elas são também as próprias entranhas da Terra e o monte de adubo cósmico em putrefação, consumidor de cadáveres, que faz Plutão, como um vulcão, resmungar...

Meu reino onde tudo apodrece e morre
Desmente a beleza sobre o solo.
As flores eu alimento, pela graça de seu mundo
Mas você não se atreve a contemplar Minha face
E se perde em pretensão inútil.

Quando, no entanto, o Grande Despertador Urano se liga no site de Plutão, somos realmente obrigados a acordar e dar uma boa olhada na "cara" dele – naquilo com que nós, e a vida, no fundo nos parecemos –, pois o conteúdo de um verdadeiro vulcão do Mundo Subterrâneo é vomitado por todo o nosso pequeno mundo cotidiano de problemas, trivialidades, mexericos, melodramas e futilidades.

Este fenômeno foi dramatizado de modo brilhante no mais festejado dos livros e filmes, *O Senhor dos Anéis*, de J. R. R. Tolkien. Sua popularidade, juntamente com alguns espécimes menores do gênero espada e bruxaria, deve-se em parte ao fato de que coloca em cena o que está acontecendo todo tempo, mas relativamente fora de vista (como é o estilo habitual de Plutão). E como muitas grandes obras, *O Senhor dos Anéis* tem uma qualidade sombriamente profética e um veio de profunda e assustadora verdade correndo através dele.

Temos, então, *hobbits* vivendo no campo inglês – isto é, gente pequena vivendo suas pequenas vidas em relativa paz, um idílio rural equipado com uma boa seleção de confortos e sentimentos aconchegantes. Então, de longe, algo sinistro e que ameaça esse modo de vida surge sob a forma do Senhor do Escuro, seus Cavaleiros Negros e aquelas hordas de gente deformada e miserável, os *orcs* – sendo todas elas clássicas figuras plutônicas negativas.

Opondo-se com êxito a toda essa brutalidade está o mago Gandalf e sua turma de heróis, formada por membros das diferentes raças que existem no mundo deles. Isso nos atrai porque tem sentido. Mas esse sentido nem sempre é conscientemente captado porque, como entre os hobbits, há má vontade – pelo menos inicialmente – em admitir que existam forças sombrias e destrutivas no exterior. Por isso há uma relutância em aceitar a convocação para participar da tentativa de chegar ao coração delas e desse modo vencê-las.

Agora, quando a Onda-Mãe Urano/Plutão de 2007-2020 se encapela, temos de admitir que existem "forças sombrias" no exterior, identificá-las mais de perto e fazer o que deve ser feito para tirar algo de positivo da situação – o que significa aceitar e compreender o que é a "escuridão" que existe em toda parte. O que inclui, principalmente, olharmos para nossas próprias sombras. Gandalf é o *xamã*, aquele que conhece os modos de agir das forças da escuridão, que sabe como resistir a elas e como utilizá-las em proveito próprio. O que criticamente o equipa para isso é uma consciência aguçada de sua própria escuridão; ele foi inicialmente chamado de Gandalf, o Sombrio, evoluindo no final para Gandalf, o Claro.

Curiosamente, tem sido dito que *O Senhor dos Anéis* era uma alegoria da ascensão de Hitler e do nazismo, da resistência dos aliados e da vitória final contra os primeiros – algo que começou durante a Onda Urano/Plutão de 1928-1937. O próprio Tolkien negou isso, mas não se descarta a ideia. Na realidade, porém, quando um escritor se torna demasiado interessado em defender uma ideia através da alegoria, a história acaba tendo algo de contido e forçado, o que este livro certamente não tem. E qualquer alegoria que exista foi posta lá inconscientemente, o que a torna muito mais poderosa.

Seja como for, e de novo partindo da perspectiva de nossa Onda Planetária, *O Senhor dos Anéis* só chegou realmente a decolar, transformando-se num sucesso mundial, durante a Onda Urano/Plutão seguinte, a de 1960-1972, quando a cultura *hippie* se apoderou dele. A alegoria, então, assumiu a forma da galera amante da paz *versus* o Estado sombrio, careta e opressivo.

Então o que é Escuridão e Como Sair Dela?

Algo profundamente significativo que sai da Escuridão, o Mundo Subterrâneo, faz lembrar o que o filósofo Nietzsche chamou de *vontade de poder*. O próprio Nietzsche pretendeu que isso significasse um potencial da Natureza (que existe em *tudo*) para uma coisa ser o que fundamentalmente é num nível máximo, não se deixando inibir ou invalidar por nada. Para que ela se entregasse a esse potencial, para que o celebrasse, criasse a partir dele. Temos então, estimulado aqui, um sentimento de intensidade, destino e ruína, com frequência envolto em hedonismo e atirado à superfície para ser visto e experimentado por todos. Embora o ímpeto de dominar não seja o que se pretendeu dizer com vontade de poder – sendo uma forma pervertida disso – trata-se de algo que, infelizmente, também vem à tona.

Vamos então examinar algumas das expressões e formas que essa Onda-Mãe Urano/Plutão tomará, e já está tomando, enquanto a Escuridão é encarada e sondada.

Primeiro, no entanto, tenho de lembrar que muita Escuridão já foi exposta durante o século XX – em especial durante os anos 60 –, principalmente porque muitos tabus foram quebrados; basta ver a mídia mostrando os mortos e a morte como coisa banal. Antes dos anos 60, era em geral encarado como mau gosto fazer isso. Do mesmo modo, o sexo explícito e a nudez hoje geralmente conseguem se esquivar da censura, e a pornografia pesada é acessível a qualquer um ao clique de um mouse. Antigamente essas coisas reservadas e muito reais eram apenas vislumbradas ou ficavam subentendidas através de alusões. Agora são sacudidas diretamente na nossa cara porque estava realmente na hora de darmos uma boa olhada nelas.

Pode parecer que a verdadeira vontade de poder, o ímpeto de sondar e experimentar os extremos do que realmente somos, está agora inevitavelmente ligada ao degenerado, psicopático e despótico. Na linguagem de *O Senhor dos Anéis* não existem duendes sem orcs, nem salvadores sem aqueles que ameaçam dominar e escravizar. Urano/Plutão pode dar poderes à liberdade ou destruí-la; fazer-nos ascender incrivelmente ou cair de modo drástico. Tudo depende de reconhecermos e expressarmos esses poderes de uma boa maneira ou de permitirmos que sejam usados de modo ruim.

Existe horror no mundo porque sentimentos poderosos têm sido recalcados e impedidos de supurar, de modo que, quando irrompem na superfície, ficamos chocados e estarrecidos, mesmo que já tenhamos sido perigosamente dessensibilizados pela exposição à mídia. Hoje, quando escrevo, soube de um homem que apunhalou 145 vezes a parceira. Que tipo de vulcão humano é esse? E trata-se apenas de um indivíduo; pense no que está borbulhando sob a superfície em termos globais. Por outro lado, como este livro está continuamente se esforçando para mostrar, o que acontece globalmente está intimamente relacionado ao modo como cada um de nós está pensando, sentindo e se comportando – e ao que acontece nos porões de nossa existência. A ameaça de desastre mundial – através da guerra nuclear, enfermidade, mudança climática ou seja o que for – é simplesmente o vulcão coletivo, que pode realmente se expressar como um verdadeiro vulcão!

Dirigir *agora* nossa atenção para o Mundo Subterrâneo, ver e lidar com o que acontece lá embaixo nos trará uma suspensão da execução, proporcionando-nos o tempo e a percepção que nos possibilitem impedir que as entranhas da Terra, a fossa sanitária de toda a nossa merda e de sombras para as quais não olhamos, arrebentem de ponta a ponta.

Outro exemplo da ascensão da Escuridão é a pedofilia. Sempre existiram molestadores de crianças ou degenerados, como a gente do campo costumava chamá-los centenas de anos atrás, mas em geral mantinha-se uma tampa sobre seus desejos por uma coisa antiquada chamada "restrição moral" ou a prática era acobertada – particularmente nas áreas onde menos se esperava que isso acontecesse, como a Igreja (ironicamente a fonte de tal restrição). Agora temos pornografia com crianças na Internet – de novo a um simples clique de distância. Facilidade de acesso e pouco ou nenhum fator de inibição equivalem a uma explosão. Mas aqui está onde queremos chegar: muitos pedófilos foram também vítimas de abuso quando crianças e provavelmente os que abusaram deles foram também vítimas de abuso e assim *ad nauseam*. Os respiradouros desse tipo particular de vulcão humano se acham muito abafados, por isso, como muitos outros tipos de vulcões, ele está pronto para explodir durante esta Onda. A necessidade de expelir e a necessidade de perdoar são dois apelos que Urano/Plutão traz para a superfície, nessa ordem.

Para que não se deixe passar em branco, algumas das sombras mais escuras são aquelas que são projetadas – principalmente porque podem passar sem ser detectadas. É fácil demais desprezar e escarnecer dos degenerados deste mundo porque eles fornecem uma tela conveniente sobre a qual projetar e repudiar nossos próprios, embora muito menores, sentimentos sombrios e dúbios. Como Hermann Hesse escreveu em *Demian*:

> *"Se você odeia uma pessoa, odeia alguma coisa nela que é parte de você mesmo. O que não é parte de nós mesmos não nos incomoda."*

Ainda outro exemplo é o problema dos videogames de computador obcecando e distorcendo o desenvolvimento de crianças. Expor e sujeitar mentes jovens à natureza imperiosa das imagens sombrias do Mundo Subterrâneo – em sentido bem literal com produtos sinistros como *Grand Theft Auto** – é como colocar uma criança atrás do volante de um carro muito possante quando ela ainda não tem ideia de como dirigi-lo ou dos verdadeiros perigos da área que foi instigada a explorar. De fato, essa é uma metáfora válida para o que tal exposição irresponsável ou simplesmente ignorante ao Mundo Subterrâneo tem feito de todos nós.

Mais basicamente, essa Onda Urano/Plutão está de novo tentando nos despertar para a própria existência da mente subconsciente, pois é simplesmente isso que é o Mundo Subterrâneo em terminologia moderna. Quem, afinal, realmente "descobriu" e deu nome ao subconsciente foi Sigmund Freud durante a Onda Urano/Plutão de 1896-1907 {<36}. Mas em geral as pessoas continuam a ignorá-lo num sentido prático – não sabem que possuem um subconsciente e que há coisas que jazem lá dentro de que deveriam ter conhecimento antes de se lançarem a algum ato desesperado e destrutivo para o qual não exista volta! O importante é que, enquanto a Onda Urano/Plutão estiver rolando, esses atos estão sujeitos a acontecer com maior

*Conhecido no Brasil como Grande Roubo de Carro ou GTA. (N. do T.)

frequência e intensidade. Até onde a mente inconsciente está envolvida, ou você desce lá e dá uma boa olhada ou ela subirá para pegá-lo.

Identificar, enfrentar e erradicar o que está corrompendo nosso mundo é a tarefa mais importante. Mas, como a turma de heróis em *O Senhor dos Anéis*, alguns estarão extremamente tentados a sucumbir a certos poderes sob a forma de fixações, dependências e desejos sexuais – racionalizando--os, equivocadamente, como sendo inofensivos ou coerentes com os direitos humanos. Isso nos levará, num nível pessoal, a uma displicência e, em termos públicos, a sermos demasiado brandos com relação aos que negociam e praticam tal corrupção. Saber quando, e até que ponto, perdoar ou condenar é um verdadeiro desafio para esta Onda Urano/Plutão. Num extremo, há o perigo da "guinada moral para trás", como o reflexo do joelho, preto no branco, a repressão pseudorreligiosa crescendo como bola de neve numa moderna caça às bruxas. No outro extremo, há uma indulgência irracional e destrutiva que se faz passar por liberdade, acelerando e intensificando a espiral para baixo que já deslanchou, que foi posta progressivamente em movimento por meio de Ondas Urano/Plutão anteriores surfadas de maneira inepta. Temos de novo de nos perguntar: sabendo o que agora sabemos sobre Ondas Urano/Plutão passadas, como devemos surfar a atual?

Como sempre, o caminho do meio é aquele que devemos ter em mira. Urano/Plutão quer que descubramos e experimentemos nossa vontade de poder para experimentar e descobrir o que verdadeiramente sentimos e queremos (com frequência através de crise e numa situação que tem de ser cruel para ser generosa) como oposto ao que fomos levados a acreditar que deveríamos sentir e querer. Mais que tudo, no entanto, ao procurar alcançar essa verdade de quem e o que nós realmente somos, devemos deixar que outros também o façam, sem prejudicá-los ou julgá-los. Plutão deve ter sua cota de vontade de poder, mas Urano deve exigir sua cota de direitos iguais. É o extremo ato de equilíbrio enquanto surfamos essa Onda-Mãe; um ato de equilíbrio que, no final das contas, envolve uma jornada pessoal para nossa própria escuridão, onde se encontra nossa própria verdade.

> Sondem Minha toca úmida e sombria
> E verdadeira riqueza encontrarão dentro dela.
> Sintam sua escuridão, sintam sua dor
> Caiam em Mim e subam de novo
> Imortais encharcados de inocência.

✦

A Escolha é Nossa – Um Surfe Tranquilo

O quadro que vem a seguir nos mostra Respostas Positivas à Onda-Mãe Urano/Plutão que coletivamente criam Efeitos Positivos. As Respostas Negativas precisam ser evitadas para impedir os Efeitos Negativos coletivos. Observe as características opostas das Negativas e Positivas e relacione Efeitos Negativos ou Positivos às Respostas que os criaram.

Nota Astroquântica

Se quer fazer uma limpeza no mundo, faça uma limpeza no seu quintal.

2007-2020
O Efeito Coletivo da Onda-Mãe Urano/Plutão
A Escolha é Nossa

Resposta Negativa	Resposta Positiva
Recusa ou fracasso em perceber como a mente do grupo é importante e poderosa. Deixar todas as decisões, objetivos e valores por conta daqueles supostamente no poder.	Percepção do poder das pessoas, de como um número suficiente de indivíduos agindo, até mesmo pensando, de um modo decidido, bem articulado e focado pode influir numa mudança positiva em nível global.
Ficarmos cada vez mais tensos e frustrados em proporção direta à recusa em mudar, experimentar ou descobrir por nós mesmos, ou a nos ser negada essa oportunidade.	Perceber que a vida é mais que apenas a batalha diária – e o escapismo que compensa isso. Experimentar coisas novas, buscar o autoconhecimento.
Indulgência cínica, devassidão e fraqueza fazendo-se passar por "realistas" ou "pragmáticas". Atitude de quem toca harpa enquanto Roma pega fogo.	Orgulhar-se de nossa administração do planeta com relação a questões ambientais e de energia. Perceber que tomar conta é uma boa ideia.
Rebelião irracional e violenta em que paciência e habilidade na negociação fracassaram ou não foram usadas.	Exigir dos que estão no poder o reconhecimento de ideias e sentimentos de liberdade e da sua necessidade.

SUPERPODER MENTAL

Conflito entre o povo e os que estão no poder. Desordem civil. Negatividade e niilismo causando distúrbios.	Reconhecimento oficial da profundidade e originalidade do potencial humano; programas implementados para ajudar a desenvolvê-lo.
A incapacidade de ver como é importante não sujar o quintal dos outros significa simplesmente que seu próprio quintal, e não só ele, anda sujo.	Promoção de regimes e líderes verdes. Derrubar ou desautorizar pelo voto qualquer coisa ou qualquer pessoa cuja prioridade não seja a saúde do planeta.
Aumento no crime e no vandalismo – e no abuso de drogas e álcool para ajudar na fuga ou no esquecimento. Mais destruição que criatividade produzindo discórdia mundial.	Potencial criativo humano sendo captado e expresso, favorecendo ocupações e estilos de vida mais ricos e mais gratificantes. Soluções para os problemas do mundo.
Coisas indo de mau a pior como resultado de uma postura negativa coletiva e de as pessoas erradas estarem no poder. Grandes desastres ocorrendo como expressão indireta disso.	Pessoas trabalhando em conjunto para promover o bem comum, em grandes e pequenas coisas. E assim a condição global melhora ou pelo menos os problemas dão sinais de estarem sendo contidos.
Efeito Negativo	Efeito Positivo

A História em Curso

Ondas se Fundindo e Reforços de Júpiter

Esta Onda-Mãe age como um poderoso pano de fundo eletromagnético para todas as outras Ondas Planetárias menores, mas ainda muito influentes, que se fundem com ela no transcurso de sua duração, de 2007 a 2020, tendo seus efeitos eletrificados e intensificados. Estes, por sua vez, têm seus próprios efeitos sobre a Onda-Mãe e, portanto, ecoam de um lado para outro. As descrições dessas outras Ondas nos capítulos seguintes levam sempre em conta o efeito da Onda-Mãe.

Assim como essas Ondas se Fundindo, há Ondas Planetárias envolvendo Júpiter que entram no quadro Urano/Plutão, e Júpiter de certo modo reforça o que quer que esteja acontecendo, ampliando as coisas para que não possamos deixar de reparar nos problemas ou tirar vantagem das oportunidades! Como pode ser visto no Gráfico do Clima da Onda Planetária na página 27, as Ondas de Júpiter existem por si mesmas e são responsáveis por Tempestades Menores e Brisas Favoráveis, mas não são abordadas aqui por razões de tempo e espaço. Juntamente com as Ondas se Fundindo, elas podem intensificar ou modificar os efeitos da Onda-Mãe Urano-Plutão.

As Crônicas das Ondas Planetárias

Tomadas em conjunto, essas Ondas se Fundindo e os Reforços de Júpiter como que dramatizam e dão o ritmo do curso total da Onda-Mãe, mais ou menos como faria um narrador, ao contar sua história e pontuando-a com Pontos Focais {>305}.

Aqui estão os Reforços de Júpiter que afetam diretamente a Onda-Mãe Urano/Plutão:

Tempestade Menor Júpiter/Urano – dez. 2006 a nov. 2007 –
Despertar da Fé

Tempestade Menor Júpiter/Plutão – jan. 2007 a set. 2008 –
O Poder da Crença

Esses Reforços promovem a ativação da Onda-Mãe, especialmente nas áreas relacionadas à moralidade sobre questões como sexo, religião, política e justiça. As pessoas começam a se sentir mais responsáveis ou revoltadas pelo estado das coisas. À medida que esses Reforços se avolumam, começamos a entender os sinais dos tempos com relação, primariamente, ao aquecimento global, mas também com relação a práticas complacentes e dissipadoras – principalmente quando seus efeitos se tornam mais visíveis e rápidos do que o esperado. Emerge aí um sentimento emocional muito real de que estamos todos no mesmo barco e ou navegamos juntos ou afundamos. Por exemplo, as pessoas começam a ter realmente orgulho de seus deveres e habilidades de reciclagem.

Tempestade Menor Júpiter/Urano – mar. 2010 a abr. 2011 –
Despertar da Fé 2

Tempestade Menor Júpiter/Plutão – maio 2010 a abr. 2011 –
O Poder da Crença 2

Esses Reforços reiteram os efeitos da última dupla acima. As coisas, portanto, parecem melhorar quando nossa resolução de tomar alguma providência radical acerca da situação começa a ter um efeito observável e percebemos que cada mínima atitude de cada indivíduo realmente faz diferença. É de fato uma fé crescente no Poder das Pessoas. Por outro lado, um fracasso em abrir os olhos, ficar atento e influir sobre os últimos Reforços significa um inesperado e repentino agravamento dos possíveis efeitos negativos da Onda-Mãe Urano/Plutão. Mais perturbação requer mais fé e mais esforço para ser contida. Mas talvez seja tarde demais.

Brisa Favorável Júpiter/Plutão – maio 2011 a maio 2012 –
Regeneração

Se respondemos positivamente aos dois últimos Reforços, esta nos encontra engrenando a marcha no que diz respeito a melhorar as coisas. Ela se aplica particularmente à regeneração física e material. Aqui está uma excelente oportunidade para ajudar a Mãe Terra em sua restauração. De fato, é o próprio sentimento real de comunhão com ela que torna a regeneração possível. Mas ainda não estamos de modo algum fora de perigo. Dar o máximo de nós com relação a isso não é alguma espécie de bônus – é absolutamente essencial!

Tempestade Menor Júpiter/Plutão – jun. 2013 a jul. 2014 –
O Poder da Crença 3
Tempestade Menor Júpiter/Urano – jul. 2013 a jun. 2014 –
Despertar da Fé 3
Os Reforços ocorrem no pico da Onda-Mãe Urano/Plutão. O período, portanto, nos mostra a "avaliação" que deixa claro que, ou perdemos nossa oportunidade de alterar as coisas ou aproveitamos a chance que temos agora de lutar. O fogo e/ou a água escaparam de nosso controle ou uma resolução e persistência apaixonadas estão em ação com firmeza suficiente para fazer uma diferença.

Brisa Favorável Júpiter/Urano – ago. 2014 a ago. 2015 –
Dando Sorte
Poderia ser o início de uma bela recuperação, um glorioso passeio sobre a Onda-Mãe! Líderes da indústria, países e credos religiosos trabalham juntos para um objetivo comum com paixão e entusiasmo. Mas apenas se já estivermos comprometidos com o processo e o programa de recuperação. Do contrário, pode-se pensar que nem todo esforço do mundo será capaz de fazer diferença, depois de um período em que fizemos tão pouco e acordamos tarde demais.

Brisa Favorável Júpiter/Plutão – ago. de 2015 a ago. de 2016 –
Regeneração 2
Tudo estando bem, passamos agora de uma energia a outra. Programas de ajuda e centros de assistência realmente encontram seu ritmo, regenerando o bem-estar comum, guiados por um preciso senso de prioridades. De novo, contudo, só um milagre poderia nos salvar se adiarmos uma total reorganização do modo como vivemos e conduzimos a vida na Terra. Veja bem, se vai haver um milagre, este é um dos períodos em que ele poderia acontecer!

Tempestade Menor Júpiter/Plutão – out. 2016 a set. 2017 –
O Poder da Crença 4
Tempestade Menor Júpiter/Urano – out. 2016 a jan. 2018 –
Despertar da Fé 4

A essa altura, nossas ações estarão exercendo um sério efeito sobre o rumo que as coisas tomarão. Positivamente – isto é, se conseguimos inverter a maré, por assim dizer, ou apagar as chamas – procuramos renovar nossa disposição porque há contratempos, visto que forças imprevistas ou elementos não levados em conta entram em cena. Podemos encontrar um meio de lidar com essas contingências. Negativamente – as coisas vão de mau a pior ainda!

Brisa Favorável Júpiter/Urano – nov. 2019 a jan. 2020 –
Tendo Sorte 2

Este Reforço é tão passageiro que é preciso um senso realmente aguçado de oportunidade e de ritmo intuitivo para que ela faça alguma diferença. Mas ele pode proporcionar o proverbial "melhor prevenir do que remediar".

Tempestade Menor Júpiter/Plutão – jan. 2020 a jan. 2021 –
O Poder da Crença 5

Este Reforço "cancela o seu sinal" na Onda-Mãe Urano/Plutão e salta para a Onda Saturno/Plutão que começou em 2018. Isso significa que, por um lado, foi iniciado um tempo muito novo, com um forte senso de ordem mundial – que simplesmente incorpora uma visão prática do que verdadeiramente constitui tempos assim. Por outro lado, há uma forma de ordem, um regime, que é muitíssimo limitador e repressivo, ou um Estado global que é antes um fim que um começo.

Efeito Pessoal

É deste modo que a Onda-Mãe Urano/Plutão pode afetá-lo como indivíduo e ser surfada com êxito durante toda a sua duração, particularmente por volta dos períodos em que estiver atingindo seus picos, entre 2011 e 2016.

Surfando com Urano e Plutão Através das Casas

Estes efeitos baseiam-se nas duas Casas de seu mapa pelas quais Urano e Plutão estarão passando ou "transitando" a qualquer momento, enquanto a Onda-Mãe estiver ativa. Como sempre existe uma necessidade de Mudança e Inovação quando Urano está envolvido, e de Capacitação, Eliminação e Transformação quando Plutão está envolvido, conhecer essas posições o ajudará a administrar as energias de cada respectivo planeta de um modo apropriado, capacitando-o a encontrar o equilíbrio certo e a surfar com sucesso!

Há duas maneiras de usar esta dica:

1 **Pronto para Vestir**. É usar as posições de Urano e Plutão de acordo com o que é conhecido como seu Signo de Nascimento, Signo Solar ou Signo Astral. Examina por que Casas Solares Urano e Plutão estão transitando enquanto a Onda-Mãe Urano/Plutão está ativa. Usando, então, o **Guia de Trânsito da Casa Planetária** (começando na página 265), vá primeiro para **Urano: Tabela de Conversão da Casa** na página 281. Em seguida procure na coluna da esquerda o período de tempo em que você está interessado, depois olhe ao longo da fileira de casas até chegar à coluna de seu Signo de Nascimento. Aí você verá o número da Casa sendo transitada por Urano – 1ª, 2ª, 3ª casa, etc. – e logo abaixo o número da página onde você pode ler a descrição de possíveis situações e ações que pode empreender. Logo depois, fa-

ça a mesma coisa com Plutão – isto é, vá para **Plutão: Tabela de Conversão da Casa** e use a tabela do mesmo modo que usou a de Urano. Agora você pode ter uma noção de como as posições dos dois planetas se comparam. Tudo isso pode ser muito útil e preciso, mas lembre que está apenas baseado em seu Signo Solar.

2 **Feito sob Medida.** É usar as posições de Urano e Plutão de acordo com seu mapa individual de nascimento, que teria de ser calculado corretamente, a partir de uma hora de nascimento efetivamente precisa. Assim, se você de fato conhece sua hora de nascimento e tem um mapa de nascimento elaborado com precisão, qualquer um com um conhecimento básico de posições planetárias será capaz de lhe dizer que Casas em seu mapa pessoal estão ocupadas por Urano e Plutão, em qualquer momento dado, entre 2007 e 2020. Então basta encontrar e consultar os registros para aquelas Casas no **Guia de Trânsito da Casa Planetária** (página 265). Por exemplo, se seu astrólogo ou seus próprios cálculos astrológicos disseram a você que Urano estava transitando pela sua Décima Segunda Casa e Plutão estava transitando pela sua Nona Casa, você encontraria essas interpretações nas páginas indicadas no Guia de Trânsito da Casa Planetária usando o **Índice** da primeira página. Assim, em nosso exemplo, o Índice o remeteria à página 287 para Urano transitando pela Décima Segunda Casa e à página 302 para Plutão transitando pela Nona Casa.

Observação: *não* use a Tabela de Conversão se estiver usando o método Feito sob Medida.

Efeito da Onda-Mãe Urano-Plutão sobre os Relacionamentos

Mais Juntos ou Mais Separados e Nada de Mais no Meio

É provável que haja um aumento nas crises de relacionamentos, especialmente os íntimos. Isso acontece porque a influência de Urano é a da liberdade, que leva você a querer mais espaço para se sentir independente, enquanto o peso de Plutão é para nos aproximar mais, criando mais profundidade e intimidade. Assim, as duas energias planetárias parecem trabalhar uma contra a outra. Mas seu processo combinado pode ser visto da seguinte maneira: dando mais espaço um ao outro ou se distanciando das questões emocionais por um tempo suficiente para conseguir dar realmente uma boa olhada nelas, encontra-se uma nova e mais profunda intimidade. Naturalmente, essa observação emocional distanciada – ou não ser capaz de cumprir exatamente isso – pode ter também o resultado oposto de revelar que vocês dois simplesmente não são compatíveis ou suficientemente maduros para forjar um laço mais próximo. Isso pode se revelar a razão mesma que faz um ou os dois resistirem a buscar uma intimidade maior – vocês suspeitam que, ao examinar com mais atenção os problemas, poderiam descobrir porque ela não é possível.

Há, portanto, uma separação, uma união mais íntima ou uma separação seguida por uma reunião. Mas com a imprevisibilidade de Urano e o caráter insondável de Plutão, é difícil dizer o que vai acontecer até que o processo tenha sido concluído. Lembre que, afinal de contas, essa Onda-Mãe está inteiramente voltada para Despertar as Profundezas e Capacitar para a Liberdade – tanto no nível coletivo quanto no nível pessoal. E o aspecto "vontade de poder" de Urano/Plutão (>67 Despertando o Mundo Subterrâneo) significa que é preciso um senso de convivência mais significativo e intenso, nascido de um conhecimento melhor de nossas necessidades e desejos individuais. Mas se um de vocês ou os dois não estão dispostos a se comprometer e a trilhar esse caminho, isso poderia significar o fim da relação. A Onda-Mãe Urano/Plutão não tem meio-termo; trata-se de um relacionamento mais profundo e mais livre, ou absolutamente nada, um relacionamento de aparências.

Sozinho? Tudo acima se aplica inclusive a quem não tem um forte relacionamento para comentar. Se você quer um relacionamento íntimo, Urano e Plutão farão com que ele se materialize mais facilmente que em outras ocasiões, mas exigirão que você saia de sua zona de conforto e esteja preparado para mergulhar no desconhecido, embora sendo ao mesmo tempo suficientemente aberto e honesto para admitir que poderia perfeitamente ter de fazer alguma reciclagem no departamento de amadurecimento emocional.

A Escolha é Nossa – Um Surfe Tranquilo

O quadro a seguir nos mostra Respostas Positivas à Onda-Mãe Urano/Plutão que criam Efeitos Positivos para você individualmente e, em última instância, para todos. As Respostas Negativas precisam ser evitadas para afastar os Efeitos Negativos de sua vida. Observe as características opostas das Negativas e Positivas e relacione Efeitos Negativos ou Positivos às Respostas que os criaram.

2007-2020
O Efeito Pessoal da Onda-Mãe Urano/Plutão
A Escolha é Nossa

Resposta Negativa	Resposta Positiva
Negar ou esconder-se do que, no fundo, é a verdade a respeito de você e de sua vida, mesmo quando está frente a frente com a evidência. Zombar dos traços sombrios dos outros em vez de se assumir.	Percepção de que, quanto mais você descobre e revela a verdade sobre quem e o que você é, mais poder e influência pessoais descobre que possui e pratica.
Ver a vida como uma travessia fantasticamente difícil e sem sentido do nascimento à morte. Ficar descuidado de si como uma miserável consequência disso.	Ver a vida como um rio que flui vigorosa e irresistivelmente da nascente à foz; nadar às vezes debaixo d'água. Conhecer seu lugar especial na criação.
Sentimentos de hipocrisia ou elitismo se disfarçam como sentimentos de não ser amado ou não ser compreendido.	Ter noção de que, no fundo, a maioria das pessoas é exatamente como você, apesar – ou antes devido ao fato – de você se sentir, às vezes, desesperadamente só.
Resistir obstinadamente à necessidade de mudança. Negação de qualquer coisa que ainda não seja conhecida ou cientificamente demonstrável.	Perceber a mudança e agir sobre ela. Com a confiança renovada de que, quando uma porta se fecha, outra porta se abre.

O PODER DA VERDADE

Depressão e obsessão por alguém ou alguma coisa. "Um ateu é um homem sem quaisquer meios visíveis de apoio."	Transformações inesperadamente positivas acontecem na vida como por um passe de mágica. Tudo o que termina bem está bem.
Perdido num poço escuro de autopiedade e impotência. Só pensamentos de vingança por companhia, que se atendidos o deixariam ainda mais frio.	Encontrar amigos que você nunca pensou que teria ou tinha. Apoio leal entre espíritos afins e seu mútuo favorecimento.
O difícil se transforma em impossível; a falta de sentido se transforma em vazio e morte. Quanto mais você busca ganho material e razões para a existência, mais vazio se sente.	A satisfação de se sentir e estar em harmonia com seu destino. Encontros mutuamente vantajosos ocorrem no fluxo da corrente de sua vida.
Os que não querem conhecer a verdade não conseguem reconhecê-la. Você se sente segregado e isolado quando se esconde dela; caçado e paranoico quando foge dela.	Atrair situações e pessoas bem-sucedidas e poderosas. Satisfação em áreas relativas a relacionamentos íntimos, dinheiro e saúde. Maior clareza e motivação.
Efeito Negativo	**Efeito Positivo**

O Equilíbrio de Poder Urano/Plutão

As páginas seguintes proporcionam dois esplêndidos meios básicos de viajar pela Onda-Mãe Urano/Plutão. Para conhecer uma maneira simples de surfar essa Onda Planetária e acompanhá-la até onde ela quer ir – como mostrado em "O Espírito desta Época" –, contornando ao mesmo tempo "O Demônio desta Época", use a tabela de Equilíbrio de Poder Urano/Plutão das próximas duas páginas.

Na primeira página, você verá na coluna da esquerda diferentes sintomas que você pode estar experimentando se estiver se inclinando demais na direção de Urano; isto é, dando ênfase excessiva a ideias, teorias, princípios, liberdades, etc. A coluna da direita, então, sugere diferentes meios de restaurar o equilíbrio com remédios plutônicos, que implicam principalmente em entrar em contato com seus sentimentos mais genuínos, íntimos e terra a terra.

Na segunda página, a coluna da esquerda relaciona os sintomas resultantes de exceder-se com Plutão – como obsessões, pensamentos sombrios, etc. – e a coluna da direita sugere remédios uranianos que encorajam meios de dar um passo para trás, esfriar ou ver as coisas de uma perspectiva mais elevada, mais aberta ou esotérica.

Como regra, cada item numerado é equilibrado pelo item numerado equivalente na coluna da direita, mas nem sempre – há cruzamentos.

O segundo meio básico de viajar pela Onda-Mãe Urano-Plutão é a meditação na página 87.

O Equilíbrio de Poder Urano/Plutão 1

Urano de Mais e Plutão de Menos

Se for este o caso, você pode estar experimentando alguns destes sintomas:

1. Perder o contato com necessidades e valores, físicos e emocionais, do dia a dia – o que se manifesta como problemas de saúde e/ou de relacionamento – como resultado de tentar corresponder a algum ideal impossível ou a alguma coisa que parece boa em teoria.

2. Perder de vista o que é prático ou está em sintonia com a natureza humana em virtude de ser politicamente correto em excesso.

3. Outros se retraem em sua presença, sentindo que você não está cuidando de si ou que não sabe mais como verdadeiramente se sente – só como acha que devia se sentir –, tudo como resultado de ser "esotericamente correto" em excesso e de tentar seguir de maneira muito estrita alguma doutrina espiritual ou psicológica.

4. Caos e confusão – expressos por exemplo em sentimentos como ciúmes e alienação – em consequência de experimentação sexual ou social, ou de insensatez.

5. Estar aberto demais e acabar se comprometendo ou expondo as verdades particulares de outros com resultados semelhantes.

6. A Escaramuça dos Direitos. Ver falta de autocontrole como liberdade e confundir diferença evidente com desigualdade. Isso só leva a caos pessoal e desordem civil.

Remédios Plutônicos

Adote um ou mais destes remédios para contrabalançar e aliviar os sintomas de "Urano de mais":

1. Seja emocionalmente honesto consigo mesmo e se concentre no que realmente sente e deseja, não importando se o que você pensa é certo ou errado. Comunique ou expresse isso.

2. Consulte alguém de boa reputação que tenha se especializado em se conectar com as camadas mais profundas da existência das pessoas e a tratá-las. Coloque-se, assim, em contato com o que verdadeiramente o motiva e influencia.

3. Concentre-se em seu intestino e região pélvica, "ouça" o que está acontecendo lá, particularmente ao redor do períneo ou chakra da base. Isso equilibrará um excesso de "coisas da sua cabeça" e o alinhará com o que é estável e fundamental acerca de você mesmo e de sua vida.

4. Faça um esforço para "desmobilizar", isto é, para conversar abertamente sobre seus sentimentos, embora isso possa parecer pouco sóbrio, ingênuo, doentio ou simplesmente embaraçoso. Desse modo você chegará a compreender como realmente se sente e a verdadeira razão de fazer o que fez ou de pensar o que está pensando, distinta do que você achou que fosse a razão – ou do fato de ter presumido que não havia absolutamente qualquer razão.

5. Use e respeite a discrição como distinta do mero sigilo – que é meramente esconder (se esconder de) alguma coisa. Apesar de ideias e opiniões que dizem que tudo deveria ser aberto e posto em cima da mesa, há obviamente situações onde uma tampa deveria ser mantida sobre certas coisas, para o bem de você mesmo e dos outros.

6. Saiba que liberdade e direitos são com frequência dependentes de sua própria e dificilmente conquistada consciência e autenticidade.

Observação: É inteiramente possível experimentar, ao mesmo tempo, Urano de mais e Plutão de mais.

O Equilíbrio de Poder Urano/Plutão 2

Plutão de Mais e Urano de Menos

Se for este o caso, você pode estar experimentando alguns destes sintomas:

1. Radicalismo físico e/ou emocional que inevitavelmente dá origem a dano físico ou emocional sem que se ganhe nem se resolva nada – ou com efeito pior.

2. Comportamento obsessivo nascido de medos ou desejos sobre os quais você parece não ter controle. Justificando a recusa a colaborar, embora você não seja feliz, muito menos as outras pessoas.

3. Andar abatido como no Juízo Final por estar convencido de que é inevitavelmente para lá que tudo está indo.

4. Parece extenuado pela sensação de que algo sombrio e ameaçador está pronto para pegá-lo; ou que existe um "mal" em você.

5. Estar com medo de que alguém tenha uma motivação oculta contra você.

6. Grande incômodo e mal-estar causado por alguém obsessivamente fixado em você, que o persegue ou espiona. Tentar se esconder ou se vingar só torna as coisas piores.

7. Alienação ou frustração provocadas pela tentativa obsessiva de encontrar uma resposta ou segredo no lugar errado – possivelmente por medo de encontrar algo de que não gostará.

8. Tornar-se impopular, sentir-se distante ou rejeitado por viver interrogando e querendo "policiar" todo mundo, possivelmente devido a uma desconfiança profundamente arraigada.

Remédios Uranianos

Adote um ou mais destes remédios para contrabalançar e aliviar os sintomas de "Plutão de mais".

1. Distanciar-se de suas emoções e impulsos pelo tempo suficiente para eles se transformarem em alguma outra coisa, principalmente se você tem a capacidade de se concentrar no que seria melhor para todos os envolvidos.

2. Se está obcecado, você é prisioneiro de um sentimento ou ideia que não examinou devidamente, descobrindo o que realmente é. Quando o fizer, estará livre.

3. Quando estiver na beira de um abismo, não olhe para baixo; dê um passo atrás e olhe para cima! Condenar-se a si próprio é a pior das profecias de autorrealização.

4. Procure conhecer melhor quem ou o que você vê como opressivo. Fazer amizade com o que você teme transforma a coisa ou pessoa em algo incrivelmente diferente.

5. Seja corajoso o suficiente para confessar seus medos, ficando ao mesmo tempo aberto para o inesperado. Você ficará agradavelmente surpreso!

6. Seus próprios e imprevistos sentimentos sombrios ou dúbios assumiram forma externa. Exponha honestamente suas verdades e medos, em vez de esconder suas mentiras.

7. Antes de cavar, qualquer garimpeiro que se dê ao respeito inspeciona uma área grande, de uma ponta à outra e com atitude isenta. Só quando encontra o ponto certo, começa a cavar.

8. Confie que as coisas se desenrolarão como for possível. Se necessário, identifique o que houve mais cedo em sua vida que tornou difícil para você confiar.

Observação: É inteiramente possível experimentar, ao mesmo tempo, Urano de mais e Plutão de mais.

Onda-Mãe Urano/Plutão
Meditação

Esta é a mais simples e a melhor: uma Meditação ou Prece para o Espírito desta Época. Sente-se em silêncio com ela e olhe atentamente para os símbolos, sozinho ou com outros, enquanto interiormente ou em voz alta profere a invocação, quantas vezes e pelo tempo que quiser. É especialmente recomendado que execute este ritual durante os Pontos Focais envolvendo a Onda-Mãe Urano/Plutão (ver página 305).

♅

Meus próximos e eu

Descobrimos novos poderes da mente

Que libertam a verdade

E a beleza de nossa humanidade.

Nós nos comprometemos a fazer com que se irradiem

E que se expandam sem cessar.

♇

CAPÍTULO 3

Ondas Saturno/Plutão

2007-2021

Que Tempos São Estes? Tempos de Lutas pelo Poder e de Uso Construtivo do Poder

Períodos Ativos	Clima da Onda	Como Surfar
agosto 2006-agosto 2008	Vento Favorável	Páginas 128-130
novembro 2008-agosto 2011	Grande Tempestade	Páginas 89-127, 130-143
janeiro 2018-dezembro 2021	Grande Tempestade	Páginas 89-127, 130-143

Grandes Tempestades Saturno/Plutão novembro 2008 – agosto 2011 janeiro 2018 – dezembro 2021

Que Tempos São Estes?
Tempos de Lutas pelo Poder

Energias em Jogo Enquanto Surfamos Estas Ondas

As energias de Saturno estão interagindo com as energias de Plutão e tudo e todos no planeta Terra estarão sujeitos a essas interações enquanto durar a influência deles, assim como estarão sujeitos aos efeitos secundários que se seguem a essas Ondas Planetárias. Não esqueça que dois planetas interagindo é mais ou menos como duas pessoas muito diferentes e muito decididas entrando em contato, com o melhor e o pior de cada uma sendo trazido à luz e ampliado. Mas Saturno e Plutão fazem o mesmo um ao outro numa escala cósmica e isso afeta a todos nós!

♄ O caráter de **Saturno** é **Território e Estabilidade** e sua energia está **Reprimindo e/ou Ordenando.**

♇ O caráter de **Plutão** é **Profundidade e Poder** e sua energia está **Capacitando e/ou Destruindo.**

O efeito combinado está portanto...
Reprimindo e/ou Ordenando Profunda e Poderosamente
Capacitando e/ou Destruindo Território e Estabilidade

Território e Poder

A Básica e Primitiva Natureza Territorial do Homem

De todas as Ondas Planetárias, as Grandes Tempestades de Saturno/Plutão são as mais duras e potencialmente as mais destrutivas. Elas têm nos colocado em conflito uns com os outros desde que o homem reivindicou pela primeira vez esta terra. Isso levou à atitude defensiva, seguida de perto por disputas de território e o inevitável roubo de terra de qualquer outra tribo que fosse considerada uma ameaça ou que fosse mais fraca e mais vulnerável em virtude da geografia ou de força militar e efetivos inferiores. As fronteiras nacionais que temos hoje são o resultado que esse processo produziu até aqui e, quando as Grandes Tempestades de Saturno/Plutão estão se desencadeando, essas fronteiras são violadas, alteradas ou ratificadas. No processo, nações morrem e nascem.

De fato, essas Tempestades geralmente contribuem para definir uma situação de maneira concreta, como fazem as Tempestades de Saturno/Netuno sob a forma de dissolução ou rendição {>145 Ondas Saturno/Netuno} e as Tempestades de Saturno/Urano de um modo imprevisto ou devido a algo novo estar substituindo o velho {>197 Ondas Saturno/Urano}.

Astroquântica

Toda a questão relativa ao respeito pela propriedade e à pessoa do outro é a representação microcósmica da questão macrocósmica mencionada acima, das fronteiras e territórios nacionais. Se permitimos que a cobiça ou velhas disputas transformem-se em conflito entre famílias, amigos e principalmente vizinhos, não devíamos nos surpreender que aconteça o mesmo entre nações. Afinal, os líderes políticos ou militares apelam para esses instintos predatórios, temíveis e defensivos, o que resulta numa ida à guerra – pois a guerra, infelizmente, é o que a humanidade em geral tem feito das Grandes Tempestades de Saturno/Plutão. Quanto aos desfechos, isso é claro tem de acontecer – tudo deve passar –, mas o desafio é encerrar o que precisa ser encerrado porque não está mais servindo a um propósito ou está desestabilizando o todo pelo fato de ser decadente, corrupto ou ineficiente.

Terras das Sombras

O grande problema com a natureza humana – e definitivamente algo a que *devíamos* dar um fim – é nossa inclinação inconsciente para projetar psicologicamente nossa sombra – isto é, nosso lado escuro e desagradável – sobre qualquer um ou qualquer coisa que se encontre no caminho. Assim, o que é comum a ambos os lados de qualquer questão é, ironicamente, o que promove um senso de separação. A persistência de um tal divisionismo é o que cria conflito e guerra, bem como a discórdia, horror e morte. Enquanto um indivíduo estiver projetando medos e negatividade sobre alguém ou alguma coisa, estará contribuindo para o que torna a guerra entre nações, raças ou religiões possível.

Atesta esse mau hábito o modo como projetamos um completo "tipo de personalidade" sobre toda uma raça, religião ou nação, mas depois descobrimos, se formos honestos, que quando encontramos um indivíduo de tal raça, religião ou nação ele não costuma ser a encarnação dessa suposta personalidade de grupo, mas alguém com sua própria individualidade. Onde seu "tipo racial, religioso ou nacional" se torna de fato evidente é simplesmente onde tem atritos com o tipo que presumimos ser o nosso. Disso, aliás, também poderia ser dito que presumir que também nos encaixamos num tipo nacional, religioso ou racial indica que cada um de nós possui uma incapacidade de assumir a própria personalidade.

A Guerra Fria

O exemplo mais carregado da Terra das Sombras, a projeção de um lado sombrio coletivo sobre outro, foi a Guerra Fria. Ela começou em 1946/1947 com o início de um novo ciclo das Ondas Saturno/Plutão (ver o Apêndice 2 na página 250, se quiser ter uma explicação dos Ciclos Planetários). Os americanos estavam obcecados com sua imagem da União Soviética como o grande demônio que ameaçava a liberdade do estilo de vida ocidental – dando origem à caça às bruxas de McCarthy e às atitudes tipo "vermelhos na sepultura" e "teoria do dominó". Por outro lado, os russos acreditavam que os Estados Unidos queriam americanizar o mundo, o que os transformava numa ameaça para o comunismo e sua "liberdade". No interior de ambas as nações, as pessoas eram continuamente encorajadas a aceitar essas visões estereotipadas. O que não era difícil de conseguir graças à nossa natureza humana basicamente paranoica, e era mais fácil um indivíduo ter alguém ou alguma coisa a criticar "por lá" do que criticar alguém ou alguma coisa mais perto de casa. Era desse tipo a propaganda de ambos os países.

"O materialismo excessivo está atingindo massa crítica. O iminente colapso econômico global é um sinal de que devemos acabar com ele ou ele acabará conosco."

Mas na verdade, e tristemente, se um americano encontrasse um russo, com a ajuda de um intérprete decente um descobriria que o outro era apenas o mesmo que ele: gente. A Guerra Fria, esta paranoia globalmente institucionalizada, persistiu até sua dissolução por volta de 1989, com a decomposição da União Soviética e a queda simbólica do Muro de Berlim, cortesia da Onda Saturno/Netuno dessa época {>151 Ondas Saturno/Netuno}. Infelizmente, no entanto, como veremos mais tarde, ela nunca cessou de todo. Com o belicoso bater na mesa de ambos os lados desde a última Grande Tempestade Saturno/Plutão de 2000-2004, e com o não tão distante e audível roncar da Grande Tempestade Saturno/Plutão de 2008-2011, podemos perceber que há o risco de a Guerra Fria voltar como uma típica vingança.

Nota Astroquântica

Se você deseja ter Paz no Mundo
Deve primeiro ter Paz na sua Vida.
Se deseja ter Paz na sua Vida
Deve primeiro ter Paz no seu Coração.

Que a Paz esteja com você.

Materialismo e Poder

Crises econômicas são prováveis durante as Grandes Tempestades Saturno/Plutão, nem que seja apenas por causa da guerra e discórdia que criam. No entanto, tudo levado em conta, as duas Tempestades que ocorrem durante a Onda-Mãe Urano/Plutão de 2007-2020 poderiam revelar algo muito mais fundamental, porque nosso mundo se tornou tão materialista que certo tipo de limite ou teto vai ser atingido. Fomos longe demais.

Os Benefícios das Fronteiras

Nada disso significa dizer que as fronteiras em si sejam uma coisa ruim. Só o desrespeito a elas é tão negativo. Também negativo seria não ter fronteiras e limites suficientemente firmes. Onde quer que nós, pessoal ou coletivamente, tenhamos sido demasiado liberais, abertos e cordatos, Ondas Saturno/Plutão nos forçam a "guinar para a direita" e a sermos mais estritos, mais conservadores, caindo com mais dureza em cima de alguém que "cruze a linha". É particularmente o que acontece quando a descontraída influência de Netuno ou a liberdade e direitos de Urano chegaram demasiado longe. Isso é especialmente relevante com a Grande Tempestade Saturno/Plutão de 2008-2011, visto que ela ocorre imediatamente após a Grande Tempestade Saturno/Netuno de 2004-2008 e durante a Grande Tempestade Saturno/Urano de 2007-2012, ambas voltadas para a dissolução ou liberação de fronteiras e limitações, mas possivelmente em excesso {>145 Ondas Saturno/Netuno}{>197 Ondas Saturno/Urano}.

Muito do que vem a seguir, neste capítulo, se concentra em indicar como você pessoalmente pode viajar de forma positiva pelas Ondas Saturno/Plutão durante a Onda-Mãe Urano/Plutão de 2007-2020, respeitando suas próprias fronteiras, bem como as dos outros, e contribuindo assim para o próprio mundo também ficar mais positivo.

Poderes Terrenos

Saturno é o *solo* no qual pisamos; Plutão, Senhor do Mundo Subterrâneo, é o *subsolo*. A colisão dos dois durante Grandes Tempestades pode se manifestar como governo *versus* guerrilha/rebeldes ou, num sentido literal, como convulsões geofísicas – principalmente terremotos. Como você verá por todo este livro, Grandes Tempestades envolvendo qualquer um dos planetas podem piorar o real estado físico do planeta Terra, mas parece que Saturno/Plutão, em virtude do que representam, são particularmente "responsáveis" por terremotos e coisas do gênero.

Num sentido astroquântico, surge de novo a questão quanto a se e até que ponto os assuntos e o comportamento humanos afetam o estado físico da própria Terra, incluindo sua atmosfera e tempo. Pode ser demonstrado que terremotos e outros distúrbios terrestres são da natureza mesma da formação do planeta, antes inclusive de estarmos aqui. Mas o mero fato de que isso tenha se acalmado enormemente e de forma progressiva desde que o homem está presente é interessante.

A abordagem astroquântica deste livro propõe a ideia de que tudo está *interconectado* de uma maneira de que tanto a física quântica quanto a astrologia dão testemunho. Em outras palavras, tudo – isto é, *cada coisa* – contribui para o todo, do bater das asas de uma borboleta à detonação de uma bomba atômica. Em suma, quanto menos distúrbios e mais harmonia criamos em nossa vida individual, menos distúrbios e mais harmonia haverá no mundo, o que inclui a própria textura do planeta. Evidentemente, ainda haverá ocorrências como terremotos, mas é "negociável" o quanto causam danos e são letais. É particularmente importante compreender e pôr em prática esse ponto durante as Ondas Saturno/Plutão, simplesmente porque elas podem causar tantos danos e serem tão letais.

Linha do Tempo 2007: Anteriormente e Até Aqui

Seu surfe pela Onda Planetária pode receber uma grande ajuda se você souber o que aconteceu durante Ondas Saturno/Plutão anteriores. Se quiser dar uma olhada imediata nas Grandes Tempestades Saturno/Plutão ocorrendo durante a Onda-Mãe Urano/Plutão de 2007-2020 {<27}, vá para a página 104. Isso inclui a Tempestade de 2008-2011, que é responsável, juntamente com a Grande Tempestade Saturno/Urano de 2007-2012 {>197}, por tirar a Onda-Mãe Urano/Plutão de uma largada muito confinada.

O registro histórico que se segue fala por si com bastante clareza, atestando como nós, como espécie e planeta, reagimos e damos expressão à difícil e letal energia das Grandes Tempestades Saturno/Plutão. Esse registro não é de modo algum exaustivo, pois poderia ocupar um livro inteiro! Contudo, se você quiser um relato histórico completo e uma investigação erudita sobre as Ondas Saturno/Plutão, e vários outros ciclos planetários, recomendo enfaticamente *Cosmos and Psyche*, de Richard Tarnas.

Nossa resenha do século XX se abre com a primeira Grande Tempestade Saturno/Plutão de 1906-1909, que foi representativa daquele tipo singular de *acontecimento violento* pelo qual Saturno/Plutão é conhecido: terremotos. As últimas tempestades incluíram a maioria dos treze maiores terremotos que ocorreram entre 1900 e 2007 e aqueles que tiveram o maior número de vítimas. Ao nos concentrarmos principalmente nos períodos em que as Tempestades estão atingindo o pico – pois tecnicamente é a parte mais poderosa de uma Onda –, continuamos com aquele outro acontecimento violento que, infelizmente, é um exemplo demasiado típico das Grandes Tempestades Saturno/Plutão: a *guerra*!

Grande Tempestade Saturno/Plutão 1906-1909 (período de pico 1907/1908)

31 de janeiro de 1906	Terremoto na costa do Equador, matando 1.000 (de 8,8M, um dos 13 maiores desde 1900).
16 de março de 1906	Terremoto (6,8M) em Taiwan, matando 1.250.
18 de abril de 1906	Grande Terremoto de São Francisco (7,8M), matando 3.000.
17 de agosto de 1906	Terremoto (8,2M) em Valparaíso, Chile, matando 20.000.
21 de outubro de 1907	Terremoto (8,0M) no Tadjiquistão, matando 12.000.
28 de dezembro de 1908	Terremoto (7,2M) em Messina, Itália, matando 70.000.
23 de janeiro de 1909	Terremoto (7,3M) no Irã, matando 6.000.

Grande Tempestade Saturno/Plutão 1913-1916 (Novo Ciclo, período de pico 1914/1915)

Um novo Ciclo da Tempestade Saturno/Plutão começou em "estilo" clássico bem no início de seu período de pico, em junho de 1914, quando os sérvios assassinaram o herdeiro do trono austro-húngaro, levando à deflagração da Primeira Guerra Mundial em agosto. Setembro viu a Alemanha derrotar a Rússia e outubro encontrou a Turquia se juntando à guerra. O fim de 1914 e começo de 1915 viu a própria natureza e regras da guerra mudarem para sempre com o uso do avião e o ataque de navios neutros. Em abril desse último ano (fim do pico da Onda), os aliados fizeram uma operação de desembarque em Gallipoli, com a liderança caótica e as horríveis baixas que foram tão típicas desse conflito e, em maio, a Itália contribuiu para todo esse caos declarando guerra à Áustria. O resto, como se diz, é história – mas é muita história Saturno/Plutão, como veremos. Deve, no entanto, ser enfatizado que não foi apenas a esta Grande Tempestade que a humanidade, tão previsível e negativamente, sucumbiu na forma de conflito armado, mas também às Tempestades Saturno/Netuno e Saturno/Urano, que ocorreram simultaneamente {🕒 148 Saturno/Netuno; 🕒 200 Saturno/Urano}.

Grande Tempestade Saturno/Plutão 1921-1923 (período de pico 1922)

12 de dezembro de 1920	Terremoto (7,8M) na China, matando 200.000.
6 de dezembro de 1921	A Irlanda do Sul se torna um estado independente.

24 de julho de 1922	O Conselho da Liga das Nações aprova o Mandato para a Palestina.
27 de setembro de 1922	A Turquia expulsa a Grécia da Ásia Menor.
30 de outubro de 1922	Os fascistas de Mussolini marcham sobre Roma.
11 de novembro de 1922	Terremoto (de 8,5M, um dos 13 maiores desde 1900) na fronteira Chile-Argentina.
25 de janeiro de 1923	A França ocupa o Ruhr, na Alemanha.
2 de março de 1923	Terremoto (de 8,5M, um dos 13 maiores desde 1900) em Kamchatka, Rússia.
24 de março de 1923	Terremoto (7,3M) na China, matando 3.500.
25 de maio de 1923	Terremoto (5,7M) no Irã, matando 2.200.
1º de setembro de 1923	Terremoto (7,9M) no Japão, matando 143.000.

Grande Tempestade Saturno/Plutão 1930-1933 (período de pico 1932)

24 de outubro de 1929	"Quinta-Feira Negra" e a quebra de Wall Street {32 Urano/Plutão}.
6 de maio de 1930	Terremoto (7,2M) no Irã, matando 2.500.
23 de julho de 1930	Terremoto (6,5M) na Itália, matando 1.400.
31 de março de 1931	Terremoto (6,0M) na Nicarágua, matando 2.500.
27 de abril de 1931	Terremoto (5,7M) na Armênia, matando 2.800.
julho de 1931	Bancos alemães fecham.
10 de agosto de 1931	Terremoto (8,0M) na China, matando 10.000.
novembro de 1931	O Japão ocupa a Manchúria – em guerra com a China.
28 de dezembro de 1931	Fracasso das conversações entre a Grã-Bretanha e a Índia.
2 de março de 1933	Terremoto (8,4M) no Japão, matando 2.990.
25 de agosto de 1933	Terremoto (7,4M) na China, matando 9.300.

Grande Tempestade Saturno/Plutão 1939-1941 (período de pico 1939/1940)

25 de janeiro de 1939	Terremoto (7,8M) no Chile, matando 28.000.
15 de março de 1939	Os alemães entram em Praga.
28 de março de 1939	Franco toma Madri.
8 de abril de 1939	A Itália invade a Albânia.
22 de maio de 1939	Alemanha e Itália assinam o "Pacto de Aço".
3 de setembro de 1939	A Grã-Bretanha declara guerra à Alemanha depois que esta invade a Polônia – começa a Segunda Guerra Mundial.
30 de setembro de 1939	Alemanha e Rússia dividem a Polônia.
30 de novembro de 1939	A Rússia ataca a Finlândia.
26 de dezembro de 1939	Terremoto (7,8M) na Turquia, matando 32.700.
9 de abril de 1940	A Alemanha invade a Dinamarca e a Noruega.
10 de maio de 1940	Holanda e Bélgica caem sob domínio alemão.
4 de junho de 1940	Os aliados retiram-se de Dunquerque.
verão de 1940	Batalha da Grã-Bretanha.
10 de novembro de 1940	Terremoto (7,3M) na Romênia, matando 1.000.
7 de dezembro de 1941	O Japão ataca Pearl Harbour, fazendo a América entrar na Segunda Guerra Mundial.

{com relação a todos os terremotos acima, 207 Saturno/Urano}

Grande Tempestade Saturno/Plutão 1946-1948 (Novo Ciclo, período de pico 1947)

fevereiro de 1946	A Guerra Fria entre os Estados Unidos e a União Soviética começa simbolicamente com a menção de Winston Churchill da "Cortina de Ferro" que os soviéticos estavam erguendo contra a continuação da presença dos Estados Unidos na Europa após a Segunda Guerra Mundial.
28 de dezembro de 1946	Vietnã em guerra com a França.
10 de fevereiro de 1947	Definidas as novas fronteiras europeias.
15 de fevereiro de 1947	Continua a Guerra Civil Chinesa.

Abril de 1947	O termo "Guerra Fria" é usado pela primeira vez para descrever a escalada do conflito Leste-Oeste.
23 de maio de 1947	Índia a ser desmembrada.
Agosto de 1947	Crise na Indonésia.
15 de agosto de 1947	Índia e Paquistão conquistam a independência.
31 de agosto de 1947	Fim do domínio britânico na Palestina.
4 de janeiro de 1948	A Birmânia se torna um estado independente da Grã-Bretanha.
14 de maio de 1948	Começa a guerra entre árabes e israelenses.
5 de outubro de 1948	Terremoto (7,3M) no Turcomenistão, matando 110.000.

Grande Tempestade Saturno/Plutão 1954-1957 (período de pico 1955/1956)

18 de maio de 1956	Atrocidades da Guerra Argelina.
26 de julho de 1956	O Egito se apodera do Canal de Suez.
outubro de 1956	Crise de Suez – Grã-Bretanha, França e Israel se mobilizam.
4 de novembro de 1956	Tanques soviéticos esmagam a rebelião húngara.
9 de março de 1957	Terremoto (um dos 13 maiores desde 1900 com 8,6M) nas Ilhas Andreanof, Alasca.
2 de julho de 1957	Terremoto (7,1M) no Irã, matando 1.200.
13 de dezembro de 1957	Terremoto (7,1M) no Irã, matando 1.130.

Grande Tempestade Saturno/Plutão 1964-1968 (período de pico 1965/1966)

28 de março de 1964	Terremoto (de 9,2M, um dos 13 maiores desde 1900) no Estreito do Príncipe William, Alasca. {🕒 39 Urano/Plutão} {🕒 204 Saturno/Urano}
19 de novembro de 1964	O Vietnã do Sul executa um forte ataque contra o Vietnã do Norte.
4 de fevereiro de 1965	Terremoto (de 8,7M, um dos 13 maiores desde 1900) nas Ilhas Rat, Alasca. {🕒 39 Urano/Plutão} {🕒 204 Saturno/Urano}

11 de fevereiro de 1965	Os Estados Unidos lançam os primeiros ataques aéreos no Vietnã do Norte.
13 de maio de 1965	Forças americanas chegam à República Dominicana.
24 de agosto de 1965	Acordo para dar fim à Guerra do Iêmen.
setembro de 1965	Índia e Paquistão combatendo na Caxemira.
25 de novembro de 1965	Mobutu toma o poder no Congo.
31 de agosto de 1968	Terremoto (7,3M) no Irã, matando 12.000.

Grande Tempestade Saturno/Plutão 1973-1975 (período de pico 1973/1974)

30 de junho de 1973	Início de uma grande ofensiva no Camboja.
17 de julho de 1973	Golpe incruento no Afeganistão.
setembro de 1973	Pinochet toma o poder no Chile.
6 de outubro de 1973	Ataque no Yom Kippur contra Israel.
25 de novembro de 1973	Golpe militar na Grécia.
15 de março de 1974	Watergate: Nixon declarado culpado.
5 de dezembro de 1974	Os militares reprimem violentamente protestos antigovernamentais na Birmânia.
10 de maio de 1974	Terremoto (6,8M) na China, matando 20.000.

Grande Tempestade Saturno/Plutão 1980-1984 (Novo Ciclo, período de pico 1982/1983)

10 de outubro de 1980	Terremoto (7,7M) na Argélia, matando 5.000.
23 de novembro de 1980	Terremoto (6,5M) na Itália, matando 3.000.
11 de junho de 1981	Terremoto (6,9M) no Irã, matando 3.000.
28 de julho de 1981	Terremoto (7,3M) no Irã, matando 1.500.
1981	Severa recessão econômica no Reino Unido.
1981/82	Severa recessão econômica nos Estados Unidos.
2 de abril de 1982	A Argentina invade as Ilhas Falkland.
Maio-junho de 1982	Guerra das Malvinas.

29 de junho de 1982	Israel invade o Líbano.
20 de julho de 1982	O IRA bombardeia o Hyde Park e o Regent's Park em Londres, matando oito soldados.
27 de julho de 1982	Caças de Israel devastam Beirute Ocidental.
18 de setembro de 1982	Cristãos massacram árabes em Beirute Ocidental.
13 de dezembro de 1982	Terremoto (6,0M) no Iêmen, matando 2.800.
21 de fevereiro de 1983	Seiscentos muçulmanos massacrados em distúrbios na Índia.
19 de abril de 1983	Embaixada americana em Beirute bombardeada.

Grande Tempestade Saturno/Plutão 1992-1995 (período de pico 1993)

26 de fevereiro de 1993	Bomba no World Trade Center {>11 set. 2001, abaixo}
28 de fevereiro de 1993	Tiroteio mortal em Waco.
19 de abril de 1993	Cerco de Waco termina em incêndio e mortes.
29 de setembro de 1993	Terremoto (6,2M) na Índia, matando 9.748.
4 de outubro de 1993	Yeltsin esmaga rebelião em Moscou.
9 de novembro de 1993	Bombardeio croata destrói a Ponte Stari Most, símbolo da herança arquitetônica da Bósnia-Herzegovina.
28 de fevereiro de 1994	Bósnia: primeira ação ofensiva da OTAN.
28 de março de 1994	Zulus e Congresso Nacional Africano combatem em Joanesburgo.
21 de abril de 1994	Chacina em massa em Ruanda.
16 de janeiro de 1995	Terremoto (6,9M) no Japão, matando 5.502.

Grande Tempestade Saturno/Plutão 2000-2004 (período de pico 2001/2002)

26 de janeiro de 2001	Terremoto (7,6M) na Índia, matando 20.023.
11 de setembro de 2001	World Trade Center destruído e Pentágono danificado pela Al Qaeda. { 208 Saturno/Urano}
7 de outubro de 2001	Os Estados Unidos lançam a "guerra contra o terrorismo" no Afeganistão.

10 de janeiro de 2002 Os Estados Unidos transportam prisioneiros da Al Qaeda e do Talibã para o Campo Raios X, na base naval americana da Baía de Guantânamo, em Cuba.

29 de janeiro de 2002 O presidente Bush declara que "a guerra contra o terror está apenas começando", destacando o Irã, o Iraque e a Coreia do Norte como um "eixo do mal".

21 de janeiro de 2003 Terremoto (6,8M) na Argélia, matando 2.266.

20 de março de 2003 Invasão americana do Iraque.

26 de dezembro de 2003 Terremoto (6,6M) no Irã, matando 31.000.

26 de dezembro de 2004 Terremoto (de 9,1M, um dos 13 maiores desde 1900) nas Ilhas de Sumatra-Andaman, resultando em tsunami que mata 283.106. {153 Saturno/Netuno}

✦

A Destruição do World Trade Center

Este profundo acontecimento criador de história (11 de setembro de 2001 às 8h46 e 9h03 na cidade de Nova York) foi o foco de uma Grande Tempestade Saturno/Plutão que estava entrando no pico entre meados de 2001 e meados de 2002. Era Plutão em Sagitário em oposição a Saturno em Gêmeos. Como pode ser visto a partir deste gráfico dos ideogramas para esses planetas e signos, o ataque às torres gêmeas do World Trade Center por objetos voadores estava astrologicamente representado de um modo assustadoramente literal.

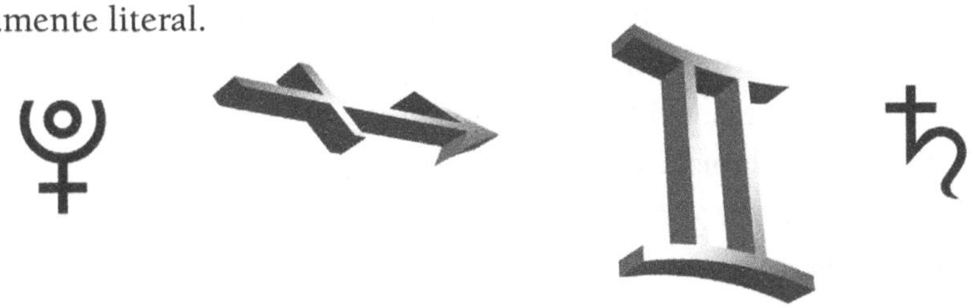

Usando palavras-chave estabelecidas para Saturno e Plutão (e para os signos através dos quais eles estavam viajando e para o aspecto Oposição) podemos penetrar mais no significado disso.

Plutão é **extremismo, crueldade e destruição** em (qualificado por) Sagitário, que representa, **religião, pregação e julgamento.**

Oposição é **confrontação** e assim **aumenta a consciência de dois fatores que se opõem**, de cada um deles e dos dois em conjunto. {>250 Ciclos Planetários}

Saturno é **estrutura, materialismo e autoridade** em (qualificado por) Gêmeos, que representa **secularidade, comercialismo, razão e dualidade**.

Do ponto de vista imparcial da astrologia (que qualquer astrólogo deve se esforçar para cultivar), a Oposição só acontece por causa de dois pontos de vista opostos. E evidentemente ela inclui os dois lados, com **profundas convicções religiosas** (Plutão em Sagitário) sentindo-se confrontadas pelo **controle do materialismo e comercialismo** (Saturno em Gêmeos). Oposição é a demonstração de que há dois lados em qualquer conjunto. O problema é que, em termos humanos, isso leva com muita frequência à divisão, como oposta a uma consideração do fato de que as diferenças são essenciais para compor o conjunto.

A Oposição também levanta a questão da projeção {< 89}, particularmente quando uma parte projeta seus desejos e medos sobre a outra parte, oposta. Essencialmente, essa Oposição entre Gêmeos e Sagitário é a antiquíssima oposição do **secular** *versus* **religioso**. Saturno tem também um atributo secular, levando portanto essa ponta do espectro ao seu extremo. Plutão, sendo de qualquer modo o extremo – o que pode ser visto como o próprio Destino "elevando as apostas" –, aumenta drasticamente a polarização. Contemplando de forma isenta os dois planetas envolvidos, podemos ver essa polaridade como **terra** (Saturno) *versus* **mundo subterrâneo** (Plutão) ou **reprimindo** *versus* **destruindo** – o que parece oprimido brota das profundezas para destruir quem ele percebe como repressor, enquanto o repressor tenta enterrar ou manter enterrado o que não quer ver.

Em outras palavras, o 11 de Setembro foi um acontecimento predestinado criado por essa enorme estrutura de Oposição. As perguntas que coloca são: podemos descobrir um meio de aceitar e equilibrar extremos de opinião, estilo de vida e *status*? Podem os "que possuem" ceder seu controle material para o bem do conjunto? Podem os "que não possuem" dispensar a inveja e o ressentimento que projetam sobre os "que possuem" sob a capa de farisaísmo religioso?

Nota Astroquântica

Cada célula em seu corpo é energizada pelo Sol. Este poder lhe é conferido para que você o utilize pela simples virtude de estar vivo. O poder não é bom nem mau. A maneira como você o utiliza é que o torna bom ou mau.

Astroquântica

No final das contas, essas perguntas só podem ser respondidas e resolvidas no próprio coração e mente da pessoa {< 20 Autocontrole}. Se você tem uma vinculação com controle material ou inveja e ressentimento com relação a alguém ou alguma coisa, está de fato contribuindo para o problema humano coletivo pela simples razão de que esse problema é criado por todo e cada ser humano. Fomentadores de guerras devem olhar para seu próprio conflito interior; pacificadores devem encontrar sua própria paz interior.

A astrologia nos mostra como as coisas são. Sempre que houver uma Grande Tempestade Saturno/Plutão há alguma espécie de **luta pelo poder**. Mas a luta – como cada mapa individual de nascimento lhe dirá – está sempre e essencialmente presente. Saturno e Plutão são apenas dois senhores de dois reinos intimamente conectados que, fora os ocasionais terremoto e vulcão, coexistem muito bem. Mas voltando então atrás, e usando esse cenário terrestre como analogia, foi isso em essência o 11 de Setembro: um terremoto ou vulcão humano liberando tensões e material escondido, reprimido, com tremores secundários proporcionais e precipitações, contribuindo, é de se esperar, para uma consciência intensificada de que todos nós estamos vivendo no mesmo planeta, a Terra, e estamos levando para toda parte, dentro de nós, nossas próprias lutas pessoais pelo poder, que contribuirão para a luta global pelo poder, com resultados equivalentes.

Surfá-la ou Cair?

Então que caminho você vai, nós vamos, seguir? Um caminho, surfar estas Ondas ou agir no verdadeiro Espírito desta Época, nos levará a um futuro positivo – o outro, ceder ao Demônio desta Época, nos levará a um futuro negativo.

O Espírito Desta Época

O Uso Construtivo do Poder

Examinar a história recente das Grandes Tempestades Saturno/Plutão nos deu uma ideia demasiado clara do que nós, seres humanos, fazemos dessas Ondas Planetárias. De fato, o “humano” parece se tornar “inumano” durante elas! Astrologicamente, para evitar o pior e tirar o melhor da influência planetária conflitante que qualquer Grande Tempestade é, temos de levar o significado ou vibração de cada planeta a um nível mais alto. Imagine um triângulo apontando para cima com os dois planetas em cada canto da base: eles estão distantes, fora de sintonia e em conflito um com o outro. Eles finalmente se unem no vértice do triângulo: quanto mais alta é a vibração e expressão de cada planeta, mais unido e portanto positivo se torna o efeito combinado dos dois planetas.

O termo “base” é bastante apropriado aqui porque distância e conflito levam a um comportamento básico e à expressão mais inferior do que os planetas fazem uns aos outros – ou, melhor, do que *nós* fazemos uns aos outros! No caso de Saturno e Plutão, trata-se do mais básico porque esses dois planetas são, juntamente com Marte, conhecidos como “maléficos” – sob sua influência podem ser distribuídos mais dano e sofrimento do que com outros planetas. A razão é que os princípios de “controle” (Saturno) e “poder” (Plutão) podem ser muito facilmente objeto de abuso e pervertidos em, respectivamente, repressão e crueldade.

Vamos ver então como podemos elevar a vibração de Saturno e Plutão, criando esse uso construtivo do poder. Nas páginas seguintes, vemos o triângulo como uma pirâmide ou "escada" que pode ser subida degrau por degrau para atingirmos as mais altas vibrações ou expressões de cada planeta, chegando finalmente ao topo, à mais alta vibração ou expressão. Iniciando com a Escada de Saturno, comece a ler a partir de baixo e veja como cada degrau leva você cada vez mais para cima. Observe que, no meio do caminho, fica o crítico quinto degrau. Se não puder ultrapassá-lo, você estará obrigado a fazer um trajeto em espiral para baixo e começar tudo de novo. Ou ficará tropeçando pelos quatro primeiros degraus – com o quarto sendo o pior – até finalmente conseguir atingir, e ultrapassar, aquele quinto degrau.

Com Plutão há dois tipos de escada – Escada de Plutão para Vítimas e Escada de Plutão para Quem Vitima – mas você pode descobrir que ambos se justapõem, no todo ou em parte. Vai reparar como só diferem ligeiramente de um para o outro, ainda que em detalhes importantes.

Astroquântica

Agora, após usar as três primeiras escadas, olhamos como um todo para elas – e para os diferentes degraus sobre os quais todos e cada um de nós estamos colocados – usando a Escada Coletiva de Saturno, a Escada Coletiva de Plutão para Vítimas e a Escada Coletiva de Plutão para Quem Vitima. Obtemos então uma leitura do "estado do jogo" Saturno/Plutão em termos globais. Observe que, em geral, empreguei o termo coletivo nação por amor à brevidade, mas ele pode se referir a qualquer entidade coletiva, como credo ou raça.

Efeito Coletivo Combinado

Negativamente, suponha que todos ou a maior parte de nós estejamos no degrau mais baixo da escada de Saturno e das escadas de Plutão. O mundo chegaria então, inevitavelmente, àquele pior estado coletivo do quarto degrau antes que visse, se algum dia visse, o que seus caminhos tinham de errado:

- Reação negativa de nações "revidando", num ciclo de retaliação;
- Hábito nacional de abrir mão do poder com a crença equivocada de que o outro não lhe fará mal;
- Despojar habitualmente outras nações de poder, numa vã tentativa de mantê-las impotentes.

Escada de Saturno

9 Posição mais firme e vida mais estável; sem necessidade de encontrar falha nos outros e encará-los como ameaça.

8 Autocontrole e autoconsciência, criando uma personalidade mais estável e eficiente.

7 Reconhecimento de deficiências leva a meios de corrigi-las.

6 Aceitação humilde de suas faltas e fraquezas, mas sem se culpar.

5 Reconhecimento de que você está apenas recuperando o que gasta.

4 Reação negativa de outros "revidando", num ciclo de retaliação e má sorte.

3 Censurar outros e o mundo pelo modo como você é e se sente.

2 Renúncia e subsequente ignorância de todo o quadro.

1 Medo da verdade sobre você mesmo ou sua situação.

Escada de Plutão para Vítimas

9 Fazer mudanças positivas, curativas e duradouras para você mesmo e o mundo à sua volta.

8 Vontade influente e percepção aguçada nascidas de um profundo senso do poder da própria existência.

7 Ter a garra e a determinação para ser purgado de medos e regenerar sua alma.

6 Tomar providências para reciclar sua energia através de cura profunda, autoconhecimento e amor-próprio.

5 Compreensão de que não assumir ou reclamar seu poder significa que ele é usado contra você.

4 Abrir habitualmente mão de seu poder com a crença equivocada de que "eles" não lhe farão mal.

3 Guiar-se por compulsões, obsessões e vícios que lhe tiram mais poder.

2 Atrair pessoas que o desrespeitam, usam, ignoram ou o tornam incapaz.

1 Medo e perda de poder que foram primeiro experimentados como morte, violência ou abuso.

Escada de Plutão para Quem Vitima

9 Fazer mudanças positivas, curativas e duradouras para você mesmo e o mundo à sua volta.

8 Vontade influente e percepção aguçada nascidas de um profundo senso do poder da própria existência.

7 Ter a garra e a determinação para ser purgado de medos e regenerar sua alma.

6 Tomar providências para reciclar sua energia através de cura profunda, autoconhecimento e amor-próprio.

5 Compreensão de que expressar seu poder de forma prejudicial é realmente um sinal de profunda insegurança.

4 Despojar habitualmente outros de poder numa vã tentativa de recuperar o poder que você perdeu.

3 Guiar-se por compulsões, obsessões e vícios que lhe tiram mais poder.

2 Sentir-se hostil com relação a pessoas cujas fraquezas o fazem lembrar da sua própria.

1 Perda de poder e obsessão com um poder que foi primeiro experimentado como morte, violência ou abuso.

Escada Coletiva de Saturno

9 Uma nação mais firme e mais estável; sem necessidade de encontrar falha nas outras e encará-las como ameaça.

8 Autocontrole e autoconsciência coletivos, criando uma nação mais estável e eficiente.

7 Reconhecimento de deficiências da nação leva a meios de corrigi-las.

6 Humilde aceitação pela nação de faltas e fraquezas, mas sem se culpar.

5 Reconhecimento pela nação de que ela está apenas recuperando o que está gastando.

4 Reação negativa de outras nações "revidando", num ciclo de retaliação.

3 Nações censurando umas às outras pelo modo de ser de cada uma.

2 Renúncia e subsequente ignorância de todo o quadro.

1 Medo nacional da verdade sobre ela própria ou sua situação.

Escada Coletiva de Plutão para Vítimas

9 Fazer mudanças positivas, curativas e duradouras para ela própria e o resto do mundo.

8 Influência global nascida do profundo senso que tem a nação do poder de sua própria existência.

7 Ter a garra e a determinação para ser purgada de medos e regenerar a alma nacional.

6 Tomar providências para reciclar seu poder através de mudanças nas leis, na constituição e no governo.

5 Compreensão de que não assumir seu poder significa que ele é usado contra ela, de fora ou de dentro.

4 Hábito nacional de abrir mão do poder com a crença equivocada de que outros não lhe farão mal.

3 Guiar-se por práticas nacionais negativas que lhe tiram mais poder.

2 Outras nações que promovem o desrespeito, usam, ignoram ou incapacitam essa nação.

1 Medo ou perda de poder da nação, que foi primeiro experimentado como invasão e escravização.

Escada Coletiva de Plutão para Quem Vitima

9 Fazer mudanças positivas, curativas e duradouras para ela própria e o resto do mundo.

8 Influência global nascida do profundo senso que tem a nação do poder de sua própria existência.

7 Ter a garra e a determinação para ser purgada de medos e regenerar a alma nacional.

6 Tomar providências para reciclar seu poder através de mudanças nas leis, na constituição e no governo.

5 Compreensão de que expressar seu poder de forma prejudicial é realmente um sinal de sua insegurança.

4 Hábito nacional de despojar outras nações de poder numa vã tentativa de mantê-las impotentes.

3 Guiar-se por práticas nacionais negativas que atraem mais medo, ódio e resistência.

2 A nação se sente hostil para com outras nações cujas fraquezas a fazem lembrar da sua própria.

1 Obsessão da nação com um poder que foi primeiro usado para invadir e escravizar.

Não é difícil ver que terrível mistura de traços temos aqui, seja para nações, credos ou raças – e em última instância para o mundo inteiro. Até certo ponto é precisamente onde estamos agora – e durante uma Grande Tempestade Saturno/Plutão tudo tem de ficar melhor, senão ficará pior!

Positivamente, suponha que todos ou a maioria de nós – ou um número crucial dentre nós – chegou àquele crítico quinto degrau.

- Reconhecimento da nação de que está apenas recuperando o que está gastando.
- Compreensão de que não assumir seu poder significa que ele é usado contra ela, de fora ou de dentro.
- Compreensão por parte da nação de que expressar seu poder de forma prejudicial é realmente um sinal de sua insegurança.

Isso poderia finalmente levar, através dos degraus 6 a 9, ao cenário da situação melhor: um Estado mais firme e mais estável sem precisar procurar falhas nos outros e encará-los como ameaça. Poderíamos fazer mudanças positivas, curativas e duradouras para nós mesmos e o resto do mundo.

Pontes em Vez de Muros

Um irônico exemplo de "elevar a vibração" ocorre quando Saturno/Plutão se manifesta como um desastre natural tipo terremoto. Quando a terra se mexe, certas nações também se mexem e se mobilizam em auxílio da nação atingida. É especialmente assim quando as vítimas de um terremoto são pessoas atingidas pela pobreza – como é tão frequentemente o caso – pois ficamos ainda mais dispostos a ajudar aqueles inocentes que parecem tão pouco merecedores de uma tal "punição". A ajuda internacional vem então num jorro daquele "uso construtivo do poder": maquinário, instrumentos especiais, especialistas em busca e salvamento, alimentos, medicamentos, transporte e alojamento dos desabrigados.

O Demônio Desta Época

O Uso Destrutivo do Poder

As escadas de Saturno e Plutão, indo do negativo ao positivo, já mostraram até certo ponto o que é "o uso destrutivo do poder": **paranoia**. Esse, o mais negativo de todos os traços humanos negativos, ainda que comum, se deriva do fato de nos situarmos do lado que sofreu alguma forma de abuso de poder em algum momento do passado.

Examinado coletivamente, e convencionalmente, isso remonta a tempos pré-históricos quando estávamos literalmente lutando por nossa sobrevivência mais elementar. O que significava lutar um contra o outro. O problema é que esse comportamento defensivo/agressivo criou o círculo vicioso original. Há sempre alguém ou alguma coisa que está no poder e alguém ou alguma coisa que não está. Parece que um aumento no poder invariavelmente resulta num aumento na paranoia e no uso subsequente desse poder para criar mais paranoia. Estamos falando aqui de coisas como **Estado** (Saturno), **polícia** (Plutão) e **propaganda – segredo** (Plutão), **controle** (Saturno) – juntamente com a repressão habitual, abuso dos direitos humanos e violação das leis internacionais. A paranoia que isso cria no inimigo simplesmente habilita o inimigo a se vingar. Se a paranoia está dentro do próprio poder, ele apodrece por dentro até ficar enfraquecido e, portanto, vulnerável a seja qual for o "inimigo".

Um caso clássico foi a queda de Roma quando, corrompida e dominada por lutas internas pelo poder e vícios, Roma foi saqueada pelo velho adversário do império, os bárbaros visigodos. Isso aconteceu em agosto de 410 d.C., precisamente no pico de uma Grande Tempestade Saturno/Plutão, que foi também o começo de um Novo Ciclo. É tentador traçar um paralelo entre isso, o ataque de hordas barbudas à mais poderosa cidade do mundo da época, e o ataque ao World Trade Center em Nova York, a 11 de setembro de 2001, que era também o pico de uma Grande Tempestade Saturno/Plutão {< 101}.

"Abrir mão de seu poder atrai poder
que é usado contra você."

Teorias da Conspiração

Uma exposição menos convencional, mas crescentemente popular de paranoia, é aquela das teorias da conspiração, sustentando que existe uma cabala ou grupo secreto que manipula a todos nós – não importa a raça, nação ou credo – para continuarmos apertando a garganta uns dos outros enquanto eles se regozijam e controlam a coisa de algum local secreto, mantendo a nós todos, do governo fantoche ao mero indivíduo, com medo e na servidão.

Se isso, a tática mais completa do Dividir para Reinar, é verdade ou não de fato não importa, porque o mesmo equívoco Saturno/Plutão continua sendo cometido.

Astroquântica

A doentia inclinação para descobrir um "inimigo" externo em vez de olharmos para dentro, encontrando nosso demônio interior e lidando com ele, é um ponto crítico com relação a surfar as Ondas Saturno/Plutão. Cada indivíduo que se permite ser persuadido de que o inimigo está "fora" "informa" muitos outros indivíduos de que tal é o caso. A máquina de propaganda Saturno/Plutão fica muitíssimo feliz em fazer com que isso seja implementado. É do interesse do Estado paranoico manter seus cidadãos paranoicos. Mas o Estado paranoico é apenas uma projeção do "estado paranoico" do indivíduo.

> *"Deus e o diabo estão lutando e o campo de batalha é o coração do homem."*
>
> Fiódor Dostoiévski, *Os Irmãos Karamazov*

Pode ser difícil compreender ou aceitar como a projeção funciona. "Certamente", você pode perguntar, "algum regime maléfico ou meu inepto governo nada têm a ver comigo, não é?" Mas o simples fato de a pessoa ter de "reclamar seu próprio poder" para se opor a tal regime ou removê-lo dá testemunho do compromisso. Em outras palavras, até as pessoas estarem dispostas a dizer: "Estamos assumindo responsabilidade pela situação em que nos encontramos e agora estamos fazendo alguma coisa a respeito!", esse regime permanecerá no poder, ainda que talvez mais tarde, mas não inevitavelmente, sofra um colapso interno. Em termos sincrônicos, esse colapso interno parece coincidir com algum tipo de percepção externa nos corações e mentes das pessoas de que devem fazer alguma coisa.

O Papel de Urano

Se Saturno/Plutão representa a regulagem do tempo e a natureza do "uso destrutivo do poder", é realmente quando Urano, o planeta da Liberdade, Rebelião e Reforma aparece no quadro planetário que as pessoas se levantam contra os regimes repressivos. Quando escrevo, em setembro de 2007, há primórdios de insurreições em dois países cujos governos se ajustam muito bem a este relatório: a Birmânia e o Zimbábue. À medida que a Onda Saturno/Urano 2007-2012 {>197} e a crescente Onda-Mãe Urano/Plutão 2007-2020 {<34} continuarem a fazer seu trabalho revolucionário, veremos um número cada vez maior dessas insurreições, grandes e pequenas.

Conflitos, Tendências e Possibilidades

Socioculturais

Duas Tribos

Estas Grandes Tempestades Saturno/Plutão emprestam um senso prático a nosso estilo social e cultural. Uma atitude tipo "saber usar e reciclar" começa a princípio devagar, mas, quando se torna mais evidente que as coisas estão ficando mais complicadas em termos materiais e ambientais, isso ganha ímpeto e vira inclusive um "estilo". Como sempre, há uma reação equivalente e oposta, ou uma compensação. Os membros perdulários e indulgentes da sociedade ficam ainda piores, adotando uma atitude tipo "que vá tudo para o inferno".

A formação dessas duas facções ou expressões de "tempos difíceis" cria por si mesma uma fricção. A sociedade fica polarizada entre os que falam seriamente em viver uma vida mais simples e mais consciente ecologicamente e os que encaram tal vida como chata e desnecessária. O que antigamente teria sido um caso do "rico ficando mais rico e do pobre ficando mais pobre" se transmuta agora em algo mais parecido com o consciente ficando muito apegado à sua recente percepção do quanto é importante ser conservacionista, enquanto os que querem "tocar harpa enquanto Roma arde" tornam-se cada vez mais marginalizados. Ou, e é um grande "ou", é o contrário que acontece, com os conservacionistas sendo encarados ironicamente, pelo menos a princípio, assim como os *hippies* eram vistos nos anos 60.

Sérias Cisões Sociais

No entanto há também um lado sombrio nesse conservacionismo. É a atitude julgadora, autoflagelante, de ficar neurótico ou agressivo frente aos que são vistos como perdulários e irresponsáveis. Surge aí a perigosa inclinação de Saturno/Plutão para projetar sobre outras pessoas insuficiências que deixamos passar numa ânsia de fazer a "coisa certa". Funciona também pelo outro lado. Encontrar alguém para censurar ou rotular como bode expiatório, particularmente na esfera religiosa, pode equivaler a sérias divisões e antagonismos dentro da sociedade e no mundo em geral.

Astroquântica

A antiga questão bíblica: "Por que reparas no cisco que está no olho do teu irmão, quando não percebes a trave que está no teu?" (Mateus, 7:3) é o antídoto simples para projeções e comportamento julgador. É muito necessário porque essas atitudes podem sem dúvida progredir para uma sociedade muito pouco funcional, distúrbios civis e finalmente guerra.

Saúde

Saúde Sexual e uma Limpeza das Colmeias

Plutão representa qualquer tipo de poder que chegue às emoções e aos desejos mais profundos da pessoa. É o planeta da intimidade e sexualidade. Quando Saturno está criando Ondas com Plutão, todo envolvimento sexual fica testado e sua fraqueza ou pontos questionáveis são impelidos para a superfície. Significativamente, a AIDS apareceu pela primeira vez durante uma Grande Tempestade Saturno/Plutão no início dos anos 80.

Sejam quais forem as origens dessa doença e do vírus HIV, que com toda a probabilidade a provoca, astrologicamente é uma Onda que está carregando algo perigoso. Independentemente de como foi contraída, sua mensagem é a mesma: tenha cuidado com qualquer coisa que entre profundamente em você vinda de outra pessoa, seja por penetração sexual, agulhas compartilhadas ou transfusão de sangue. Isso tampouco tem a ver com moralidade – pelo menos não necessariamente. Tem a ver com o modo como o indivíduo está conciliando ou confundindo suas necessidades de amor com suas necessidades sexuais, ou como estas estão violando a esfera pessoal e as fronteiras de outra pessoa ou permitindo que as dele sejam violadas; ou então – e em particular em casos aparentemente "inocentes" – tem alguma semelhança com pôr alguém em contato com o que realmente e verdadeiramente importa, como o destino da pessoa e sua identidade mais profunda, razão pela qual também abrange o espectro da morte. Parafraseando Samuel Johnson: "Nada concentra a mente de forma tão esplêndida quanto a perspectiva da morte".

Assim todas essas questões são trazidas à superfície, de um modo ou de outro, durante as Grandes Tempestades Saturno/Plutão. Isso é especialmente verdadeiro durante as próximas duas, 2008/2011 e 2018/2021, em primeiro lugar porque se desenvolveu um grau de complacência com relação aos perigos da situação e, em segundo lugar, porque elas ocorrem durante uma Onda-Mãe Urano/Plutão que adiciona choque uraniano à pressão saturnina. Numa extensão menor, isso se aplica a qualquer síndrome relacionada ao sexo ou doença sexualmente transmitida, tendo a crise e o alarme como fecho. Como diz o ditado: "Não existe sexo seguro!" {< 39 Onda-Mãe Urano/Plutão}

Isso significa que é através dos impulsos sexuais que as pessoas procuram, em geral de modo inconsciente, tornar a vida mais profunda e significativa, o que as deixa disponíveis para causar danos psicológicos assim como físicos. Um preservativo não é o único dispositivo de segurança que elas requerem! Geralmente aquele objetivo é alcançado através da intensidade da emoção que a intimidade (através da mistura de fluidos corporais e outras coisas) traz com sua viagem de montanha-russa pelos extremos de amor e ódio, êxtase e desolação.

A um nível mais inconsciente e neurótico, tais extremos são procurados através de algum tipo de desejo de morte, de uma necessidade de martírio ou de escapar da própria vida. Esse desespero, fazendo-se passar por complacência, explica a intensidade e o paradoxal descaso pela vida que o impulso sexual, ou simplesmente essa necessidade inconsciente de algum tipo de catarse através da crise na vida de uma pessoa, pode trazer. O caso de um homem jovem sendo penetrado analmente por quatro homens mais velhos infectados por HIV de modo a ser "presenteado", como se diz em tais círculos, ilustra sombria e vigorosamente esse ponto. O fato de que também lhe tenham inserido uma rolha para garantir que o máximo possível de sêmen infectado ficasse dentro dele para máximo efeito é suficiente para mostrar a profundeza e a miséria a que a condição humana pode chegar. Expandindo isso para uma dimensão global, podemos dizer que algum tipo de "limpeza das colmeias" está se dando na medida em que Saturno/Plutão é obrigado a fazer sua oportuna purificação. Tudo isso ajudando a nos pôr em contato com o que, no fundo, verdadeiramente somos.

Comércio e Indústria

Pressões Vigorosas

Nações e organizações globais competem por uma maior porção do "bolo" – recursos naturais e humanos – o que não poderá deixar de ter um efeito de grande impacto no mundo da economia. O grau em que as condições econômicas, nação por nação, parecem verdadeiramente estáveis determina o grau em que o poder das realidades subjacentes e falhas escondidas de Plutão as romperão. Essas condições econômicas dependem de um grande número de fatores, da saúde da moeda corrente ao clima psicológico. Mas há infelizmente uma manifestação favorita de Saturno/Plutão que pode criar o pior tipo de distúrbio e privação econômicos: **guerras**. Pior ainda, os traficantes de poder deste mundo realmente criam a guerra de modo a ganhar mais, tirando, por exemplo, proveito da venda de armamentos.

Cracks e Quebras

Como nosso mundo se tornou abertamente materialista num grau revoltante, tem de haver um choque proporcional à nossa situação material para nos fazer acordar. Isso significa dar uma longa e dura olhada no que realmente cria a estabilidade material para o mundo em seu conjunto, e não apenas para uns poucos gananciosos. A instabilidade no interior do gênero humano é refletida na instabilidade do próprio planeta Terra, um lote de terreno que ninguém realmente possui. De fato, ela possui a nós – e para ela nós somos ativos definitivamente dispensáveis, até mesmo questionáveis. Se não examinarmos a ecologia com a economia, haverá um fantástico *crack* financeiro durante a Grande Tempestade Saturno/Plutão de 2008-2011 ou a de 2018-2021. A primeira estará no mínimo nos dando alguns inegáveis alertas de cracks.

Astroquântica

Saturno governa a economia, nem que apenas no sentido de que, quando está ativo, ele nos pressiona para *sermos* econômicos. Plutão, como é seu costume, intensifica o efeito de qualquer planeta que esteja formando uma Onda com ele. Assim, torna-se extremamente importante praticar economia num sentido pessoal, pois desse modo operamos a economia como um todo. Isso não significa ser avarento e usar uma camisa de cilício, mas viver *apenas com o que você precisa* para manter um padrão de vida que o capacite a levar adiante sua vida e seu objetivo essencial.

Colocando em termos simples, se você está vivendo sua vida de um modo que sirva a um fim maior que você mesmo – isto é, a um objetivo espiritual –, você terá apoio. Literal ou psicologicamente, Saturno/Plutão nos coloca sob uma "economia de guerra". A extremidade oposta desse espectro é a cobiça ou agarrar-se neuroticamente ao que você não precisa. Quanto maior o número de pessoas praticando essa verdadeira economia, menos provável será uma "quebra". Mas nada impedirá que as fendas apareçam, pois é assim que a coisa se faz conhecer!

Políticas

Esquerda ou Direita, Radical ou Moderada?

Sem dúvida, há uma nítida guinada para uma filosofia conservadora durante Grandes Tempestades Saturno/Plutão. Essas duas, 2008-2011 e 2018-2021, não são exceção, especialmente levando em conta a instabilidade e desregramento de todo o período de 2007-2020 da Onda-Mãe Urano/Plutão, que são uma reação a desigualdades e injustiças muito reais. Uma guinada para a direita está portanto muito em evidência com um retorno imposto ou encorajado a valores tradicionais e familiares. O problema é que a sociedade se torna mais fortemente policiada, na medida em que a restauração e manutenção da lei e da ordem se tornam o problema urgente.

Como de hábito, no entanto, a milhagem política é feita apelando-se para a "maioria moral", o que pode acabar confirmando os medos das pessoas em vez de reduzi-los. Se pudessem surgir algumas figuras políticas que encontrassem um equilíbrio entre criar ordem com mão firme, mas ao mesmo tempo transmitindo às pessoas, ou instilando nelas, um senso de responsabilidade, isso seria um enorme passo à frente, assim como um espaço livre da oscilação direita/esquerda que tem se repetido cansativamente por toda a história política. Mas tais líderes teriam de ser extraordinariamente fortes, pois teriam de ser guiados por princípios, em vez de partidos políticos, e não estariam meramente conquistando votos, apelando ao mais baixo denominador comum do que as pessoas foram levadas a acreditar que querem – algo que é em si mesmo produto da cisão entre direita e esquerda. Como foi enfatizado logo no início deste livro, o tempo do Equilíbrio chegou {< 10 Introdução}.

Tensão Extrema Levando à Crise

Em países onde há uma separação amarga entre governantes e aqueles que eles governam, Saturno/Plutão tornam essa divisão mais pesada e inaceitável, levando a algum tipo de crise. Atualmente, Birmânia, Darfur e Zimbábue são regiões assim {>145 Tempestades Saturno/Netuno; 197 Grandes Tempestades Saturno/Urano e abaixo com relação à Birmânia}.

Astroquântica

"Cada país tem o governo que merece", escreveu Joseph de Maistre no rastro da Revolução Francesa. Isso poderia ser interpretado no sentido de que nossos líderes políticos seriam apenas uma expressão ou reflexo de nossas próprias tendências e equilíbrios, de nossas próprias forças e fraquezas, de nossa habilidade para pensar por nós mesmos ou não. Assim, quanto mais reconhecemos o que é justo e apropriado simplesmente governando nossos eus individuais, tanto mais é provável que tenhamos um governo que faça o mesmo por nosso país.

Para saber o que é "justo e apropriado", bastaria que nos sintonizássemos no modo sensato como gostaríamos de ser governados; algo que por sua vez precisa ser redigido num manifesto próprio, pois dessa maneira poderíamos alcançar uma noção mais clara e mais equilibrada de como tudo poderia ser e de como poderia não ser! {>224 Ondas Saturno/Urano/Um Convite}

Ambientais

Estresse Geofísico

Esse tópico também está incluído no capítulo Saturno/Urano, pois esses dois tipos de Grande Tempestade são sérios candidatos a terremotos e a todas as outras formas de sublevação geofísica. Já exploramos o assunto, tanto neste capítulo quanto no capítulo sobre Saturno/Urano, portanto basta dizer que a Mãe Terra vai estar "mal-humorada"! Ela não está feliz com o modo como estamos vivendo junto a ela – ou melhor, *distraídos* dela. Qualquer coisa que você possa fazer que comungue com a Terra, que o ajude a ficar em contato com o mundo natural, incluindo a prática de xamanismo e religiões da Terra, contribui para "distribuir a carga". Ação direta contra algo ou alguém que maltrate a Terra também ajuda, é claro. E todas essas atividades aumentarão e se tornarão mais importantes durante as Grandes Tempestades Saturno/Plutão. Infelizmente, como Saturno/Plutão inclina os governos para considerações materiais e de poder, as questões ambientais correm o risco de não terem mais a prioridade que precisam ter.

Científicos

O Melhor e o Pior

O melhor e o pior do que a "ciência" tem a oferecer pode se manifestar durante as Grandes Tempestades Saturno/Plutão. Isso porque há grande necessidade nessas épocas caracteristicamente severas e desafiadoras de "fazer o que as pessoas esperam que se faça". Por um lado, a ciência produz soluções muito reais e práticas para lidar com o que esteja nos atacando – venha da agressão nítida de outra nação, de uma questão ambiental ou de um disseminado problema de saúde. Por outro lado, ela está inclinada a causar tanto prejuízo com a mão esquerda quanto o bem que faz com a direita – testemunham nesse sentido armas de destruição de massa, poluição industrial e a mera supressão de sintomas.

A necessidade é a mãe da invenção, mas, a não ser que os cientistas comecem realmente a compreender como a Mãe – que é Mãe Terra/Mãe Natureza – funciona, a ciência continuará a cavar o túmulo da humanidade com suas propostas bem-intencionadas mas de visão estreita. Em outras palavras, os cientistas têm de perguntar a si mesmos o que é *realmente* uma necessidade, coisa distinta de fazer algo simplesmente porque podem fazer, porque dá dinheiro, porque é algo fácil de resolver ou porque cai nas boas graças de quem ou de seja o que for que tenha poder sobre eles.

Espirituais

Espírito Versus Matéria?

Infelizmente, o que é espiritual no sentido de fazer o maior bem possível para o maior número possível de coisas vivas alcança pouquíssima liberdade de ação quando as Grandes Tempestades Saturno/Plutão estão se desencadeando, porque essa combinação tende a extrair da humanidade uma necessidade ou cobiça por poder material. E poder material tem estado perpetuamente na extremidade oposta do espectro, no sentido de que é o domínio, em termos espirituais, do Demônio e de Mamon.* Então se poderia dizer que o desafio durante essas épocas é nos conectarmos com algo de tal forma espiritual que conquiste essa base ou impulsos humanos básicos. A adversidade é realmente muito boa para produzir isso, pois, como pode ser visto historicamente com duas guerras mundiais e o 11 de Setembro – todos ocorridos durante Grandes Tempestades Saturno/Plutão –, ela instiga nas pessoas um senso muito real do que importa e do que não importa. Contudo, o "Demônio" a evitar é a recusa a admitir que as mesmas condições se aplicam ao "inimigo". O "Mamon" a evitar é que, se nem todos tiverem uma parte nos frutos da Terra, mais cedo ou mais tarde aqueles com demasiado pouco atacarão os que possuem demais.

---

* Palavra de origem aramaica que significa dinheiro, riqueza. (N. do T.)

O Humor desta Época

Sozinhas, isto é, sem levar em consideração ou experimentar outras Ondas Planetárias ocorrendo ao mesmo tempo, as Grandes Tempestades Saturno/Plutão criam uma atmosfera nitidamente opressiva. Na pior das hipóteses, parece que se está vivendo num estado totalitário onde todos são espionados e inspecionados com relação a um comportamento "correto". Infelizmente, em certos países isso é de fato verdade. Mas seja qual for o grau em que aconteça, há simplesmente uma grande sensação de peso e tirania.

O Big Brother Está Vigiando Você

Esta frase foi cunhada por George Orwell em seu livro *1984*, que foi escrito durante a Grande Tempestade Saturno/Plutão de 1946-1948, no início de um Novo Ciclo, e lançado durante a Grande Tempestade que marcou o início do ciclo seguinte, em 1981-1984. Embora alguns países tenham de fato atingido as profundezas do controle, tortura e repressão que Orwell previu, a maior parte do mundo felizmente não mergulhou assim tão baixo. Eu gostaria de pensar, no espírito da Astroquântica, que o trabalho icônico que ele fez afetou a consciência global num grau que contribuiu para uma resistência, através da consciência do quanto é fácil um Estado se tornar repressivo. Seja como for, ao reagir, o Humor desta Época pode frequentemente explicar uma consciência mais aguçada e uma sensibilidade para qualquer coisa ou qualquer um que esteja usando mal ou abusando do poder. De fato, trata-se de um testemunho de que a natureza humana gira essencialmente em torno da *liberdade* e não se submeterá, por muito tempo, a qualquer coisa que entre no caminho dela.

Tocando o Apito

Seja um patrão que está tirando vantagem injusta dos empregados, uma megaorganização ou o governo do dia se comportando como se fosse a própria lei, é importante chamar atenção – pessoalmente, politicamente ou através da imprensa – para ações desse gênero. Se há Grandes Tempestades que envolvem

Urano ou Netuno ocorrendo ao mesmo tempo que Grandes Tempestades Saturno/Plutão, será muito mais provável ver pessoas tocando o apito e protestando. Como podemos ver no Gráfico do Clima da Onda Planetária na página 27, esse é felizmente o caso para as duas Grandes Tempestades Saturno/Plutão que acontecem durante a Onda-Mãe Urano-Plutão de 2007-2020 – com a própria Onda-Mãe fornecendo pelo menos um constante ruído de fundo relacionado a qualquer coisa que lembre, ainda que vagamente, repressão.

Impotência Contra o Destino ou Poder Impessoais

O indivíduo solitário ou mesmo um grupo compacto e organizado podem se sentir desesperançados e despojados quando atirados contra o edifício de granito daquilo que tem poder sobre eles. Como já argumentei, as raízes das instituições controladoras e monolíticas avançam fundo. A pessoa é motivada a se perguntar de onde essas "criaturas" que exercem o poder político, militar e legal neste planeta surgiram. A coisa sempre foi e sempre será assim? O presente maremoto de nossa necessidade humana de liberdade mantém nossas sensações de impotência afastadas em diferentes graus. Mas agora, nesta particular conjuntura da história, com sua correspondente configuração planetária, onde nossa própria existência está possivelmente sob ameaça como resultado dos hábitos e práticas "antinaturais" que têm sido largamente implementados por essas entidades sem rosto, estamos nos perguntando: "Ainda não tivemos o suficiente desses seres, quem quer que eles sejam, dirigindo nossa vida?"

Birmânia: Um Microcosmo

O caso da Birmânia serve para exemplificar nitidamente o Humor desta Época. Por mais estranho que pareça (porque a Birmânia teve, e ainda tem, uma tradição espiritual muito forte, com uma grande população de monges budistas), duas Grandes Tempestades Saturno/Netuno (Repressão da Espiritualidade) foram muito influentes. A Birmânia foi primeiro tomada pelos militares em 1962; depois foi imposta lei marcial em 1989 {>151 Ondas Saturno/Netuno}, em seguida à revolta dos monges de 1988 {>206 Ondas Saturno/Urano}. Qualquer que tenha sido o resultado das demonstrações dos monges (e de civis birmaneses) e da repressão adicional do Estado em virtude da atual Grande Tempestade Saturno/Netuno de 2004-2008, o verdadeiro teste vem com a Grande Tempestade Saturno/Plutão de 2008-2011.

Astroquântica

Esse teste, e o seguinte de 2018-2021, não apenas se aplicará a cada um de nós, mas também proporcionará oportunidades para fazermos progressos com relação a uma diminuição ainda maior dessas forças repressivas. Pois cada vez que alguém identifica os dois Humores básicos desta Época e negocia com eles, contribui para o banco de energia alimentado pela atitude e comportamento humanos positivos, o que por sua vez leva à erradicação final e completa do poder opressivo no planeta. Os dois humores em que devemos concentrar com firmeza nossas miras são o Preconceito e a Paranoia.

Preconceito e Paranoia

Preconceito

É como um gás venenoso circulando nas ondas do ar. Como anteriormente argumentei, isso se deve a um medo de perda e a um medo do poder. Sempre que sentimos esses medos, temos de encontrar alguém para censurar ou de quem suspeitar, ficando assim suscetíveis de adotar a ideia prejudicial de que qualquer coisa ou pessoa que "não esteja conosco está contra nós". Evidentemente esse "inimigo" também tem estado sujeito ao mesmo gás venenoso e, assim, cria-se um círculo vicioso. Tal fenômeno negativo também tem lugar num nível muito pessoal – que é onde temos de ser duplamente cuidadosos.

Pegue o seguinte exemplo: um israelense vê um árabe como inimigo e vice-versa – um preconceito muito antigo nascido de um acontecimento muito distante (e perpetuado por subsequentes acontecimentos nascidos dele), o que torna a empatia e a discussão e acordo daí decorrentes muito difíceis, senão impossíveis. Mas o próprio preconceito se torna possível pelo número de *indivíduos* árabes e israelenses pensando desse modo prejudicial. À maneira astroquântica, tal antagonismo é suportado e promovido por *cada indivíduo no mundo* que pensa e age desse modo. Isto é, todos que foram envenenados pelo gás chamado Preconceito ajudam a criar e espalhar esse gás. O que inclui quase cada alma do planeta, com exceção de muito poucas.

Paranoia

É simplesmente o Preconceito elevado ao quadrado ou multiplicado por si mesmo, impulsionado por seu próprio ímpeto maligno. Do preconceito à paranoia é como um detonador para uma bomba. Identifique seus próprios preconceitos e você desativará a bomba da paranoia.

*Nota Astroquântica: Alerta!**

Quando as Grandes Tempestades Saturno/Plutão estão sendo desencadeadas, o Preconceito e a Paranoia podem ser muito aumentados e assim, portanto, as chances de Guerra e Discórdia.

Equação Simples: Preconceito² = Paranoia = Guerra e Discórdia.

✦

O Abuso do Poder Oculto

Os líderes e governos de alguns países usam e usaram métodos ocultistas, como a predição e a astrologia, para conquistar e manter poder plutônico e controle saturnino. Em tempos antigos, isso foi antes regra que exceção, mas tais métodos ainda são, até certo ponto, usados no presente e na história recente. A astrologia, por exemplo, tem sido empregada com a finalidade de ajudar na avaliação de ritmos e na tomada de decisões por líderes como Ronald (e Nancy) Reagan, Charles de Gaulle, François Mitterand e Leonid Brejnev. Mais para trás, temos Hitler, Elizabeth I, Catarina de Médici e o Sagrado Imperador Romano Rudolph II.

A astrologia em si é neutra, como a ciência ou a linguagem – são os fins para os quais você a usa que determinam se é boa ou má. E a palavra "oculto" também é neutra, pois significa simplesmente "escondido" e não necessariamente "magia negra", como com tanta frequência se acredita. Qualquer método oculto se concentra sobre informação e energias que não são discerníveis pelos meios convencionais de pensamento ou percepção e as utiliza. Com que objetivo isto é feito depende inteiramente do indivíduo. A ciência nos deu a energia nuclear, mas ela pode ser usada para prover de energia casas e indústrias ou para destruir cidades cheias de vida.

Se a astrologia foi bem ou mal usada pelas pessoas em cargos de poder citadas acima é tema, é claro, aberto à discussão, dependendo do "lado" em que você está. Mas acho que, do ponto de vista humanitário, que é adotado com firmeza e de modo quase automático pela maioria dos astrólogos mo-

* War-ning!, no original, destacando como a palavra warning (aviso, alerta, advertência) se origina da palavra war (guerra). (N. do T.)

dernos, podemos dizer que pelo menos os nazistas (principalmente através de Himmler e Hess) estavam abusando da astrologia ou a empregando mal. O fato de que um de seus astrólogos, Karl Ernst Krafft, tenha sido mandado para o campo de concentração de Buchenwald (morreu em trânsito) porque havia predito com êxito ataques que causaram muitos danos a Hitler e aos nazistas dá uma ideia sinistra do que significa ser astrólogo do lado "errado". Os astrólogos, afinal, estão vendo o que está acontecendo ou vai acontecer, independentemente de quem goste disso ou não. Sabemos que estamos testemunhando as obras do Divino e assim o amor, a paz e a compreensão têm de ser as "políticas" da maioria dos astrólogos. Se você é um astrólogo que está assessorando um regime, grupo ou indivíduo nitidamente tirânicos, cruéis e repressores, então na prática você está abusando da astrologia e, por assim dizer, está incitando a ira dos deuses planetários – isto é, um destino negativo. Uma analogia aqui é o criminoso que ganha acesso aos computadores da polícia e assim consegue se manter um passo à frente da lei, até que um dia, quando o monitoramento de sua interferência encontra seu computador, este acesso o arruína Eu me pergunto o que Krafft estava vendo em seu mapa; poderia este mapa estar dizendo que ele tinha de ser fiel ao seu ofício, não importa o que visse?

Em última análise, a astrologia levanta a eterna questão do que é bom e do que é mau. Este livro se esforça ao máximo para assegurar que as Ondas Planetárias sejam surfadas de um modo que nos ponha em contato com alguma coisa (e que nos faça ser motivados por ela e direcionados para ela) que é *boa* no sentido mais universal da palavra. Em suma, aquilo que cria um mundo melhor, em termos de todos terem uma qualidade de vida decente, e que identifica, mantém à distância e resiste a tudo o que possa impedir, abalar ou intencionalmente destruí-lo.

Como um exemplo corrente e muito poderoso de tudo isso, vamos olhar de novo para a crise na Birmânia. Acredito que ela também sirva como demonstração do que a "boa astrologia" e a astroquântica são, mas deixarei isso para você julgar.

Birmânia*

As demonstrações feitas nesse país por monges budistas e civis exigindo democracia diante da junta militar repressiva que tem se mantido no poder

---

* Desde 1989, a Birmânia passou a se chamar República da União de Myanmar. (N. do T.)

desde 1962 têm sido mencionadas em vários pontos deste livro {>154 Ondas Saturno/Netuno; >206 Ondas Saturno/Urano}. Aqui vamos examinar o fato de a junta militar usar a astrologia e outros meios ocultos – como fazem os governantes do país desde tempos imemoriais – para incrementar e manter seu poder. Até agora, a junta militar teve êxito em fazer isso em proveito próprio, mas à custa do povo birmanês. O fato de a festa de casamento e os presentes da filha do líder Than Shwe terem custado 50 milhões de dólares, enquanto o país vive numa pobreza abjeta, diz tudo!

Obviamente, então, a astrologia está sendo empregada aqui por razões que não contribuem para o bem comum. E, como era de se esperar, astrólogos e videntes que fazem predições negativas para os generais birmaneses estão sujeitos a serem detidos e encarcerados.

A Birmânia se afastou da Grã-Bretanha e obteve a independência em 1948. A data precisa, hora e lugar (4 de janeiro, às 4h20 da manhã, em Rangum) foram astrologicamente escolhidos para o nascimento da "União da Birmânia". Desde então, quando o "Estado criança" finalmente se separou do "poder colonial materno", a Birmânia teve várias mudanças de liderança e ideologia política, passando mais significativamente de um governo democrático à ditadura militar com um golpe de Estado em março de 1962 {>154 Saturno/Netuno} e a outra liderança do mesmo gênero marcial em setembro de 1988 {>206 Saturno/Urano}.

Acredito, contudo, que o horóscopo nacional de janeiro de 1948 ainda marque o verdadeiro nascimento dessa nação, com os eventos traumáticos que vieram depois constituindo as provas que qualquer entidade, seja um indivíduo humano seja uma nação, atravessaria. Além disso, da breve interpretação desse mapa pode-se ver que, embora o momento fosse escolhido por razões astrológicas pelos governantes a fim de que lhes fosse concedido poder, eles não poderiam controlar o verdadeiro poder espiritual escondido no mapa. Ninguém pode se sobrepor aos Senhores Planetários por muito tempo!

De forma mais significativa, este nascimento ocorreu durante a Grande Tempestade Saturno/Plutão, que foi também o início de um Novo Ciclo. Sem entrar numa interpretação exaustiva do horóscopo, basta dizer que ele mostra uma nação com guerra em seu interior (um nascimento em Meia-Lua). De um lado está a abusiva expressão de poder que infelizmente foi dada a Saturno e Plutão (que estão em conjunção no ditatorial Leão) e de outro há uma natureza gentil e espiritual (a sensível Lua entrando em conjunção com o transcendental Netuno na harmoniosa Libra) que melhor encontra foco numa líder feminina (Vênus no signo democrático de Aquário opondo-se à/confrontando a poderosa, mas cruelmente expressa conjunção Saturno/Plutão). Essa "natureza gentil e espiritual" está personificada na grande população de monges budistas, uma gente de temperamento brando com refinada tradição cultural. A mulher é Aung San Suu Kyi, líder do movimento pró-democracia, que tem sido mantida em prisão domiciliar desde julho de 1989.

Poder-se-ia dizer, então, que a Birmânia é um microcosmo de nosso mundo como um todo. A índole gentil e espiritual da humanidade é mantida em sujeição pelos que detêm o poder político e militar. É através da "leitura dos Signos e do surfar das Ondas", como eles se tornam conhecidos para nós nos ciclos planetários, que podemos melhor alcançar um resultado feliz. O surfe bem-sucedido pelas Ondas Planetárias do Destino significa que temos de nos sintonizar com os ditames do Destino e sermos fiéis a ele, em vez de querermos sobrepujá-lo pela força. Sob essa forma pacífica e passiva – que paradoxalmente e de modo muito concreto inclui ter de enfrentar os riscos de uma Onda –, a vitória do bem sobre o mal é finalmente atingida. E a Birmânia de alguma forma condensa e encerra este dilema e processo. O modo como nós individualmente surfamos todas as Ondas, e especialmente as Ondas Saturno/Plutão, determina o destino delas em particular e o de nossa espécie como um todo.

Esse é o *uso positivo* do poder oculto, a astroquântica.

✦

A Escolha é Nossa – Um Surfe Tranquilo

O quadro seguinte nos mostra Respostas Positivas a Ondas Saturno/Plutão que criam coletivamente Efeitos Positivos. As Respostas Negativas precisam ser evitadas para impedir os Efeitos Negativos coletivos. Observe as características opostas das Negativas e Positivas e relacione os Efeitos Negativos ou Positivos às Respostas que os criaram.

2008-2011 e 2018-2021
O Efeito Coletivo das Grandes Tempestades Saturno/Plutão
A Escolha é Nossa

Resposta Negativa	Resposta Positiva
Usar o poder de um modo opressivo que despoje os outros de seus meios de vida, propriedade, direitos humanos e, em última instância, da vida.	Empregar quantos recursos eficazes estiverem disponíveis para produzir mudanças duradouras e ajudar os que estão em pior situação.
Atitude ultradefensiva e super-reação paranoicas com relação a uma ameaça exagerada ou percebida de forma errada.	Examinar a situação de sua própria nação antes de apontar o dedo para a situação de qualquer outra.
Usar o poder com boas intenções, mas sem uma previsão nascida de uma profunda consideração de seus possíveis efeitos.	Dar-se ao trabalho de pesquisar e refletir sobre o que, em última análise, seria um uso criterioso e, portanto, benéfico do poder.
Recursos pródigos destinados a projetos que só servem à elite ou aos que não os merecem.	Investir recursos em projetos que pesquisa cuidadosa revela que beneficiarão as massas.

O USO DO PODER

O Estado se torna progressivamente instável. As pessoas, que são o principal recurso, perdem esperança. Inflação e colapso.	As pessoas se esforçam mais, têm uma noção maior de seu valor e, assim, a economia floresce.
Poder mal usado conduz rápida e irresistivelmente a problemas ainda maiores.	Poder utilizado de forma sensata, beneficiando a todos de um modo absolutamente fundamental.
Prognóstico de realização pessoal mostrando hostilidade a alguém que você equivocadamente percebeu como inimigo.	Só depois de limpar o seu quintal você pode ajudar a limpar o quintal dos outros.
Discórdia e destruição contribuindo para um contínuo ciclo vicioso de ataque-vingança-ataque. Estruturas de poder impermeáveis.	Redução da pobreza e de más condições de vida em países carentes criando, de um modo geral, melhores condições pelo mundo todo.
Efeito Negativo	**Efeito Positivo**

Um Vento Favorável Saturno/Plutão agosto 2006 – agosto 2008

Que Tempo é Este?

Tempo de Uso Construtivo do Poder

Energias em Jogo Enquanto Surfamos Esta Onda

A combinação harmoniosa da energia positiva e essencial e do caráter de Saturno – aquele de **autoridade e estabilidade**, que está **instituindo e/ou constituindo** – com a energia essencial e o caráter de Plutão – aquele da **profundidade e autenticidade**, que está **capacitando e/ou regenerando** – oferece a oportunidade de conseguirmos o melhor desses dois mundos.

Este Vento Favorável ocorre numa época em que é muito necessário, bem no início da Onda-Mãe Urano/Plutão 2007-2020, no meio e fim de uma Grande Tempestade Saturno/Netuno 2004-2008 e no início de uma Grande Tempestade Saturno/Urano 2007-2012. Então, o que potencialmente poderia ser uma época realmente espinhosa – como descrito nos capítulos cobrindo estas Ondas – é estabilizada e razoavelmente bem administrada pelos poderes constituídos e por mim e você. Líderes que têm atitudes relativamente positivas sobre o uso do poder e autoridade são capazes de ajudar os que estão precisando de ordem e regeneração. Contudo, como até agora (outubro de 2007), durante esta Onda, está acontecendo exatamente o contrário em lugares como o Iraque, o Afeganistão, Darfur, Zimbábue e a Birmânia, poderíamos ser perdoados por pensar: "Que tipo de Vento Favorável é este?" A resposta simples é que, sem ele, as coisas aqui e em outros lugares seriam de fato piores. E na época em que estou escrevendo, acabamos de ultrapassar o pico desta Onda, a marca do meio, esperançosos de que haja um "uso construtivo do poder" mais perceptível pelo resto dela.

Astroquântica

Aqui está toda a questão deste livro. Tendo ciência de um Vento Favorável, podemos usá-lo conscientemente como indivíduos e, assim, contribuir com nossas energias para criar um efeito total mais positivo. Mas é importante repetir aqui o que já foi ressaltado em "Na Crista!" (<25): Ventos Favoráveis em parte alguma se aproximam da força das Grandes Tempestades, e você tem de "içar direito suas velas" para se beneficiar deles. Grandes Tempestades jogam-no em sua trajetória dinâmica, esteja você pensando nelas ou não! É um fato da astrologia e um fato da vida. É mais fácil cair de um tronco que subir numa árvore; é mais fácil não fazer um esforço do que fazer.

O Universo é um lugar dinâmico que exige esforço e consciência de tudo o que quer funcionar nele, especialmente em planetas de forte gravidade como aquele em que estamos vivendo – isto é, somos na maioria das vezes obrigados a "subir em árvores" em vez de apenas "cair dos troncos". O planeta que governa a gravidade é Saturno; é por isso que a maioria das Grandes Tempestades envolve Saturno. Elas são fenômenos nascidos da gravidade (peso, pressão e a força das circunstâncias) trabalhando contra o outro planeta em questão, forçando suas energias a se manifestarem no mundo material. Como vimos neste capítulo, Saturno, ao interagir com Plutão (o planeta do poder, da destruição, da eliminação do que está gasto), congrega uma energia muito intransigente, que é mais difícil de manejar do que a de qualquer outra Onda Planetária. Consequentemente, mesmo um Vento Favorável feito por esses dois planetas requer uma certa soma de controle e percepção para revelar seus aspectos positivos.

Aproveitando ao Máximo Este Vento Favorável

Se você sente uma forte emoção, intenção ou convicção, procure a disciplina e paciência para transformá-la em justiça. Será muito melhor do que simplesmente agir de modo impulsivo, sem reflexão alguma. Saturno e Plutão o ajudam a alcançar resultados se você se mostra disposto. Se está indiferente ou apenas contando com a sorte para conseguir o melhor de algo que queira realizar, será como um iatista que não levanta suas velas. Um provérbio chinês diz: "Levante um palmo de vela e terá dez palmos de vento". Se não levantá-la absolutamente nada, nada vai conseguir.

Outro atributo que Saturno/Plutão favorece é a generosidade. Quanto melhor é o mundo em seu conjunto, melhor será para os indivíduos vivendo nele, incluindo você! De fato, Saturno/Plutão estabelecem a lei que diz que a vida da pessoa só conseguirá ficar em ordem quando o mundo inteiro estiver em ordem. Portanto, projetos e ideias que beneficiam sua vizinhança, seu grupo, seus amigos, alguém ou alguma coisa que mereça assistência, tudo pega este vento e faz as velas inflarem!

No atual estágio do mundo, acordos e dispositivos que estabilizam e beneficiam uma região, povo ou instituição podem ser esperados – embora seu êxito varie em função de eles (e os projetos por trás) serem bem concebidos e executados. Exemplos dos dois extremos que já se manifestaram são o acordo de paz da Irlanda do Norte, intermediado em maio de 2007 pelo então primeiro-ministro britânico Tony Blair, e o desastre que é o Iraque, pelo qual Blair também é responsável, juntamente com George W. Bush, e que significativamente começou durante a Grande Tempestade Saturno/Netuno {>153 e 158, Ondas Saturno/Netuno}.

Num nível pessoal, para ver como este Vento Favorável afeta você, consulte e use as posições das Casas de Saturno e Plutão, como descrito abaixo, na página 136. Com um Vento Favorável você pode esperar o melhor dessas interpretações e ver como as influências de ambos os planetas servem e suportam umas às outras. Além disso, você pode usar a Meditação ou Prece Saturno/Plutão da página 143 para maior efeito e com maior descontração.

A História em Curso

Ondas se Fundindo & Reforços de Júpiter

Em adição à Onda-Mãe Urano/Plutão que tem sido levada em conta nas interpretações de todas as três Ondas Saturno/Plutão cobertas por este capítulo, há também outras Ondas Planetárias se *fundindo* com elas e afetando-as à medida que o tempo passa. Assim como estas Ondas se Fundindo, existem Ondas Planetárias envolvendo Júpiter que entram no quadro Saturno/Plutão, e Júpiter mais ou menos *reforça* o que estiver acontecendo, ampliando as coisas até não podermos deixar de reparar nos problemas ou nas oportunidades! Como podemos ver no Gráfico do Clima da Onda Planetária na página 27, as Ondas de Júpiter existem por si mesmas e são responsáveis por Tempestades Menores e Brisas Favoráveis, mas não estão incluídas neste livro por razões de tempo e espaço! Juntamente com as Ondas se Fundindo, elas aumentam ou modificam os efeitos das duas Grandes Tempestades Saturno/Plutão e do Vento Favorável, quando estes estão acontecendo ao mesmo tempo.

Crônicas da Onda Planetária

Tomadas em conjunto, essas Ondas se Fundindo e os Reforços de Júpiter como que dramatizam e dão o ritmo do curso total das Ondas Saturno/Plutão, mais ou menos como faria um narrador, ao contar suas histórias.

Durante o Vento Favorável Saturno/Plutão ago. 2006 a ago. 2008

Grande Tempestade Saturno/Netuno – nov. 2004 a ago. 2008 **{>145}****.**

Com relação a expressões típicas deste gênero de Grande Tempestade – política malfeita e tomada precária de decisões em alto nível, como o Iraque e o furacão Katrina – o erro de tais caminhos foi, graças ao Vento Favorável, cronometrado e avaliado. Mesmo se os responsáveis por essas ineficiências não tiverem de pagar por suas ações, ficou na mente do público uma ideia mais clara, contribuindo para um governo mais transparente e "receptivo" no futuro, o que por sua vez contribui para um "uso mais construtivo do poder".

Tempestade Menor Júpiter/Plutão – jan. 2007 a set. 2008 –
O Poder da Crença

Brisa Favorável Júpiter/Saturno – fev. 2007 a jan. 2009 –
Controle Benevolente

A combinação dos Reforços com esta Brisa Favorável é particularmente positiva. A feliz, e possivelmente inesperada, libertação do jornalista britânico Allan Johnstone, depois de mantido 16 semanas em cativeiro por militantes palestinos, o Exército do Islã, em julho de 2007, é um bom exemplo da coisa em ação. Isso é especialmente relevante, considerando que se deveu em grande parte à crença positiva de 200 mil signatários de um abaixo-assinado só no Reino Unido e, provavelmente, mais que tudo, à persistente e forte pressão aplicada (embora por motivos políticos) pelo novo governo de Gaza, o Hamas, em cujas mãos ele foi realmente entregue. Fora quaisquer outros tipos de progresso que esta tripla manobra possa nos trazer, espera-se que possa criar uma base para mais harmonia e acordo no Oriente Médio. Isso poderia ser retardado pela próxima Grande Tempestade ou dela receber um auxílio adicional.

Grande Tempestade Saturno/Urano – set. 2007 a jul. 2012 {>197}.

Nosso Vento Favorável Saturno/Plutão pode de fato atenuar os efeitos destrutivos e discordantes desta Grande Tempestade Saturno/Urano, mas só durante seu primeiro ano de "formação". Considerando que a Grande Tempestade Saturno/Plutão de 2009-2011 (ver abaixo) toma a frente alguns meses após o Vento Favorável terminar, será preciso que uma boa dose de bons sentimentos e diplomacia tenha sido cultivada e aplicada para mudar alguma coisa no que ameaça ser uma dura travessia, visto que essas duas Grandes Tempestades, mais a abrangente Tempestade Mãe Urano/Plutão, se aproximam do pico e se intensificam entre 2008 e 2012.

Durante a Grande Tempestade Saturno/Plutão nov. 2008 a ago. 2011

Brisa Favorável Júpiter/Saturno – fev. 2007 a jan. 2009 –
Controle Benevolente

Como acabou de ser mostrado, custará um pouco reduzir ou lidar com os efeitos, potencialmente muito negativos, da Grande Tempestade Saturno/Plutão, a mais famosa de todas as Ondas Planetárias.

Grande Tempestade Saturno/Urano – set. 2007 a jul. 2012 {>197}.
Mais uma vez, como acabou de ser descrito, esta fusão de duas Grandes Tempestades, atuando em conjunto com a Onda-Mãe Urano/Plutão, é potencialmente muito destrutiva e é, antes de mais nada, a razão pela qual este livro foi escrito. Compreender o que essas três Ondas Planetárias, em particular, nos colocam e surfá-las adequadamente é extremamente importante, no mínimo para manter a estabilidade e impedir o desastre – esperemos que, usando com habilidade e atenção a energia delas, possamos inclusive seguir para a frente e para o alto.

Tempestade Menor Júpiter/Saturno – mar. 2010 a mar. 2012 –
Crescimento* versus *Ordem

Tempestade Menor Júpiter/Plutão – maio 2010 a abr. 2011 –
O Poder da Crença 2

Precisamos desses dois Reforços como uma cutucada no olho com um graveto afiado! Mas obviamente os Senhores Planetários decretaram que precisamos ter o erro de nossos caminhos esclarecidos em termos precisos com relação a esta Grande Tempestade Saturno/Plutão de 2008/2011. Em suma: poderia ser nossa última chance de cooperar antes que seja tarde demais, com a cúspide de 2010-2011 sendo a coisa mais reveladora a esse respeito.

Vento Favorável Saturno/Netuno – dez. 2010 a nov. 2013 {>180}.
Seria bom se ele pudesse chegar um pouco mais cedo, mas sem dúvida esse não é o curso do Cosmos nem a trama da vida na Terra. Contudo, ele poderia estar chegando justamente na hora H, considerando o que acabou de ser dito com relação a fins de 2010 e princípios de 2011! Parece que o período é crítico. Poderíamos agora escapar do incêndio – em termos políticos, ambientais, econômicos e espirituais – ou nos vermos assando mais um pouco! Ver a nota astroquântica.

Nota Astroquântica

Está ao nosso alcance, individualmente assim como coletivamente, virar para outro lado a máquina do Armagedom. Depende no essencial de despertarmos para isso, seguindo a Sabedoria Planetária e usando outras ferramentas de poder mental para tornar manifesta uma mudança positiva. Este livro fornece a você essas ferramentas.

Temos de fato o poder de mudar,
mas devemos mudar para ter o poder.

Brisa Favorável Júpiter/Plutão – maio de 2011 a maio de 2012 – *Regeneração*

Esse Reforço positivo é um tanto relativo, considerando-se que está surgindo no bojo de uma crise. Pode ser qualquer coisa, de prejudicial limitação a uma sensação de que é tarde demais, a um auxílio de última hora que está vindo para nos salvar. Alguns podem dizer que será uma intervenção divina. Mas digamos apenas: "Deus ajuda os que ajudam a si mesmos."

Durante a Grande Tempestade Saturno/Plutão jan. 2018 a dez. 2021

Vento Favorável Saturno/Urano – nov. 2015 a dez. 2018 {>228}

Esperamos aproveitar isto ao máximo em termos de assuntos humanos e da resolução de certas dificuldades, especialmente as relacionadas com o meio ambiente, acordo internacional e questões técnicas. O que nos colocaria numa boa posição diante dos habituais desafios Saturno/Plutão!

Tempestade Menor Júpiter/Saturno – dez. 2019 a abr. 2021 – *Crescimento* versus *Ordem 3*

Tempestade Menor Júpiter/Plutão – jan. 2020 a jan. 2021 – *O Poder da Crença 5*

Isto poderia ser visto como um caso de "se a mão direita não pega você, a esquerda pegará", pois é, sob muitos aspectos, uma repetição da crise de 2010/2011 descrita na página 133. Em outras palavras, se como "civilização" não conseguimos até agora um nível suficiente de cooperação uns com os outros, desta vez precisamos certamente captar a mensagem. O que, de fato, poderia ser puramente acadêmico. Esta vez poderia demarcar um começo completamente novo em seguida a um nítido fim – embora o sucesso de nossos esforços cooperativos pudesse depender inteiramente de quanto tempo atrás esse "fim" ocorreu.

Grande Tempestade Saturno/Urano – jan. 2020 a out. 2022 {>197}. Esta Grande Tempestade faz a condição acima ficar completamente clara. Digamos apenas que este livro fez seu apelo por ação positiva lá por 2008-2012 e eu espero que meu pedido tenha sido ouvido e influído suficientemente a tempo.

Efeito Pessoal

É desse modo que as Ondas Saturno/Plutão podem afetá-lo como indivíduo e serem surfadas com êxito durante toda a sua duração.

Surfando com Saturno e Plutão Através das Casas

Esses efeitos estão baseados nas duas Casas de seu mapa através das quais Saturno e Plutão estão passando ou "transitando", enquanto a Onda-Mãe Urano/Plutão está ativa, porém mais significativamente durante os períodos em que as Ondas Saturno/Plutão estão ativas. Como se trata de uma necessidade de Ordem, Disciplina e Esforço onde Saturno está envolvido, e de Capacitação, Eliminação e Transformação onde Plutão está envolvido, conhecer essas posições o ajudará a administrar as energias de cada respectivo planeta de um modo apropriado, capacitando-o a encontrar o equilíbrio certo e a surfar com sucesso!

Há duas maneiras de usar esta ajuda:

1. **Pronto para Vestir**. É usar as posições de Saturno e Plutão de acordo com o que é conhecido como seu Signo de Nascimento, Signo Solar ou Signo Astral. Examina por que Casas Solares Saturno e Plutão estão transitando enquanto a Onda-Mãe Urano/Plutão está ativa. Usando, então, o **Guia de Trânsito da Casa Planetária** (começando na página 265), vá primeiro para **Saturno: Tabela de Conversão da Casa** na página 273. Em seguida procure na coluna da esquerda o período de tempo em que você está interessado, depois olhe ao longo da fileira de casas até chegar à coluna de seu **Signo de Nascimento**. Aí você verá o número da Casa sendo transitada por Saturno – 1ª, 2ª, 3ª, etc. – e logo abaixo o número da página onde você pode ler a descrição das possíveis situações e ações que pode empreender. Logo

depois, faça a mesma coisa com Plutão – isto é, vá para **Plutão: Tabela de Conversão da Casa** na página 297 e use a tabela do mesmo modo que usou a de Saturno. Agora você pode ter uma noção de como as posições dos dois planetas se comparam. Tudo isso pode ser muito útil e preciso, mas lembre que está apenas baseado em seu Signo Solar.

2. **Feito sob Medida**. É usar as posições de Saturno e Plutão de acordo com seu mapa individual, que teria de ser calculado corretamente, a partir de uma hora de nascimento efetivamente precisa. Assim, se você de fato conhece sua hora de nascimento e tem um mapa de nascimento elaborado com precisão, qualquer um com um conhecimento básico de um mapa será capaz de lhe dizer que Casas em seu mapa pessoal estão ocupadas por Saturno e Plutão, em qualquer momento dado, entre 2007 e 2020, mas especialmente, não esqueça, quando uma Onda Saturno/Plutão está ativa. Então basta encontrar e consultar os registros para aquelas Casas no **Guia de Trânsito da Casa Planetária** (página 265). Por exemplo, se seu astrólogo ou seus próprios cálculos astrológicos disseram que Saturno estava transitando pela sua Décima Casa e Plutão estava transitando pela sua Quarta Casa, você encontraria essas interpretações nas páginas indicadas no Guia de Trânsito da Casa Planetária usando o **Índice** da primeira página. Assim, para nosso exemplo, o Índice o remeteria à página 279 para Saturno transitando pela Décima Casa, e à página 299 para Plutão transitando pela Quarta Casa.
   Observação: *não* use a Tabela de Conversão quando está usando Feito sob Medida.

Efeito da Onda Saturno/Plutão Sobre os Relacionamentos

Bem simplesmente, uma Onda Saturno/Plutão está perguntando: até que ponto você está ou quer estar envolvido? Como sempre, as Grandes Tempestades estão exigindo respostas, não apenas lhe oferecendo oportunidades, como pode fazer o Vento Favorável. Assim, durante as Grandes Tempestades Saturno/Plutão, o calor e a pressão estão atuantes para forjar um laço profundo e forte com alguém ou ainda mais profundo e mais forte se você já está envolvido. O fato é que nem Saturno, nem Plutão em particular fazem prisioneiros. Isso significa que ou vocês ficam mais próximos e mais intimamente conscientes um do outro em todos os níveis (físico, emocional, mental e espiritual) ou o relacionamento começa a sucumbir num ou em mais de um desses níveis; ou então o relacionamento jamais se materializa.

A Tempestade pode se mostrar primeiro como aumento de atrito e discussão, mas isso deveria ser interpretado como um apelo para vocês abrirem caminho através dos desentendimentos e serem bem mais honestos um com o outro. Se a relação é forte o bastante, vai resistir à Tempestade e se mostrar muito mais forte quando ela acabar. Fingimento ou superficialidade simplesmente não se sustentarão com esse movimento de pinça de dois planetas pesados. Estar preparado para expor seus pensamentos, seus sentimentos mais profundos e mais sombrios é a chave. O que naturalmente envolve um grau substancial de confiança em seu parceiro – real ou provável.

Você precisará se lembrar de duas coisas aqui. Primeiro, poderia perfeitamente haver uma reação negativa inicial a essa expressão mais profunda de suas necessidades e sentimentos. Mas é tendo perseverança e em seguida, muito possivelmente, recebendo uma revelação similar de sua cara-metade, que o laço novo e mais forte começa a ser forjado. Em segundo lugar, ter consciência de que você está lidando com seu medo – e o medo de seu parceiro – de não ser amado e aceito pelo que você realmente é. Isso é diferente da imagem que cada um de vocês tem apresentado e com a qual tem convivido por causa desse medo.

Se vocês não são compatíveis (a palavra significa "ser capaz de sofrer com"), o relacionamento acabará, a não ser que estejam dispostos a persistir num "arranjo" cada vez mais insatisfatório em vez de terem um verdadeiro relacionamento. É simples: a recompensa se dá em proporção ao esforço.

Durante o Vento Favorável, tal aprofundamento da relação é muito mais fácil, mas não necessariamente tão profundo e talvez você nem sinta necessidade dele. Isso, porém, não significa dizer que a necessidade não está aí; você pode simplesmente estar fingindo que ela não está aí precisamente por medo de uma intimidade maior. Quando vem uma Grande Tempestade, no entanto, você sentirá a necessidade.

Se você está sozinho, querendo uma parceira ou não, ou está com vontade de voltar com uma parceira antiga ou alguém de quem se separou, todas as "regras" acima ainda se aplicam, mas o sucesso depende de você estar e se mostrar inclinado a ser mais íntimo, com tudo o que isso implica.

A Escolha é Nossa – Um Surfe Tranquilo

O quadro da página seguinte nos mostra Respostas Positivas a Ondas Saturno/Plutão que criam Efeitos Positivos para você individualmente e, em última instância, para todos. As Respostas Negativas precisam ser evitadas para afastar os Efeitos Negativos de sua vida. Observe as características opostas das Negativas e Positivas e relacione Efeitos Negativos ou Positivos às Respostas que os criaram.

2008-2011 e 2018-2021
O Efeito Pessoal das Grandes Tempestades Saturno/Plutão
A Escolha é Nossa

Resposta Negativa	Resposta Positiva
Entrincheirar-se em velhos e antiquados caminhos e posições em face de circunstâncias que estão obviamente sofrendo mudança e que parecem ameaçadoras.	Reconhecer a necessidade de grandes mudanças, embora pareça que elas são extremamente desafiadoras e assustadoras.
Permitir que as coisas degenerem ou piorem porque você não pode ser incomodado ou porque acredita que não tem meios de remediá-las.	Identificar e examinar quaisquer estruturas ou condições que estejam precisando de reparo ou substituição, a despeito de recursos eventualmente escassos.
Acreditar que é incapaz de superar um destino negativo. Algo ou alguém lhe passou esta falsa impressão.	Consciência de que algo que está bem no fundo de você é superior à má sorte. Perceber que você tem um destino significa que você pode mobilizar o que for necessário.
Aceitar avidamente explicações e soluções superficiais, ou visivelmente mais fáceis, de problemas.	Procurar e investigar as razões subjacentes mais profundas de qualquer problema ou situação.
REGENERAR OU DETERIORAR	
Problemas se convertem em crises. Crises se convertem em desastres. Colapso e ruína.	Atitude sadia e soluções duradouras para problemas antigos ou arraigados.
A negatividade promovida por estas Ondas se torna algo muito destrutivo e deprimente. Nada tem tanto êxito quanto o fracasso.	Energia e mais energia à medida que seu senso de poder pessoal encontrar um número cada vez maior de meios para desenvolver sua capacitação e melhorar sua sorte.
Uma falsa economia é pior que uma falta de economia, porque ela reflete uma falta de fé em seus próprios recursos, combinada com uma queda no padrão de vida.	Você descobre que, além de poupar dinheiro e tempo mantendo o que é necessário, você fica mais eficiente e rentável.
O que você achava que era o mundo e a vida que você tinha de preservar a qualquer custo mostram-se agora repletos de problemas que não existiam antes.	Uma melhoria substancial em suas condições e estilo de vida, especialmente quando você observa que o "diabo que você conhecia" e deixou para trás tornou-se insuportável.
Efeito Negativo	Resposta Positiva

O Equilíbrio de Poder Saturno/Plutão

As duas páginas seguintes proporcionam dois esplêndidos meios básicos de viajar pelas Grandes Tempestades Saturno/Plutão. Para conhecer uma maneira simples de surfar essas Ondas Planetárias e acompanhá-las até onde elas querem ir (como mostrado em "O Espírito desta Época"), contornando ao mesmo tempo o "Demônio desta Época", use a tabela de Equilíbrio de Poder Saturno/Plutão na página seguinte.

Na metade superior da página, você verá na coluna da esquerda diferentes sintomas que você pode estar experimentando se estiver se inclinando demais na direção de Saturno; isto é, dando ênfase excessiva à cautela, à convenção, ao conhecido, à atitude defensiva, ao território, etc. A coluna da direita, então, sugere diferentes meios de restaurar o equilíbrio com remédios plutônicos, que implicam principalmente entrar em contato com percepções e convicções mais profundas, com qualidades emocionalmente mais autênticas, passando a utilizá-las.

Na metade inferior da página, a coluna da esquerda relaciona os sintomas resultantes de exceder-se com Plutão – com obsessões, pensamentos sombrios, etc. – e a coluna da direita sugere remédios saturninos que encorajam uma abordagem mais pragmática, realista e disciplinada.

Como regra, cada item numerado é equilibrado pelo item numerado equivalente na coluna da direita, mas nem sempre – há cruzamentos.

O segundo meio básico de viajar pelas Grandes Tempestades Saturno/Plutão é a meditação da página 143.

O Equilíbrio de Poder Saturno/Plutão

Saturno de Mais e Plutão de Menos

Se for este o caso, você pode estar experimentando alguns dos seguintes sintomas:

1. Sentir-se fora de controle ou com medo de perder o controle. Com medo daqueles que têm poder sobre você ou que o intimidam.
2. Privação econômica. Sentir que não tem os recursos necessários para corresponder ao que lhe é exigido.
3. Ser atormentado por modelos arcaicos, por hábitos e padrões que o detêm.
4. Estar agindo tarde demais em resposta à necessidade de mudança ou se ressentindo dela. Fracassando por vacilação.

Remédios Plutônicos

Adote um ou mais destes remédios para contrabalançar e aliviar os sintomas de "Saturno de mais".

1. Procure se apossar de forma completa ou vigorosa do poder. O perigo reside em vacilar entre as duas.
2. Concentre-se em criar o sentimento de que você atrai riqueza. Identifique seus ativos e se convença da importância deles.
3. Faça uma lista de coisas que deseja transformar em sua vida; lembre-se de que vai morrer um dia e faça o que está na lista!
4. Perceba o inevitável e depois o aceite, levando tudo com bom humor. Você vai ficar surpreso e profundamente motivado com o efeito repousante e curativo.

Plutão de Mais e Saturno de Menos

Se for este o caso, você pode estar experimentando alguns dos seguintes sintomas:

1. Sentir que o que está fazendo ou pôs em movimento tem pouca ou nenhuma chance de sucesso ou resolução.
2. Um sinal de que obsessões estão se fazendo passar por convicções é que você não consegue se lembrar de nada que alguém tenha dito discordando de você. É um mau sinal.
3. Ter grandes problemas com aqueles que ocupam cargos de autoridade ou que têm mais poder que você em alguma área importante.
4. Seus desejos o preocupam e frustram, ou lhe trazem encrenca.

Remédios Saturninos

Adote um ou mais destes remédios para contrabalançar e aliviar os sintomas de "Plutão de mais".

1. Primeiro, confira se está sendo suficientemente paciente, metódico ou disciplinado. Se não está, é melhor abreviar as perdas do que mergulhar ainda mais fundo. É melhor perder prestígio do que seu bem-estar e amor-próprio.
2. Reserve um tempo para ouvir as pessoas com quem você conta, em quem confia ou que têm a responsabilidade de analisar a viabilidade das coisas. Siga o conselho delas.
3. Reconheça onde tem de se conformar com certas regras ou concordar com as vontades de alguém, porque os problemas serão maiores se você não o fizer.
4. Se procurar satisfazer um desejo causa mais incômodo que prazer, trata-se de um mau desejo e você deve abrir mão dele.

Observação: É inteiramente possível experimentar, ao mesmo tempo, Saturno de mais e Plutão de mais.

Meditação para a Onda Saturno/Plutão

Isto é o mais simples e o melhor: uma Meditação ou Prece para o Espírito desta Época. Sente-se em silêncio com ela e olhe atentamente para os símbolos, sozinho ou com outros, enquanto interiormente ou em voz alta profere a invocação, quantas vezes e pelo tempo que quiser. É especialmente recomendado que execute este ritual durante os Pontos Focais envolvendo uma Onda Saturno/Plutão (ver Apêndice, página 305).

♄

Meus semelhantes e eu

Identificamos, admitimos e assumimos

Plena responsabilidade por

Nossos sentimentos e opiniões negativas

E tudo o que eles trazem para nossa vida.

Sendo assim, não mais julgamos a nós mesmos

Nem alimentamos preconceito com relação a outros.

Sendo assim, eliminamos o conflito

E no fim das contas todas as guerras sobre esta Terra.

E nosso Chão mais uma vez será Puro.

♇

CAPÍTULO 4

Ondas Saturno/Netuno 2007-2020

Que Tempos São Estes? Tempos de Transcendência de Limitações e de Visão Prática

Períodos Ativos	Clima da Onda	Como Surfar
novembro 2004-agosto 2008	Grande Tempestade	Páginas 145-179 182-195
dezembro 2010-novembro 2013	Vento Favorável	Páginas 180-181 184-185
novembro 2014-setembro 2017	Grande Tempestade	Páginas 145-179 182-195

Grandes Tempestades Saturno/Netuno novembro 2004 – agosto 2008 novembro 2014 – setembro 2017

Que Tempos São Estes?
Tempos de Transcendência de Limitações

Energias em Jogo Enquanto Surfamos Estas Ondas

As energias de Saturno estão interagindo com as energias de Netuno e tudo e todos no planeta Terra estarão sujeitos a essas interações enquanto durar a influência deles, assim como aos efeitos secundários que se seguem a essas Ondas Planetárias. Não esqueça que dois planetas interagindo é mais ou menos como duas pessoas muito diferentes e muito decididas entrando em contato, com o melhor e o pior de cada uma sendo trazido à luz e ampliado. Mas Saturno e Netuno fazem o mesmo um ao outro numa escala cósmica e isso afeta a todos nós!

♄ O caráter de **Saturno** é **Território e Estabilidade** e sua energia está **Reprimindo e/ou Ordenando.**

♆ O caráter de **Netuno** é **Emoção de Massa e Espiritualidade** e sua energia está **Unindo e/ou Confundindo.**

Seu efeito combinado está portanto...
Reprimindo e/ou Ordenando Emoção de Massa e Espiritualidade.
Unindo e/ou Confundindo Território e Estabilidade.

Nota Astroquântica: Equações Simples

Em termos humanos, há dois tipos de poder:
Poder do Espírito e Poder do Ego

Ego	=	Reforço	=	Se Esgota	=	Só Serve para Um
Espírito	=	Rede	=	Suprimento Constante	=	Serve para Muitos

Desmoralização – Autoridades nos Decepcionam

As Ondas Saturno/Netuno são uma combinação delicada, que com frequência se manifestam como uma atmosfera onde você não sabe onde se encontra, sente-se desanimado, desmoralizado ou apático. Aquilo ou aquele para quem nos voltamos em busca de ordem e autoridade parece agora nos desapontar ou nos deprimir, ao pôr à prova, aviltar ou proibir nossos sonhos e rotas de fuga. Uma característica especial e sutil dessas Ondas – e o segredo para surfá-las – é que elas o deixarão completamente exausto se você quiser fazer tudo sozinho ou se só acredita naquilo que pode tocar, ver e provar. Assim, o conselho aqui é frequentemente se empenhar em pensar e agir de um modo que ignore a satisfação pessoal ou material imediata em proveito de algo mais espiritual e generoso, algo que sirva ao conjunto, e em ver a felicidade mais como produto da imaginação que da razão.

Para ficar à tona precisamos ser sustentados por uma percepção de nossa singularidade, interdependência e visão. É por isso que "transcendência de limitações" é a expressão-chave para essas Ondas – limitações trazidas por fronteiras nacionais, raça, religião, gênero ou qualquer outra coisa que possa levar à separação, segregação ou preconceito. Como vivemos numa época que nos condicionou a sermos os tipos mesmos que as Ondas Saturno/Netuno nos obrigam a sacrificar – interesseiros e materialistas –, podemos ter uma experiência muito dura. Poderíamos definir o estilo egoísta e materialista como aquele do "ego" e o da singularidade e imaginação como o do "espírito".

Mar e Terra

Tanto num sentido literal quanto simbólico, Saturno e Netuno podem ser vistos interagindo praticamente do mesmo modo que a terra e o mar. A terra tem fronteiras naturais, como litorais e cadeias de montanhas, enquanto as únicas fronteiras que tem o mar são as definidas pela terra. O detalhe é que o mar está continuamente erodindo a terra, remodelando-a, lembrando-nos que afinal não existem coisas como fronteiras. E, no final, a terra, começando com as calotas de gelo e as geleiras, que se encontram em algum lugar entre os dois, retornará toda ao mar. Netuno, então, está eternamente nos convidando a transcender as limitações impostas por nossas fronteiras e diferenças, pois tão certo como um oceano é um oceano, é de qualquer modo o que inevitavelmente acontecerá. Quando Netuno encontra Saturno há sempre uma **dissolução de fronteiras**, um tema que você testemunhará por toda parte.

Deixe que Eu o Divirta

Outra coisa muito de acordo com o melhoramento do todo, e que é uma expressão muito positiva da energia unificadora de Netuno e da energia doadora da forma de Saturno, são as novas formas de música e arte, de dança e mídia, como você verá.

Linha do Tempo 2007: Anteriormente e Até Aqui

Seu surfe pela Onda Planetária pode receber uma grande ajuda se você souber o que aconteceu durante Grandes Tempestades Saturno/Netuno anteriores, assim como se der uma olhada no que aconteceu até aqui com a que está ocorrendo enquanto escrevo – a Grande Tempestade Saturno/Netuno 2004-2008. Como já tocamos nisso e em outras Ondas Saturno/Netuno na Introdução, assim como revisitamos algumas das questões mencionadas ali, você pode achar que está experimentando um *déjà vu* – que é em si mesmo algo muito Saturno/Netuno! Por exemplo, a Onda 2004-2008 provavelmente já terminou na época em que você está lendo isto, mas mesmo que a Onda Planetária tenha desaparecido de vista, ela continuará conosco, sob a superfície, até se erguer de novo. Neste Ciclo de Tempestade Saturno/Netuno, isto acontecerá entre 2014 e 2017. Portanto, continuar a surfá-la do modo correto fará uma diferença *agora e no futuro*. Essa é a natureza transcendental deste livro, pois o Tempo (Saturno) é uma ilusão (Netuno).

Assim, se você quer pegar – ou *tornar* a pegar – esta Onda agora, salte para a página 152. Mas abrimos nossa resenha das Grandes Tempestades Saturno/Netuno na virada do século XX nos concentrando principalmente nos períodos em que elas estão atingindo o pico, pois tecnicamente essa é a parte mais poderosa de uma Onda.

Grande Tempestade Saturno/Netuno 1898-1901 (período de pico 1900/1901)

O Nascimento do Cinema em dezembro de 1900, tornando possível, pela primeira vez, uma visão de massa.

A proibição do álcool, nos Estados Unidos, deu o chute inicial em 1901, o que poderia ser interpretado como a autoridade negando escapatória de suas estruturas repressivas.

Grande Tempestade Saturno/Netuno 1908-1911 (período de pico 1909/1910)

O movimento da Lei Seca se difundiu pelos Estados Unidos durante 1909. Novos movimentos artísticos: o nascimento da Art Nouveau em 1909 e do paralelismo em 1910. O Teatro de Variedades foi aberto em 1910, com Fred Astaire e sua irmã Adele.

Grande Tempestade Saturno/Netuno 1916-1919 (Novo Ciclo, período de pico 1917)

Foi o começo de um novo Ciclo de Tempestades Saturno/Netuno durando 36 anos (ver Apêndice 2 para uma explicação do que é um Ciclo). Apenas pelos eventos listados você pode ver que isso significou bons negócios! {🕒 200 Saturno/Urano}

Gripe Espanhola

Outra forma ainda de dissolução de fronteira pode ser vista na pandemia de gripe espanhola de 1918 (total de mortos entre 20 e 40 milhões), que aconteceu durante esta Onda Saturno/Netuno com o cruzamento das fronteiras dos países, das fronteiras do sistema imunológico e das fronteiras entre as espécies (quando se concluiu que fora originalmente uma gripe de aves que passara para os humanos). Na época em que escrevo, durante a Onda Saturno/Netuno de 2004-2008, há um alarme crescente ante a possibilidade de que isso aconteça de novo com a atual disseminação da gripe aviária. {>166 O Efeito Borboleta}

Primeira Guerra Mundial

Uma expressão igualmente profunda, mas negativa, de Saturno/Netuno foi, é claro, a Primeira Guerra Mundial (1914-1918), particularmente no período final com sua lama (terra mais água), imobilidade e crescente insensatez. Leve também em conta o uso de gases venenosos como o cloro e o gás mostarda, que literalmente cruzavam fronteiras tanto físicas quanto biológicas – e se poderia dizer que também fronteiras morais e legais. Evidentemente fomos monstruosamente manejados por generais e políticos que mandaram milhões de rapazes para a morte de forma inteiramente desnecessária. Frivolidade de gente no comando fazendo coro à estupidez geral.

A Revolução Russa

O ponto crítico e simbólico da Revolução Russa, que veio com o assalto ao Palácio de Inverno em outubro de 1917, não foi apenas uma expressão clássica de autoridade e fronteiras se dissolvendo, mas pré-ecoou com perfeição o próprio fim dos revolucionários, com a queda do Muro de Berlim em 1989, exatamente depois de um ciclo completo de Saturno/Netuno (ver explicação dos Ciclos da Onda Planetária na página 250).

Grande Tempestade Saturno/Netuno 1925-1927 (período de pico 1926)

Entretenimento e mídia arrasam: a Era do Jazz e do Blues começou em 1925; houve também pré-estreias dos clássicos do cinema *O Encouraçado Potenquim* e *O Grande Gatsby*. Em 1927, estreou *Metrópolis*, o clássico de ficção científica de Fritz Lang, e a febre da dança do charleston começou. O nascimento da televisão ocorreu em 1926, juntamente com o movimento artístico do neorrealismo.

Houve crise econômica em 1926 com a Greve Geral na Grã-Bretanha. Os britânicos também renunciaram ao domínio total de seu império.

Grande Tempestade Saturno/Netuno 1935-1937 (período de pico 1936/1937)

Durante o pico em 1936, Fred Astaire e Ginger Rogers criaram uma nova forma de dança, enquanto o separatismo saturnino atacava a unidade netuniana com o início da Guerra Civil Espanhola e questões de raça mostravam os dentes nos Jogos Olímpicos de Berlim. A tradição e a autoridade saturninas se dissolveram com a abdicação do rei Eduardo VIII.

Terra e água fizeram eco com a devastação das enchentes do Mississippi e Ohio, em 1937.

Grande Tempestade Saturno/Netuno 1943-1945 (período de pico 1944/1945)

Desmoralização e alívio foram os sentimentos dominantes ante a descoberta e libertação dos campos de extermínio nazistas durante 1944/1945. A guerra se aguçou e depois foi cessando. Em 1945, as fronteiras europeias foram redefinidas em Yalta, Hitler cometeu suicídio e a Alemanha se rendeu incondicionalmente.

Grande Tempestade Saturno/Netuno 1951-1954 (Novo Ciclo, período de pico 1952/1953)

O 4 de novembro de 1952 trouxe um terremoto (de 9,0M, um dos 13 maiores desde 1900) em Kamchatka, Rússia. {203 Saturno/Urano}

Em 1953 {203 Saturno/Urano}, Crick e Watson determinaram a forma do DNA, o invisível e universal (Netuno) molde de construção (Saturno) da vida. O rock 'n' roll nasceu com Elvis Presley, Little Richard e Bill Haley.

Tanques russos esmagaram revolta em Berlim Oriental – o frio coração da Guerra Fria.

Grande Tempestade Saturno/Netuno 1961-1964 (período de pico 1962/1963)

O ano de 1962 testemunhou problemas de raça e de fronteira com a Crise dos Mísseis Cubanos, a guerra sino-indiana e tropas sendo mandadas para sufocar o conflito brancos/negros no Alabama. Na Birmânia, um povo belo e espiritual era esmagado por um golpe militar. Esse mesmo ano viu a primeira transmissão de televisão global, mas no lado desmoralizante Marilyn Monroe morreu e o presidente Kennedy foi assassinado em 1963, um ano que viu também o escândalo Profumo na Grã-Bretanha.

Grande Tempestade Saturno/Netuno 1970-1973 (período de pico 1971/1972)

A autoridade foi minada durante esta Tempestade com o uso generalizado de drogas entre tropas do Vietnã, com veteranos do Vietnã jogando fora suas medalhas em 1971 e arrombadores sendo detidos nos escritórios de Watergate em 1972.

O ano de 1971 testemunhou um primeiro grande concerto beneficente em ajuda às vítimas do ciclone em Bangladesh, bem como o lançamento de um filme extremamente controvertido, *Laranja Mecânica*. Também em 1972 nasceu o "Glam Rock".

Dissoluções de fronteiras incluíram o ingresso nada tranquilo da Grã-Bretanha no Mercado Comum e o Vietnã do Norte invadindo o Sul em 1972.

Grande Tempestade Saturno/Netuno 1978-1981 (período de pico 1979/1980)

Em 1979, Pol Pot foi condenado por genocídio no Camboja. Enquanto isso, no mesmo ano, outro grande concerto beneficente, "A Gift of Song: the Music for Unicef", foi realizado. Desmoralização e incursões em fronteiras foram testemunhadas pela crise dos reféns na embaixada americana em Teerã, o ataque à Grande Mesquita em Meca, a invasão russa do Afeganistão – e, em 1980, o desastre do resgate dos reféns na embaixada em Teerã.

A Mãe Terra repercutiu tudo isso, durante estes mesmos dois anos de pico, com os Estados Unidos e o Caribe sendo assolados por dois furacões e o Monte Santa Helena, no Estado de Washington, entrando várias vezes em erupção, com o saldo de 57 mortos ou desaparecidos.

Grande Tempestade Saturno/Netuno 1987-1991 (Novo Ciclo, período de pico 1989)

Outro clássico começo de um novo Ciclo de Tempestades Saturno/Netuno. Em 1989, vimos de novo dissolução de fronteiras e desilusão com autoridade com a queda do Muro de Berlim, o fim da União Soviética e a imposição da lei marcial na Birmânia depois de demonstrações pacíficas contra o regime feitas pela líder do movimento pró-democracia, Aung San Suu Kyi e, no ano anterior, pelos monges budistas nativos. Ainda durante 1989 ocorreram "acidentes" ou "atos de Deus" rompendo fronteiras, como o vazamento de óleo do Exxon Valdez, na costa do Alasca, e um grande terremoto na área da Baía de São Francisco. Outros eventos típicos que contribuíram para esta Grande Tempestade:

1988 "Perestroika" ou reestruturação do que foi antigamente a URSS, levando, no decorrer de poucos anos, à sua dissolução e à dissolução de outros Estados comunistas.

1989 Os russos se retiraram do Afeganistão, que tinham invadido em 1979, durante a onda anterior.

1989 Desastre do estádio de futebol Hillsborough, na Inglaterra.

1989 Rebelião esmagada na Praça Tiananmen, na China.

1989 Cruzamentos em massa da fronteira da Alemanha Oriental para a Ocidental.

1989 Grande terremoto em São Francisco.

1989 O Solidariedade venceu as eleições polonesas.

1989 Os Estados Unidos invadiram o Panamá.

1990 O governo birmanês realizou eleições livres pela primeira vez em quase 30 anos mas, ao ser derrotado, recusou-se a se afastar. {🕒 206 Saturno/Urano}

Grande Tempestade Saturno/Netuno 1997-2000 (período de pico em 1998/1999)

Esta viu a dissolução da Iugoslávia ou a crise balcânica, com suas guerras e atrocidades de limpeza étnica. Guerras e territórios de países se alterando caem obviamente dentro da característica "invasão/dissolução de fronteiras" de Saturno/Netuno, ao passo que limpeza étnica tem relação com emoção de massas (Netuno) e velhas dívidas kármicas (Saturno, conhecido como Senhor do Karma – na realidade é o Velho Pai do Tempo). Ver também Onda Saturno/Urano na página 207.

Grande Tempestade Saturno/Netuno 2004-2008

Esta Onda é uma espécie de *prólogo*, visto que começou antes do início da abrangente Onda-Mãe Urano/Plutão de 2007-2020 (que é o principal "foco temporal" deste livro) e colore seus dois primeiros anos. Tem, portanto, uma influência importante, na medida em que prepara o cenário para a grande Onda-Mãe.

Embora esta Onda Planetária esteja acontecendo enquanto escrevo, ela terá mais ou menos refluído no momento da leitura. Para evitar, no entanto, confusão usando tempos do passado, presente e futuro à medida que considero o que essa Onda traz, escrevi, como regra, no presente. De novo, tenha em mente que, como as Ondas vêm em sucessão e estão todas interconectadas, o modo como nos relacionamos com uma Onda Planetária, mesmo quando ela já refluiu (como acontece com esta por volta do final do verão de 2008), influencia o modo como as Ondas futuras são experimentadas, expressadas e manifestadas.

Tsunami Asiático e Furacão Katrina

Por exemplo, com respeito a estes dois eventos que dramaticamente, e de forma bem literal, marcaram o surgimento inicial desta Onda em 2004 (26 de dezembro, terremoto de 9,1M criando o tsunami – 101 Saturno/Plutão, e Furacão Katrina em agosto de 2005), estamos ainda fortemente impressionados com eles, estamos ainda limpando o terreno e procurando descobrir por que tais desastres tinham de acontecer e se e quando acontecerão de novo. A "sabedoria planetária" de que falo a seguir avança um pouco na resposta a essas perguntas e também a outras que esta Onda Saturno/Netuno levanta. Primeiro, no entanto, deve ser ressaltado que outro dos maiores terremotos desde 1900 (um de 8,6M) ocorreu em 28 de março de 2005 no norte de Sumatra, na Indonésia.

Ao discutir como a Onda se mostrou até agora e o que aconteceu durante Ondas Saturno/Netuno anteriores, ficaremos com alguma ideia do que essas Ondas realmente são. Em primeiro lugar, vamos examinar a Onda até aqui e, com a ajuda do simbolismo planetário, ficar mais conscientes dos motivos e dos porquês.

Lembre que o "ponteiro" Netuno do Relógio Cósmico indica energias e influências que têm, numa ponta do espectro, relação com **sonhos** e **ideais**, e com um **senso de espiritualidade** e **identidade oceânica** – mas, na outra ponta, com ilusões e subsequente **desapontamento**, com a sensação de sermos inundados por algo **além de nosso controle**. E você lembrará que Saturno indica coisas que dizem respeito exatamente ao oposto, como **autoridade**, **realidade material**, **ordem**, **controle** e **limites**.

Assim, 2004 viu uma imensa decepção pública com a autoridade, evidenciada mais particularmente pela reeleição de Bush, mas também no desencanto mundial com os políticos e os governos, não poupando de modo algum Blair e seu governo na Grã-Bretanha. Isso se deveu principalmente ao mais crítico dos problemas Saturno/Netuno – incursão às fronteiras – com as ocupações do Afeganistão e do Iraque por razões espúrias, tornando enevoada a linha entre verdadeiro e falso. {100 Ondas Saturno/Plutão} Contudo, ao mesmo tempo, ocorreu uma dissolução de fronteiras, quando o oceano, na forma do tsunami, inundou os litorais de vários países asiáticos.

Durante o mesmo período, em 2005, vimos a inundação de Nova Orleans como resultado do furacão Katrina, juntamente com o manejo escandalosamente inepto desse desastre pelas autoridades. Tal inépcia também ganha evidência com a forma como as autoridades gregas lidaram com os incêndios florestais que começaram a assolar o país durante o mês de agosto de 2007. Mas os desastres em si, como também os incêndios na Califórnia em outubro desse ano, se deveram ao fato de a Onda Saturno/Urano de 2007-2012 começar nesse momento. {🕒 208 Saturno/Urano}

Um Alerta Sobre Todas as Ondas Saturno/Netuno

Uma expressão ou manifestação negativa dessas Ondas, a próxima sendo **novembro de 2014 – setembro de 2017**, é um sentimento intensificado de diferença ou separação. Isso poderia significar, portanto, uma continuação agravada do que já foi posto em movimento por Ondas Saturno/Netuno anteriores. Assim poderia haver uma piora, uma recorrência ou um número maior de desastres como o Iraque, o Afeganistão, o tsunami asiático e o furacão Katrina, ou pandemias como a gripe espanhola (ver acima Grande Tempestade Saturno/Netuno 1916-1919, na página 148), se não quisermos ou não conseguirmos interpretar os sinais dos tempos. Como os desastres naturais têm efeito sobre o comportamento humano é explicado em O Efeito Borboleta {>166}.

Notas Positivas

Na "tradição" das Ondas Saturno/Netuno um concerto beneficente – Live Earth 2007 – foi realizado em 7 de julho de 2007. Desta vez tal evento se destinava a despertar a consciência e arrecadar fundos para combater o aquecimento global. O que está totalmente de acordo com a astroquântica, pois contribui para o conjunto do movimento mental de massa que pode salvar o barco. Além disso, foi negociado entre a Inglaterra e a Irlanda do Norte um acordo de paz que parece mais promissor que todos os anteriores a ele.

✦

O que é Real?

As Ondas Saturno/Netuno podem levantar a questão do que é real e do que não é. Podemos ficar confusos sobre o que importa e o que não importa. Devo me empenhar mais ou apenas me deixar levar pela corrente? Uma história triste demonstra esse dilema de uma maneira fatal – na realidade trata-se de uma história de Saturno/Netuno dentro de outra história de Saturno/Netuno. Um casal de noivos ficou preso na saliência de uma caverna devido a uma súbita enchente na Tailândia. A mulher decidiu se segurar na rocha (Saturno), mas o parceiro achou que conseguiria flutuar com a correnteza para buscar socorro (Netuno). Ele se afogou, ela sobreviveu.

Saturno/Netuno forçam a pessoa a perguntar: É tudo uma ilusão? Essa ideia é também uma ilusão? Devo me concentrar em meu mundo interior ou no mundo exterior? A resposta habitual é que se deve praticar mais ambas as coisas, ou melhor, criar um equilíbrio entre elas. Onde, no entanto, Saturno e Netuno estão envolvidos, a resposta é que há *duas* versões da realidade. Essas duas definições do que é o "orvalho" explicam:

Saturno diria que o orvalho é "condensação que cai sobre uma superfície sólida quando a temperatura ambiente do ar cai abaixo do ponto de saturação do vapor d'água nesse ar". Netuno diria que o orvalho é "o hálito de Deus sobre a terra".

Em que tipo de realidade você está, que tipo de realidade você prefere ou que sentido de realidade uma determinada situação evoca?

Surfá-la ou Cair?

Então, que caminho você vai, nós vamos, seguir?
Um caminho, surfar a Onda ou agir no verdadeiro Espírito desta
Época, nos levará a um futuro positivo – o outro, ceder
ao Demônio desta Época, nos levará a um futuro negativo.

O Espírito Desta Época

Nadar Junto ou Afundar Sozinho

Devido à grande disparidade entre os dois planetas, a experiência das Grandes Tempestades Saturno/Netuno nos dizem algo que é ao mesmo tempo nítido e vago, claro mas confuso. A ideia defendida por Netuno é que somos todos um, que no final das contas não existem fronteiras entre nós, não existem os que têm e os que não têm, e que é unicamente dentro desse quadro que um governo legítimo e eficiente pode ter lugar. O malfeito e a inépcia devem ir e irão "pela descarga". Contudo, do ponto de vista de Saturno, certas fronteiras e limites têm de ser definidos para impedir o caos. Como acontece com as Ondas Planetárias, o desafio é encontrar o equilíbrio correto, a integração e expressão dos atributos ou energias dos dois planetas envolvidos. Isso costumava ser chamado *dar aos deuses o que lhes é devido* e "Aceitação com Limitações e de Limitações" poderia ser a suprema especificação da expressão-chave de Saturno/Netuno: Transcendência de Limitações. É o que é o "tempo" no Relógio Cósmico: por um lado, tempo de aceitar o modo como as coisas são e não fazer julgamentos tendenciosos, mas sem, por outro lado, aceitar as coisas a ponto de ser irresponsável, sem saber onde traçar o limite.

Primariamente, precisamos observar isso e levá-lo em consideração em nossas esferas pessoais, como descrito em Autocontrole {<20}. Trata-se de fazer a limpeza do quintal. O oceano é tão puro ou impuro em função do que cada indivíduo joga nele – e pense no estado de nossos oceanos!

Obrigação Espiritual

Esta pureza é essencial porque Saturno/Netuno nos pressiona para reconhecermos, recordarmos e restaurarmos nossa natureza espiritual – pois esta parte de nós é realmente nossa fonte, tanto no sentido do que nos refresca, como uma nascente de água, quanto do que nos inspira a atingir uma condição melhor e mais elevada. A pressão para "espiritualizar" pode ser experimentada como falta de sentido, inutilidade e fadiga que *só* podem ser propriamente aclaradas ao serem reconectadas com essa Fonte ou Poder Mais Alto. As práticas simples e óbvias que vão ao encontro dessa necessidade são prece e meditação, conhecimento de alguma filosofia espiritual e o ato de tornar realidade nossa disposição de servir o bom, o verdadeiro e belo em nossa vida cotidiana.

O serviço, a compaixão e a aceitação são aqui as máximas netunianas, e Saturno nos apresenta situações que nos desafiam a adotar e sustentar essas virtudes. Contudo, ele também nos ensina a não querermos ser burros de carga (lembrando vítimas que se escravizam por pouca recompensa e nenhum resultado), brandos demais, por medo de sermos vistos como intransigentes (o que significa apenas ter uma noção de limites), ou cordatos demais no sentido de sermos apáticos, abertamente sugestionáveis ou propensos ao vício.

Astroquântica

Observado cientificamente, como requer o lógico e prático Saturno, Netuno pode ser visto como aquilo que o físico quântico David Bohm chama de "Mar da Ordem Implicada" {<9 Introdução; >246 Astroquântica). Esse é o lugar a partir do qual todas as ondas e partículas subatômicas desdobram-se em vida, no universo e em tudo mais – tornando finalmente a desaparecer nele, reaparecendo depois sob outra forma, e assim indefinidamente. As Ondas Saturno/Netuno, então, estão nos lembrando disso. Só desse ponto de vista podemos começar a transcender as diferenças a que nos apegamos, tiradas do materialismo cego e do partidarismo induzido pelo medo, e curar os males do mundo que são o resultado dessas duas coisas.

O Demônio Desta Época

Corrupção e Distorção

Infelizmente, Saturno e Netuno podem trazer à superfície realmente o pior que cada um deles representa. As maquinações políticas e materiais de Saturno podem se tornar mais do que habitualmente corruptas e distorcidas pela oscilação e falso idealismo que Netuno revela em seu lado negativo. Alternativamente, os anseios espirituais e a imaginação criativa que são a ponta positiva do espectro netuniano ficam depreciados pela cegueira saturnina para a dimensão espiritual. Isso pode resultar na procura de uma fuga e de euforias artificiais através das drogas e do álcool, perpetuando o mantra de nossa sociedade de consumo: "Pegue, use e jogue fora".

Uma Lição de História

A invasão do Iraque teve lugar em março de 2003 durante a Onda Saturno/Plutão de 2000-2004, o que sugere uma aposta muito alta do poder {<100 Ondas Saturno/Plutão}. A presente "ocupação" daquele país teve lugar durante a Onda Saturno/Netuno de 2004-2008 e, assim, aponta para a probabilidade de que aquilo que começou como um lance de poder – a saber, petróleo e posição tática – tenha se transformado de fato na obrigação de aliviar o sofrimento, "de curar os males do mundo", que foi inicialmente apresentada como razão da invasão. O fundamental nisso, porém, e antes de mais nada devido à enganosa justificativa da coisa, é que o sofrimento se tornou pior. O que é exatamente o "demônio" da época Saturno/Netuno.

"Torna-se cada vez mais óbvio que muitos dos chamados acidentes e desastres naturais, incluindo as pandemias, são direta ou indiretamente provocados por nossos maus hábitos e vícios – e que haverá um número muito maior deles se não largarmos esses hábitos."

Astroquântica

Tal solapamento da verdade e deformação da realidade pode levar ao colapso material e a desastres naturais – seja instantaneamente através da não localidade da física quântica {>246} ou através do gradual e atordoante efeito borboleta da física convencional {<Advertência para a Saúde Astroquântica>7}. Negar cinicamente ou simplesmente não ter consciência de que cada um de nós contribui para o estado coletivo das coisas – por nossos pensamentos e sentimentos, para não falar de nossos atos – tem também muito a ver com o demônio Saturno/Netuno em ação.

Aqui, contudo, o grande paradoxo (a verdade de cabeça para baixo para atrair atenção) é que o "demônio" é Satã, Satã é Saturno e Saturno é o Adversário (*HaSatan* em hebraico). Em outras palavras, o demônio ou Saturno está aqui especificamente como o adversário para testar nosso brio moral, para nos desafiar a dar andamento prático à nossa conversa espiritual, para nos livrar do "mal" – e isso significa nos livrar por meio da Consciência das Ondas. Como dizia Henry Ford: "O mal é simplesmente a ignorância batendo com a cabeça no escuro".

> *"O mundo é o melhor de todos os mundos possíveis e tudo nele é um mal necessário."*
>
> F. H. Bradley, Appearance and Reality

Conflitos, Tendências e Possibilidades

Ambientais

Uma Falsa Sensação de Segurança

Muito foi dito em outra parte deste livro sobre o efeito que as Tempestades Saturno/Netuno têm sobre o ambiente, porque Saturno governa a terra firme e o solo do planeta, enquanto Netuno governa o mar e a água – e os dois são levados ao conflito durante esses períodos. Em tempestades anteriores, isso não era problema porque nossa interferência nesse equilíbrio – a ecologia propriamente dita – não atingira proporções críticas. Mesmo a palavra "ecologia" é relativamente recente. Simplesmente não sabíamos que havia esse equilíbrio delicado entre os elementos, entre um sistema e outro. O fato é que agora sabemos, mas indiferentes ao tapinha de leve ou à palha que quebra as costas do camelo, podemos não responder de maneira apropriada ou com rapidez suficiente – podemos abandonar o assunto até que a enchente ou o colapso sejam inevitáveis. Nós nos deixamos embalar numa falsa sensação de segurança. A realidade da hipótese Gaia não penetrou no espírito. O Planeta Terra é como a mãe submetida a grande pressão por uma família grande e turbulenta que, um dia, perde a paciência e toda a garotada corre com ar de quem diz, "O que foi?"

Predição? Não!

Espero que agora esteja claro que este livro não é sobre predição, mas sobre a interpretação dos sinais dos tempos – fornecidos neste caso pela astrologia, pela teoria quântica e pelo senso comum. Trata-se mais do meio ambiente que de qualquer outra área de interesse humano. É impossível dizer se a atual Grande Tempestade de 2004-2008 vai colocar o ecoequilíbrio em alerta vermelho, se isso ocorrerá durante a Tempestade de 2014-2017... ou se haverá alguma espécie de "socorro" durante a intervenção do Vento Favorável de 2010-2013. Tudo depende de captarmos a mensagem AGORA com relação a cada aspecto da "emergência humana".

Comércio e Indústria

O Fim de um Sonho

Aqui o equilíbrio entre Saturno e Netuno é particularmente crítico. Isso acontece porque se dá entre materialismo/Saturno de um lado e espiritualidade /Netuno de outro. O problema é que nossa sociedade é tão inclinada para o materialismo que Netuno assume sua mais baixa vibração de influência e efeito. O que se promove é um falso "céu" consumista: o corpo ideal, férias, comida, bebida, etc. E assim, a não ser que esse equilíbrio defeituoso seja compensado por propaganda mais responsável, negócios honestos e produção sensata, algum tipo de colapso ocorrerá. Como isso se dá? As pessoas começam a perceber que o "sonho" é apenas um logro, elas compram menos, o mercado "sofre". Existem evidentemente questões ambientais (ver acima) que também criam mudanças nos gastos e problemas nas viagens.

Mexendo Não Só com os Nossos Bolsos

Os sinais dos tempos dizem muito simplesmente que temos de passar desse estilo de vida materialista para um que leve em conta as realidades mais delicadas e mais sutis da existência. O fato de um vírus não ser visível ou evidente não significa que não seja poderoso e eficiente; de fato, é justamente o contrário! Se não o virmos chegar, ele vai nos atingir onde realmente causa dano. Aqui a última chamada para despertar é evidentemente um esgotamento de estruturas físicas, minando totalmente as infraestruturas materiais que fomos progressivamente assentando, desde a Revolução Industrial, em nome da "civilização".

Socioculturais

Júbilo pela Reunião

Como enfatizado acima, a música e todas as formas de arte e entretenimento são uma forte e significativa expressão das Ondas Saturno/Netuno. Assim também os eventos que mexem com emoções coletivas e inspiram a criatividade. Durante Ondas mais recentes, foram empregadas a música e outras artes por razões que não eram apenas o entretenimento ou o desafogo emocional, mas a arrecadação de fundos e o despertar da consciência por razões práticas e prementes – como a pobreza, a paz mundial e preocupações ambientais. Música e formas de arte que existem apenas para diversão e distração tornam-se cada vez mais irrelevantes, especialmente durante a Onda 2014-2017, quando essas preocupações serão ainda mais agudas. O entretenimento que ergue os espíritos é muito necessário, principalmente durante essas épocas. Representa uma tentativa mais consciente e refletida de nos fazer ver como ficamos em melhor situação trabalhando em conjunto, quando a dura alternativa traz um sentimento de insegurança e isolamento. As artes, mas a música em particular, se concentram cada vez mais em reunir as pessoas no espírito da humanidade, como a espécie única num mundo único que realmente somos.

Minirrenascimento

De certo modo, isso pode ser visto levando a um "minirrenascimento", no sentido de uma retomada de ideias e imagens clássicas que engendram a consciência de que a arte e a música são essencialmente de uma natureza espiritual e existem essencialmente por razões espirituais. O verdadeiro renascimento, que começou no século XIV, na Itália, pode ter sido apenas nostalgia por essas ideias, mas agora, com tanta coisa ameaçando nossa existência mesma, há forte necessidade de algo que torne a nos conectar com uma época que imaginamos melhor, mais inspiradora, até mesmo romântica: uma recuperação do que põe a "classe" no "clássico", digamos assim! De novo, isso é mais provável enquanto a Onda 2014-2017 estiver fluindo, visto que Netuno estará então atravessando seu próprio signo de Peixes. O que significa que os atributos mais puros e mais genuínos do inspirador e místico Netuno tomarão a dianteira em termos culturais. E já que Saturno estará atravessando Sagitário na maior parte desse período, há um elemento religioso emprestado à musa netuniana. O que mais isso acarreta é investigado abaixo, na seção "Espirituais", nomeadamente o conflito entre espiritualidade e religiosidade, algo que a arte e a sociedade refletiriam. Tudo pode tomar a forma, de um lado, de música e letras muito inspiradas, mas de outro, de rígida convicção evangélica.

O Desastre nos Deixará mais Próximos ou Vai nos Separar Mais?

Por um lado, quanto mais ameaçados e inseguros somos levados a nos sentir pelas irregularidades climáticas e as vagas incertezas que correspondem à influência das Grandes Tempestades Saturno/Netuno, mais as sociedades ao redor do mundo continuarão "mobilizadas". Em outras palavras, nada como uma ameaça comum para nos fazer perceber nossas necessidades comuns e dependência mútua. Por outro lado, haverá sempre os que se entrincheiram numa posição para manter afastados aqueles que eles encaram como forasteiros ou antagonistas – ou como uma parte concreta da ameaça. Em seus extremos, essa última abordagem poderia infelizmente envolver a face extremamente vil que certos setores da humanidade emprestam a Saturno/Netuno, isto é, a limpeza étnica e a perseguição de alguém visto como contrário a nós ou diferente de nós, seja num nível nacional ou apenas em nossa vizinhança. Viver de acordo com o apelo de todas as Ondas Saturno/Netuno – Transcendendo Fronteiras e Limitações – e ver em cada pessoa um ser humano nosso próximo pode se tornar uma desesperada necessidade.

Políticos

Falsificação *versus* o Genuíno e Real

Como agora sabemos, as Grandes Tempestades Saturno/Netuno trouxeram desilusão com os políticos, visto que sua ineficiência e falta de integridade são empurradas no "rolo" para a superfície. Poderíamos dizer que há um processo de "descarga" em andamento. Certamente, o presidente George W. Bush e o primeiro-ministro Tony Blair estiveram sujeitos a isso durante a Onda 2004-2008, com um Blair colorido de nódoas deixando finalmente o cargo em 2007, e a popularidade de Bush em baixa contínua. Em essência, há um desafio para todos em cargos de poder e autoridade tratarem das questões coletivas mais essenciais e prementes de um modo sincero e imaginativo. O que por sua vez expõe a necessidade de as pessoas no poder terem o coração no lugar certo. É um exemplo do quanto é difícil encontrar uma expressão positiva das Tempestades Saturno/Netuno na arena política!

No nível astroquântico isso está dizendo que precisamos meditar sobre/orar por e visualizar uma figura política verdadeiramente inspirada e inspiradora (como foi Churchill para o povo britânico na Segunda Guerra Mundial) desempenhando seu cargo, o que significa fugir dos típicos "ícones" glamorosos, que estão apenas representando para a galeria e apelando para a tendenciosa maioria silenciosa (que vota em qualquer um que encarne seus medos preconceituosos em vez de seus ideais). Aliás, votar estupidamente em alguém simplesmente em benefício de uma mudança é também o caminho certo para a decepção. Seja como for, o repertório normal Saturno/Netuno de mudanças e incursões de fronteira continuará como testemunha tanto de nossa tendência para a divisão quanto da natureza ilusória do território.

Científicos

Prova de Unidade

Durante essas Grandes Tempestades Saturno/Netuno, grassa o conflito entre a ciência convencional, que vê a realidade como meramente material/mecânica/isolada e a ciência mais penetrante da física quântica, que não pode deixar de reconhecer algo que é invisível, universal e que equivale a uma entidade mística. Em algum momento, possivelmente durante o Vento Favorável de 2010-2013 {>180}, pode por fim ser encontrada uma "prova oficial" de que todas as coisas vivas são UMA e de que tudo está vivo. Isso marcaria uma alteração na consciência coletiva, que prenunciaria os verdadeiros começos da paz mundial. No nível astroquântico, também marcaria uma mudança nas condições físicas do mundo, da pobreza ao clima, do conflito à economia.

Fracassando isso, a ciência prosseguiria lutando contra as forças da natureza. Haveria pequenos êxitos, mas no final as forças da natureza venceriam, pois elas representam aquela parte maior de nós que não reconhecemos e que, portanto, oferece resistência. Desse modo, vão inevitavelmente nos dominar. É coisa análoga ao sistema imunológico de um indivíduo atacando seu próprio tecido, por exemplo no caso de artrite, porque ele não aceita o tecido (ou o que ele representa) como sendo parte de seu próprio todo. Se você não compreende este ponto é porque continua encarando a realidade do mesmo modo que a ciência convencional e a mentalidade convencional: isto é, em oposição à Unidade, partindo do problema como uma coisa oposta à solução.

Saúde

Invasão do Corpo

Doenças do sistema imunológico podem estar mais em evidência porque as Grandes Tempestades Saturno/Netuno têm tudo a ver com a dissolução de fronteiras. De um ponto de vista mais convencional, nossas defesas físicas ficam sob estresse como resultado da poluição e outros agentes ambientalmente desestabilizantes, como produtos químicos na cadeia alimentar e, evidentemente, vírus {>166 O Efeito Borboleta}. Além disso, os efeitos do aumento do alcoolismo e abuso de drogas durante décadas passadas se tornam evidentes na alarmante deterioração da saúde.

A Maioria das Doenças são Psicossomáticas ou Ambientalmente Dependentes

Tornam-se particularmente comuns as enfermidades autoimunes que alguns encaram como puramente psicossomáticas, como a ME*, ou as que são tão estranhas que não têm patologia reconhecida. Tudo, no entanto, que Saturno/Netuno está acentuando com relação à saúde é que todas as doenças têm origem na mente. Mesmo a vulnerabilidade a causas ambientais deve-se em última instância à estrutura mente-corpo do indivíduo – senão todo mundo sofreria das mesmas enfermidades e seria alérgico às mesmas coisas. É nesta área que possivelmente se dão avanços significativos com relação ao que realmente constitui a saúde – que se deve em grande parte à personalidade, estilo de vida e atitude do indivíduo. Obviamente, se já está grassando uma epidemia, o avanço virá um pouco tarde – seria um caso clássico de fechar a porta do estábulo depois que o cavalo fugiu. Corpos, humanos ou não, são planejados, dentro de certos parâmetros, para viver na atmosfera da Terra. Mudem até certo ponto a atmosfera e teremos um problema – e nós temos.

No entanto, com o forte aumento no uso de métodos de saúde alternativos – especialmente técnicas de visualização e mudanças de regime alimentar – muita gente está descobrindo meios de fazer um "*upgrade*" em suas defesas físicas. Isto significa que, em última análise, podemos treinar ou alterar nosso corpo para lidar com riscos que teriam, até há pouco tempo, nos matado ou incapacitado.

Espirituais

Religião *versus* Espiritualidade; Dogma *versus* Karma

O que estamos procurando durante esta época é uma prática espiritual que realmente atenda a nossas questões e necessidades mais pragmáticas – e o que, afinal, está acontecendo? Considera-se com muita frequência que dou-

---

* Abreviatura de *myalgic encephalomyelitis* (encefalomielite miálgica) ou Síndrome da Fadiga Crônica. (N. do T.)

trinas de uma terra prometida ou dogmáticas já ultrapassaram seus prazos de validade, mas na extremidade oposta do espectro, esses dogmas atraem novos seguidores, visto que as pessoas ficam com medo da "ira de Deus", enquanto ao mesmo tempo põem diligentemente a culpa sobre suas faltas em outra pessoa ou coisa. O grande erro que pode ser cometido quando se viaja pelas Ondas Saturno/Netuno é encontrar uma "fórmula" de vida preta e branca e bidimensional. Uma base para a vida espiritual que ganha cada vez mais popularidade é a doutrina do karma, que declara que somos todos inteiramente responsáveis por nossa vida como resultado do modo como vivemos antes. Naturalmente, brotando disso está a ideia de que, se você limpa seu quintal, contribui para limpar o próprio mundo.

Palpite de Alguém

É uma loteria quando se trata do que virá à tona enquanto tropeçamos e atravessamos penosamente as Tempestades Saturno/Netuno. Será uma cultura da culpa, tendenciosa e fanática, que nos fará cair no caos e na guerra santa, ou uma doutrina de responsabilidade pessoal que tenha alguma possibilidade de restaurar a ordem e o respeito mútuo? Não esqueça que você tem aqui seu "voto" individual, que vale tanto quanto o de qualquer outra pessoa.

✦

O Efeito Borboleta: Clima, Saúde e Vício

Netuno, sendo o senhor das coisas finas, sutis e invisíveis, também governa o que é chamado de Efeito Borboleta – isto é: "A batida das asas de uma borboleta no Brasil provoca um tornado no Texas?" Significativamente, isso também inclui a ideia de que o estado mental e emocional coletivo da humanidade, e o comportamento que brota dele, afeta o tempo e a saúde do mundo. Raças indígenas sempre acreditaram nisso, porque têm de permanecer em contato com a natureza. Elas sabiam, e as poucas que restaram ainda sabem, que há certas coisas que você simplesmente não faz, pois elas colocam em risco o meio ambiente, o delicado equilíbrio ecológico – o que por sua vez afeta a saúde e o tempo.

Claro, o aquecimento global e outros problemas do clima são convencionalmente atribuídos a emissões de carbono e de outros poluentes atmosféricos – mas o fato é que estamos coletivamente viciados (Netuno) no padrão de vida que se apoia nas indústrias e práticas que os criaram e que os promovem (Saturno). Temos de nos desapegar desse padrão de vida. Isso não pode ser feito da noite para o dia, porque seria uma espécie de abstinência repentina que nos levaria a um gesto de desespero, assim que a aflição ficasse intensa demais para suportar. Não, primeiro temos de nos aproximar da coisa de uma maneira mais sutil, netuniana, e com um senso de disciplina e necessidade saturnino.

A necessidade de reduzir o consumo do viciado se aplica com toda a evidência a drogas e álcool (Netuno), mas a atual "guerra contra as drogas" do Estado (de Saturno), cegamente moralista, se mostrará cada vez menos eficiente – e em consequência, vício e crime se tornarão mais frequentes. É o que acontecerá se continuarmos inutilmente a tentar controlar e reprimir o fenômeno. Devíamos tentar aceitá-lo e compreendê-lo pelo que realmente é: uma ânsia de escapar de uma realidade materialista em excesso e espiritualmente inconsciente (Saturno) e/ou uma necessidade de descobrir um modo diferente de experimentar a própria realidade. Curiosamente, o primeiro recurso que as crianças pequenas usam ao tentar fazer isso – alterar a consciência – é rodar e rodar até ficarem tontas [*giddy* em inglês], uma palavra que vem do inglês antigo *gidig* e significa "como Deus". Na realidade, essa "guerra contra as drogas" é tão ineficaz quanto seria erguer quebra-mares insuficientes para conter os níveis de elevação do mar, em vez de procurar descobrir e lidar com as razões por trás desse aumento. Naturalmente, aqui se faz alusão exatamente ao problema terra (Saturno)/mar (Netuno) criado pelo aquecimento global que, graças às Ondas Saturno/Netuno de 2004-2008 e 2014-2017, corre o risco de se tornar um problema maior muito mais depressa do que atualmente se prevê.

Qualquer membro dos Alcoólicos Anônimos ou Narcóticos Anônimos dirá a você que o único caminho seguro para alguém se libertar do vício é o caminho espiritual, uma limpeza da psique através da comunhão com o Divino e de passar a viver de acordo com princípios espirituais. E Netuno governa tanto a espiritualidade quanto as drogas/álcool, pois a primeira é um transcender da realidade material, enquanto as segundas são uma fuga dela ou a busca de um incentivo artificial para funcionar dentro dela – sendo Saturno, não esqueça, a própria "realidade material". Essa abordagem é a alternativa positiva para aquela da Lei Seca nos Estados Unidos, que progressivamente foi tomando forma e se difundiu durante uma sucessão das Ondas Saturno (proibição)/Netuno (álcool) durante a primeira parte do século XX. Agora se acredita amplamente que ela tenha criado uma saúde ainda pior, devido às bebidas extremamente tóxicas "feitas em casa", além de mais crime, através da criação de um mercado negro e da transgressão da própria Lei Seca. Exatamente como a "guerra contra as drogas" está fazendo agora.

A maioria de nós sabe que o alcoolismo e a dependência das drogas são doenças que necessitam de cura. As autoridades saturninas e os curandeiros netunianos devem se juntar para resolver o problema na raiz, isto é, em última análise para dissipar a necessidade de "fuga" ou "incentivo", alterando e espiritualizando o tecido mesmo da sociedade. Isso acontecerá – ou terá de acontecer se houver alguma coisa para produzir o efeito – através da Onda-Mãe Urano/Plutão de 2007-2020. Não haverá, então, necessidade de traficantes criminosos e fornecedores oportunistas se todas as substâncias que causam vício forem controladas por um Estado (Saturno) esclarecido (Netuno), que é o objetivo e o ideal supremos das Ondas Saturno/Netuno – por mais distantes que eles agora possam parecer.

Três outros fatores netunianos (porque todos eles trabalham com imagens e com a criação da mentalidade coletiva) – filmes, televisão e propaganda – também serão, de certo modo, encarados com mais intensidade como "um problema" durante Grandes Tempestades Saturno/Netuno. A censura e a restrição saturninas vão provavelmente se tornar mais severas e generalizadas. O problema é que, sendo "proibição", isso deixa novamente escapar a sutil questão netuniana: as pessoas têm necessidade de experimentar algo mais misterioso ou mais intenso do que o fornecido pelo básico da existência cotidiana. A mídia correntemente atende a esta necessidade de uma maneira tipicamente saturnina ou de baixa qualidade netuniana, mostrando sexo e violência (reais ou ficcionais) e fantasia em quantidades cada vez maiores, em vez de atentar para as sutilezas da natureza humana que se encontram por trás de uma tal necessidade.

Saturno não "age" de maneira sutil, pois está unicamente concentrado no óbvio, no físico, no lógico e mecânico. Netuno, por outro lado, especializa-se no obscuro, psicológico, no dotado de empatia e no mítico – e é nestas áreas que vemos que a natureza e o comportamento humanos brotam de um reino arquetípico de monstros e anjos, unicórnios e dragões, demônios e deuses/deusas. A não ser que tenha criado uma consciência mais ampla deste lado extremamente significativo, mitológico, da natureza humana, a sociedade continuará a se voltar para a "sucata alimentar", para o "vício do açúcar" e a ser alimentada por eles, que enchem nossos canais de mídia; degradando, engordando e debilitando seus membros no processo.

O poema seguinte, "O Mundo está Demais Conosco", escrito por William Wordsworth duzentos anos atrás, em 1807, bem no início da Grande Tempestade Saturno/Netuno, resume o fenômeno de demasiado Saturno negativo e insuficiente Netuno positivo:

O mundo está demais conosco; tarde e logo,
Ganhando e gastando, arruinamos nossas energias;
Pouco vemos na Natureza que seja nosso;
Abrimos mão de nosso coração, um sórdido privilégio!
Este mar que desnuda seu seio para a Lua,
Os ventos que estarão gemendo em todas as horas,
E que estão agora reunidos no alto como flores adormecidas,
Com isso, com tudo, estamos fora de sintonia;
Não nos comove. Grande Deus! Eu preferia ser
Um Pagão amamentado por um credo gasto;
Assim poderia eu, parado neste belo prado,
Ter lampejos que me tornariam menos desesperançado;
Ter visão de Proteu se erguendo do mar;
Ou escutar o velho Tritão tocar sua trompa coroada de flores.

Fora a dimensão mais emocional e espiritual, num sentido prático e cotidiano uma Onda Saturno/Netuno está aqui para nos compelir, como indivíduos, por um lado a conhecer nossas limitações e, por outro, a transcendê-las. Isso pode ocorrer, e ocorrerá, em níveis muito pessoais e aparentemente triviais. Por exemplo, talvez surja uma situação em que, como já mencionei, você será "penalizado se fizer e penalizado se não fizer". Pode se dar na forma de termos de assumir uma posição firme, mas exercitarmos ao mesmo tempo a compaixão – um dilema desafiador, que é reminiscente do "amor severo" (exemplo perfeito do equilíbrio Saturno/Netuno) prescrito como meio de lidar com viciados, alcoólatras ou qualquer um com problemas comportamentais. Ou talvez seja o caso de termos de encontrar um equilíbrio difícil, e aparentemente mutuamente exclusivo, entre um tratamento ortodoxo de saúde e um tratamento complementar ou psicoespiritual. A lista das possibilidades de Saturno/Netuno é interminável, mas acredito que você tenha entendido o quadro geral. Uma Onda Saturno/Netuno propõe um desafio para equilibrar e satisfazer duas exigências discrepantes. Quando o equilíbrio não é atingido, será crescente o número de pessoas que acabarão vitimadas por esse desequilíbrio Saturno/Netuno. Este livro tem a intenção expressa de nos ajudar a criar e manter um equilíbrio sadio.

Uma Praga Sadia?

No que diz respeito à saúde do mundo, um desastre que esteve despontando durante a Onda Saturno/Netuno de 2004-2008 – e que pode voltar a surgir durante a próxima, em 2014-2017 – foi a gripe aviária ou das aves, que chegou aos seres humanos ultrapassando a barreira entre as espécies e também as fronteiras entre os países. Bactérias e vírus são governados por Netuno porque são invisíveis a olho nu, pela visão comum (Netuno é misticamente chamado de Senhor dos Reinos Invisíveis). Como o mar que Netuno também governa, eles são capazes de transcender fronteiras, que são governadas por Saturno. Como já foi mencionado, a maior pandemia de toda a história conhecida, a gripe espanhola de 1918/1919, na realidade teve início durante uma Onda Saturno/Netuno particularmente poderosa que ocorreu entre 1916 e 1919, a mesma que trouxe a Revolução Russa, o assassinato da família real russa e um agravamento da Primeira Guerra Mundial – guerra que começou com uma Onda Saturno/Plutão igualmente poderosa entre 1913 e 1916 (< 95).

Em 1918, as crianças brincariam com os versos:

> Eu tinha um passarinho,
> Seu nome era Enza,
> Eu abri a janela,
> E in-flu-enza*.

A pandemia de febre aviária ou qualquer outro desastre mundial que se materializa é na verdade o meio que tem a Natureza de fazer Ela própria um pouquinho de "limpeza". Como foi visto com o tsunami de 2004 e o furacão Katrina de 2005, essas causas "naturais" de sofrimento trazem à tona a compaixão e um senso de unidade entre todos nós. Algo muito próprio da agenda de Netuno, que é o planeta da universalidade e dos sentimentos coletivos. Netuno tem muita relação com sofrimento e sacrifício e é realmente conhecido co-

---

*A *influenza* era a gripe espanhola. (N. do T.)

mo o "Planeta Cristo". Esta unidade e compaixão pode ser o que nos salva, se nos leva a aceitar que há pouca ou nenhuma diferença real entre as formas de vida ou entre um ser humano e outro. Não há simplesmente nada contra o que se defender, algo a que os sistemas imunológicos deveriam reagir. Contudo, se formos incapazes de aceitar que todas as criaturas e organismos que nos são próximos tenham um lugar na Terra, ocorrerão eventos que nos farão pensar e compreender que, nas palavras de Martin Luther King, "temos de aprender a viver juntos como irmãos ou a perecer juntos como idiotas".

Saturno e Netuno podem perfeitamente estar tentando nos fornecer uma "praga sadia", ou algum desastre semelhante, para nos lembrar do verdadeiro valor da vida, nos nivelando de variadas formas. De uma perspectiva pessoal ou emocional, isto pode soar insensível e cruel, mas a Natureza e o Cosmos agem com uma resposta corretiva e automática a tudo, ou como um reflexo de tudo o que possamos estar fazendo num nível humano. Assim acima, como abaixo – assim dentro, como fora. Parece ser um mistério por que certas pessoas sofrem ou morrem, mas isso não significa dizer que fora de nossa percepção ordinária seja tudo sem pés nem cabeça. Destino ou vontade de Deus é, afinal, "a coisa amorosa que move o Sol e as outras estrelas", como Dante coloca na *Divina Comédia.*

Contudo, por mais que a unidade e a compaixão ajam para evitar um desastre como o que Saturno e Netuno poderiam impor, não é tão simples transformar todos nós numa espécie única e esplêndida, vivendo junta sob o mesmo Sol. É a intenção grandiosa, mas ainda demorará algum tempo para ocorrer. Enquanto isso, Saturno, o Senhor das Fronteiras, será o planeta do equilíbrio e limitação, o que significa que também devemos saber como e onde traçar a linha, para não ficarmos *demasiado* tolerantes (uma tendência netuniana). Na Grã-Bretanha em particular, mas também em outros países prósperos, isto levanta a questão de fronteiras porosas, com a falta de um suficiente controle da imigração tornando-se ainda mais crítica (ainda que isto possa ser interpretado, consciente ou inconscientemente, como "culpa colonial" ante certos estados, o que nos faz deixar outras nacionalidades entrarem no país como reparação kármica por termos um dia entrado no deles). No que se refere à saúde, fronteiras porosas, juntamente com uma população mais móvel de viajantes aéreos aumenta grandemente o risco da disseminação de doenças e também da poluição (ver Ondas Saturno/Urano/Ambientais na página 217 para mais alguma coisa sobre os problemas referentes à viagem aérea).

Seja como for, uma Grande Tempestade Saturno/Netuno nos diz que a represa vai se romper se não tirarmos o dedo daí – ou se nós não o colocarmos lá, dependendo do caso. Mas esse "nós" não é apenas algum corpo anônimo, porque Netuno tem relação com a emoção de massas, que é em si formada pelo modo como cada um dos indivíduos está pensando, sentindo, agindo e interagindo. Isso, então, traz à baila a pergunta: O que você pode fazer, em termos pessoais – e, portanto, em termos globais – para ajudar a evitar o desastre, seja qual for a sua forma? A resposta é que cada um de nós é como uma pequena gota no Rio da Vida, dando uma minúscula, mas significativa contribuição para o estado e a direção dele. Algumas gotas podem ser como células doentes ou estranhas na corrente sanguínea, causando sua parcela de dano para o todo à medida que se espalham de modo exponencial. Quando, no entanto, a "célula" que você é se apresenta perfeita e cheia de vida, alinhada e equilibrada como sugere a sabedoria planetária, a disseminação exponencial ajudará a curar e a regenerar nosso mundo.

Muito depende de como uma Onda Saturno/Netuno influencia seu mapa de nascimento pessoal, e conhecer o processo o guiará para uma consciência precisa de onde, em sua vida e personalidade, esse equilíbrio crítico precisa ser procurado – onde aceitar as coisas e seguir com o fluxo e onde resistir, fazer um esforço ou traçar a linha. Ao fazê-lo, a saúde e o equilíbrio de sua "borboleta" darão aquela contribuição vital para evitar o chamado desastre coletivo ou supostamente natural, assim como um desastre pessoal. Deixar alguém ou algo penetrar no seu espaço quando isso lhe convém e resistir quando não lhe convém já estaria dando uma pequena contribuição para deixar alguma coisa boa chegar voando pela nossa "janela" – e para impedir algo muito ruim de entrar. O único são os muitos e os muitos são o único.

✦

A Onda, a Onda que o Golfinho surfa –
Tristes cantigas de sedução de Sereias
Nós Marinheiros perdidos sonhamos
Em nosso profundo Útero de verde –
O Golfinho suspira –
E faz sua travessia.

O Humor Desta Época

Tem sido observado que Saturno é um planeta muito "terrestre" de razão e ordem, enquanto Netuno é um planeta muito "aquático" de imaginação, sensibilidade, espiritualidade e unidade. Assim, enquanto esses dois planetas estão interagindo, as coisas podem ficar como água barrenta! É difícil ser claro sobre o que você pensa e como você se sente. Os problemas do mundo exterior manifestarão esse caráter barrento como becos sem saída e dificuldades em arranjar as coisas para chegar à resolução ou compreensão. E como o barro, esta época torna as coisas pegajosas, porque é difícil lidar com as coisas de forma honesta e descontraída, e as questões vão se atolando em convoluções e agendas estranhas. É difícil ver de onde alguma coisa está vindo ou para onde está indo – ou se está mesmo indo para algum lugar. Consequentemente, é fácil ficar desanimado, frustrado e dominado por sentimentos de inutilidade, desamparo ou inércia.

A Importância da Entrega

Lembre-se que o truque com água barrenta é não remexê-la numa vã tentativa de atravessá-la, contorná-la ou ultrapassá-la mais depressa do que é possível, porque isso vai simplesmente torná-la ainda mais barrenta. Em outras palavras, resista à tentação de resolver ou explicar qualquer coisa que está nitidamente resistindo às suas tentativas de fazer isto. *Relaxe, entregue-se, retire-se.* Dê às coisas tempo para se assentarem e tente de novo. Se tudo continuar barrento, relaxe, entregue-se e torne a se retirar. Abandone-as desta vez por um tempo um pouco maior. Medite sobre elas ou se sintonize com o que a situação realmente é, deixando se formarem as conclusões em vez de tirá-las de forma precipitada ou agir impulsivamente, tornando as coisas piores. A passagem do tempo e os limites do tempo podem ser muito ilusórios durante esse período, por isso não se sinta pressionado a não ser que seja absolutamente óbvio que você está "contra o relógio".

Mais Força, Menos Efeito

Você pode reparar que a confusão no mundo exterior se deve ao fato de as pessoas simplesmente não estarem fazendo isso; quer dizer, elas tornam as coisas piores tentando forçar soluções. Nas palavras de Blaise Pascal: "Todos os problemas da humanidade são provocados por uma única coisa, que é sua incapacidade de sentar-se em silêncio num lugar". Infelizmente, este "enlamear das águas" pode realmente ser intencional, já que certas pessoas procuram tirar proveito de linhas pouco nítidas de demarcação, algo que é o selo de qualidade das interações Saturno/Netuno.

Um exemplo clássico disto teve lugar em março de 2007, quando o Irã aprisionou 15 fuzileiros navais e marinheiros britânicos que tinham supostamente se extraviado e passado de águas do Iraque a águas iranianas. Da perspectiva de uma "sabedoria planetária", a resposta apropriada da Grã-Bretanha teria sido simplesmente se render ao fato e se desculpar por ter cometido um "erro". Mas tentando forçar ou camuflar o problema – isto é, hesitando entre ser firme (Saturno) ou submissa (Netuno) – só tornou as coisas piores, com uma perda de prestígio da parte britânica. Um caso de avaliação incorreta – que para ser justo é muito fácil sob Saturno/Netuno – que foi articulado ao se permitir que os marinheiros vendessem suas histórias à mídia. Curiosamente, no entanto, o instinto dos fuzileiros navais a bordo foi, antes de mais nada, de se renderem, provocando críticas do governo e mais tarde dos intelectuais, o que estava errado de um ponto de vista planetário. Não é preciso ter muita imaginação para ver que marinheiros abrindo fogo teria tido consequências desastrosas.

O grande segredo de Saturno e Netuno é perceber que você ganha a mais alta base moral ao *não* entrar em litígio ou pelo menos ao desistir de rebater o adversário. Talvez tenha sido isto o que finalmente aconteceu entre os negociadores nos dias que precederam a libertação dos 15, em 4 de abril – ajudada, é preciso dizer, pela breve mas Favorável Brisa de uma Onda Júpiter/Saturno (ver página 132)! Vale a pena ressaltar que Saturno/Netuno também traz à superfície questões relativas às ilusões (Netuno) sobre o que é apropriado (Saturno).

Aceitação com Limitações e de Limitações

Ondas Planetárias Saturno/Netuno são épocas para "Aceitação com Limitações e de Limitações" e também o Humor dessas Épocas pode ser caracterizado por um senso de resignação ao fato de que as coisas se resolverão por si mesmas se não se luta em demasia com elas, reconhecendo como o Tempo (Saturno) e o Fluxo (Netuno) estão sutilmente entrelaçados. Contudo, aceitar as coisas depressa demais, dando tudo por assentado, pode trazer para a pessoa a reputação de ser irresponsável ou frouxa. Inversamente, não arredar pé só faria a pessoa afundar. Encontrar o equilíbrio aqui é muito difícil, razão pela qual a Onda Saturno/Netuno é dura de surfar – e talvez você precise de assistência pessoal para surfá-la. Falando em termos gerais, no entanto, o quadro do Equilíbrio de Poder na página 192 tem valor inestimável como uma ajuda ao alcance da mão.

Tempos de Transcender

Uma Onda Saturno/Netuno, no final das contas, diz respeito inteiramente a transcender fronteiras. Isto pode significar uma série de coisas, mas em última análise se trata de levar a um nível mais alto o que encaramos como realidade. O que achamos que importa pode perfeitamente não ter importância; simplesmente o que houve é que fomos levados a acreditar que importa. Este borrar da linha entre "real" e "não real" pode fazer o Humor desta Época parecer bastante *irreal*, a ponto mesmo de nos fazer sentir que o mundo ficou maluco – ou mais maluco que de hábito. Surge a velha questão de saber se os internos estão dirigindo o asilo. O fato é que a demarcação entre o que é real ou irreal, aceitável ou inaceitável, são ou insano está inteiramente nos confins de sua própria mente – e onde quer que eles possam começar e acabar! A física quântica sugere que você produz sua própria realidade {>246 Astroquântica/Realidade Criada pelo Observador} e uma Onda Saturno/Plutão leva isso a sério, deixando-o num lugar alto e seco ou em pleno mar, dependendo de que realidade, consciente ou inconscientemente, você está escolhendo.

Os Perigos da Exclusão

Outro exemplo clássico, mas menos óbvio, de como uma Onda Saturno/Netuno pode se fazer sentir foi o massacre na Virginia Tech em abril de 2007. Isso se relaciona com aquela demarcação entre o que é real ou irreal, são e insano. Num sentido convencional, saturnino, o matador Cho Seung-Hui era decididamente insano – a insanidade pertence astrologicamente à província do espiritual Netuno. Saturno iguala normalidade e realidade de consenso, enquanto Netuno não reconhece tais conceitos limitados. Netuno pode ser inspirado e inspirador ou simplesmente louco, com vozes típicas na cabeça. O que interessa aqui é que esses dois mundos das chamadas normalidade e anormalidade, de ordem e caos, entram em colisão durante uma Onda Saturno/Netuno. Cho Seung-Hui definitivamente ultrapassou os marcos da normalidade de Saturno e quis voltar a essa normalidade que o deixava do lado de fora, que não o aceitava. Sua estranheza atraía o escárnio dos outros estudantes, que riam do esquisito tom grave de sua voz e zombavam: "Volte para a China!" (Na realidade ele veio da Coreia do Sul.)

Nada disto tem como objetivo justificar os atos terríveis de Cho, mas simbolicamente chama atenção para o fato de que, onde há uma brecha ou fenda perigosa entre o mundo normal de inclusão e aceitação por seus pares e o comparativamente estranho inferno do desajuste, podemos esperar que o último reaja contra o primeiro quando estiver rolando uma Onda Saturno/Netuno. Cho declarou em seu vídeo sobre as mortes: "Vocês me encurralaram e me deixaram uma única opção. A decisão foi de vocês. Agora vocês têm um sangue nas mãos que nunca sairá".

Descartar isso e o resto de suas "declamações", dizendo que foi errado transmiti-las, é perder de vista o que este evento Saturno/Netuno está nos comunicando. A Onda está dizendo – gritando – que não podemos nos dar ao luxo de ser complacentes porque residimos dentro dos confins da conformidade e normalidade de Saturno. A "represa" saturnina não pode conter a "água" netuniana por mais tempo. E, assim, a "mensagem numa garrafa" que esta Onda Saturno/Netuno está carregando é a seguinte: temos de deixar passar um pouco dessa água – temos de identificar, reconhecer, aceitar e compreender os Chos deste mundo, porque quando eles quiserem revidar sentimentos de exclusão não vão seguir qualquer regra. Regras fazem parte do próprio domínio que estão atacando. E são regras concebidas para manter a "nós" dentro e os iguais a "ele" fora. Os "iguais a ele" se parecem com as calotas de gelo derretendo, que são a outra expressão mais óbvia desta Onda que-dissolve-fronteiras. O gelo não precisa ser detido ou contido; a água precisa – ou melhor, ela deve ser de alguma forma canalizada de forma útil ou inofensiva numa determinada direção.

Assassinos São com Frequência Crianças Mortalmente Feridas

O mapa de nascimento individual de Cho revela alguém com uma mentalidade melindrosa e propensa à fantasia. Mas também mostra alguém com uma diferença para resolver e um impulso inflexível de alcançar o poder e usá-lo contra o que essa mentalidade vê como um elemento capaz de ofendê-la. Num mundo onde uma pessoa como ele fosse aceita, tal mente e tal impulso poderiam ter sido direcionados para finalidades criativas e saudáveis. Em outras palavras, Cho tinha o potencial de uma mente sensível e uma vontade vigorosa, mas isso foi transformado por sua realidade numa mente paranoica e em vontade de vingança. Pode-se dizer que uma das causas do terrorismo e da criminalidade em geral é esse tipo de exclusão ou a falta de "respeito" por um certo tipo de personalidade: muitos terroristas e assaltantes estão retaliando um sistema ou sociedade da qual não lhes permitem fazer parte, que representa tudo o que eles querem, mas que não lhes é permitido ter – agem assim sob o pretexto de ganhar *status* no grupo ao qual se associaram, pertença ele a uma cultura religiosa ou a uma cultura de drogas/álcool.

Inclusão ou Ilusão

O Humor da Época, que é criado por um acontecimento como o massacre da Virginia Tech, pode dar origem a um despertar para o que está errado com nosso mundo e a uma vontade de fazer algo a respeito, individual ou coletivamente – começando por uma simples mudança crítica em nossa atitude. Tal atitude poderia ser resumida pela nossa expressão-chave de Saturno/Netuno: "Aceitação com Limitações e de Limitações".

Outro fator contribuinte, no entanto, é revelado por uma Onda Saturno/Netuno. É o mundo glamoroso, escapista e dominado pela fantasia da propaganda, do filme ou do fervor religioso (todos expressões negativas do arquétipo netuniano) chocando-se contra o muro de tijolos da realidade proporcionado por Saturno. Em outras palavras, a enganosa influência dessas expressões negativas netunianas sobre mentes impressionáveis alcança um ponto crítico. O que é preciso, portanto, é a prática e a instalação de expressões netunianas positivas, como espiritualidade generosa e compassiva, prece e meditação, uso criativo da imaginação e a aceitação do que é diferente como sendo antes enriquecedor que ameaçador.

Para resumir, o Humor desta Época é, do ponto de vista pragmático, exclusivista e "promotor da ordem" de Saturno, um espírito de **incerteza** – que no caso da presente Onda é muito adequado, considerando-se que essa Onda é o prólogo da grande Onda-Mãe Urano/Plutão de mudança profunda 2007-20. Salta à mente a imagem de uma sentinela num inadequado quebra-mar, observando um tsunami que se aproxima. Do ponto de vista diametralmente oposto de Netuno, integralmente inclusivo e metafísico, o Humor desta Época é o da **certeza** – de que aquilo que precisa ser purificado ou revelado haverá de sê-lo e de que uma compreensão e aceitação espirituais de toda a vida como sagrada, igualmente valiosa, **sutil e profundamente interconectada**, é o único caminho para o futuro.

A Escolha é Nossa – Um Surfe Tranquilo

O quadro que vem a seguir nos mostra Respostas Positivas à Onda-Mãe Urano/Plutão que coletivamente criam Efeitos Positivos. As Respostas Negativas precisam ser evitadas para impedir os Efeitos Negativos coletivos. Observe as características opostas das Negativas e Positivas e relacione Efeitos Negativos ou Positivos às Respostas que os criaram.

2004-2008 e 2014-2017
O Efeito Coletivo das Grandes Tempestades Saturno/Netuno
A Escolha é Nossa

Resposta Negativa	Resposta Positiva
Negar qualquer responsabilidade por tudo e todos que estão interconectados; pensar que uma pequena poluição aqui e ali não importará. Incapacidade de ver a importância do detalhe.	Consciência nascente de que o "Efeito Borboleta" é um aspecto profundo de nossa realidade – por exemplo, como afetamos o clima {<166} – e de como os "nativos" estão sintonizados com o ambiente.
Sentir-se impotente e inútil como indivíduo diante dos problemas aparentemente insuperáveis do mundo e assim entregar a alma a Deus.	Reconhecimento de que a vida de uma pessoa – sua qualidade e como ela é vivida – tem um efeito direto ou indireto sobre o todo. O oceano é formado de gotas individuais.
Apatia e incerteza, inércia e cansaço de viver diante do que parece o desmoralizante fim de um sonho. Nada combina.	Ver a desilusão e a decepção como um desafio para distinguir o falso do verdadeiro e então seguir em frente promovendo essa verdade.
Postura de que aqueles que têm crenças diferentes das nossas devem ser convertidos ou destruídos.	Consciência crescente da "divindade comum" e de como ela realmente ajuda todos nós a vivermos juntos, a encontrar um caminho.

OBRIGAÇÃO SOCIAL

Guerras santas travadas por aqueles que não conseguem ver que "viver e deixar viver" é o melhor credo básico da humanidade.	Promoção de uma "crença mundial", que é simplesmente um profundo senso de humanidade, e movimento na direção dela.
Ignorar os próprios sonhos e continuar a ser mal orientado e manipulado pela máquina de propaganda consumista /pós-moderna.	Uma noção mais firme do que e de quem realmente tem valor num mundo cheio de baixaria e piração. Encontrar um equilíbrio entre ser prático e espiritual.
Um prognóstico satisfatório da deterioração das condições globais acompanhando a expectativa de que isso é inevitável. O epitáfio da ignorância.	Indivíduos se tornando verdadeiros "cidadãos do planeta Terra" e o efeito exponencial que isto tem sobre o bem-estar geral. Energia e mais energia.
Condições ambientais pioram em proporção direta à nossa ignorância do que as cria de modo tanto óbvio quanto indireto. As represas se rompem como um símbolo adequado de nossa danação.	Consciência crescente de nosso impacto sobre o ambiente leva a oportunas medidas corretivas, incluindo o uso de práticas sutis ou espirituais.
Efeito Negativo	Resposta Positiva

Um Vento Favorável Saturno/Netuno dezembro 2010 – novembro 2013

Que Tempo é Este?

Um Tempo de Visão Prática

Energias em Jogo Quando Surfamos Esta Onda

A combinação harmoniosa da energia positiva e essencial e do caráter de Saturno – o de **território e estabilidade**, que está **instituindo e/ou ordenando** – com a energia essencial e o caráter de Netuno – o da **emoção de massa e espiritualidade**, que está **unindo e/ou aceitando** – oferece a oportunidade de obtermos o melhor desses dois mundos. Isso significa que somos capazes de reunir o que e quem for necessário para trazer unidade de um modo prático e organizado, para levar ordem onde há confusão, para acomodar oficialmente nossas esperanças mais elevadas e sentimentos mais puros, levando ajuda material aonde ela for necessária. Ao mesmo tempo, estamos cientes das situações onde essas coisas não são viáveis.

Existe, assim, a forte possibilidade de maior estabilidade social, econômica e política, juntamente com uma compreensão e aceitação mútuas de nossas diferenças. É inteiramente provável que venham a aparecer líderes que tenham um senso mais espiritual daquilo que seus papéis exigem, propiciando uma visão planejadora, voltada para o futuro, baseada e inspirada em ideais e aspirações que, até agora, têm sido considerados extravagantes ou suspeitos. Mas isso não é desvario, é uma tentativa muito real de realizar uma verdadeira *civil*-ização.

O Fim do Calendário Maia

Tal "evento", que exploramos no apêndice 4, coincide com esse Vento Favorável. É tentador acreditar que alguma coisa verdadeiramente maravilhosa e vinda de fora deste mundo ocorrerá, como está profetizado, dando forma (Saturno) ao milagroso (Netuno).

Astroquântica

Em sincronia com o que foi dito acima, o estado físico do planeta mostra sinais de melhoria ou pelo menos de estabilização. O grau em que tem sido estabelecida harmonia e entendimento entre os diferentes povos da Terra determina como o ambiente está se comportando. Em termos convencionais, isto poderia ser visto, por exemplo, como maior compreensão mútua, trazendo uma possibilidade maior de superar qualquer ameaça.

Aproveitando ao Máximo Este Vento Favorável

Qualquer projeto ou atividade que precise tanto de organização quanto de visão, e que seja ao mesmo tempo prático e inspirador (tudo, desde fazer um filme até reunir diferentes raças no espírito da humanidade, desde criar um manifesto para uma sociedade melhor até resolver problemas ambientais), tem agora um papel muito importante. Não apenas cada pequeno esforço conta, mas é agora *visto* contar.

Num nível pessoal, consulte e use as posições das Casas de Saturno e Netuno, como descrito abaixo, na página 187. Com um Vento Favorável você pode esperar a mais favorável dessas interpretações e ver como as influências de ambos servem e suportam umas às outras. Além disso, você pode usar a Meditação Saturno/Netuno ou a Prece da página 195 para maior efeito e com maior descontração.

A História em Curso

⇉ Ondas se Fundindo & ↯ Reforços de Júpiter

Além da Onda-Mãe Urano-Plutão, que foi levada em conta nas interpretações de todas as Ondas Saturno/Netuno abordadas neste capítulo, existem também outras Ondas Planetárias *se fundindo* com elas e afetando-as à medida que o tempo passa. Assim como estas Ondas se Fundindo, há Ondas Planetárias envolvendo Júpiter que entram no quadro Saturno/Netuno e Júpiter de certo modo *reforça* o que quer que esteja acontecendo, ampliando as coisas para que não possamos deixar de reparar nos problemas ou tirar vantagem das oportunidades! Como pode ser visto no Gráfico do Clima da Onda Planetária na página 27, as Ondas de Júpiter existem por si mesmas e são responsáveis por Tempestades Menores e Brisas Favoráveis, mas não são abordadas neste livro por razões de tempo e espaço! Juntamente com as Ondas se Fundindo, elas intensificam ou modificam os efeitos das duas Grandes Tempestades Saturno/Netuno e do Vento Favorável, quando estes estão acontecendo ao mesmo tempo e estão envolvidos com Saturno ou Netuno.

As Crônicas da Onda Planetária

Tomadas em conjunto, estas Ondas se Fundindo ⇉ e Reforços de Júpiter ↯ como que dramatizam e dão o ritmo do curso total das Ondas Saturno/Netuno, mais ou menos como faria um narrador, ao contar suas histórias.

Durante a Grande Tempestade Saturno/Netuno nov. 2004 a ago. 2008

⇉ **Vento Favorável Saturno/Plutão – ago. 2006 a ago. 2008 {<128}**

Se não fosse esta influência muito vigorosamente construtiva, os efeitos negativos da simultânea Grande Tempestade Saturno/Netuno seriam muito mais prejudiciais, especialmente nas áreas que têm relação com o uso e aplicação de meios que dizem respeito à ruptura ambiental, como, por exemplo, inundações, um efeito físico comum de Saturno/Netuno. Este Vento Favorável nos habilita a avançar na mesma direção, a reconhecer nossas energias combinadas através de preocupações compartilhadas e, assim, a reconstruir e regenerar onde for necessário – o que pode ser uma área muito considerável! Talvez, no entanto, isso demore algum tempo para começar a andar, com 2008 vendo avanços muito necessários em rapidez e eficiência para lidar com o que nos estiver atacando.

Brisa Favorável Júpiter/Saturno – fev. 2007 a jan. 2009 – *Controle Benevolente*

A combinação desse Reforço com o Vento Favorável acima é realmente importante pois, além de nos fazer enxergar os sinais dos tempos, ajuda-nos a reagir com algum grau de atitude positiva, consciência e visão prática – e cada vez mais durante 2008/2009. Acordos entre várias facções e nações são um forte aspecto disso, assim como o acordo de paz feito com a Irlanda do Norte, em maio de 2007, e a libertação rápida de fuzileiros navais e marinheiros britânicos feitos prisioneiros pelo Irã em abril desse ano. Acontecimentos que parecem realmente ter tido um sentido imperioso, considerando-se a próxima Onda se fundindo.

Grande Tempestade Saturno/Urano – set. 2007 a jul. 2012 {>196}

Esta Onda pega o último ano da Grande Tempestade Saturno/Netuno de 2004/2008. Marca uma época em que os efeitos da Onda-Mãe Urano/Plutão realmente começam a se fazer sentir, exacerbando a ruptura que têm o potencial de criar. Junte isso a Saturno/Netuno e 2008 poderia apresentar eventos que não nos deixariam dúvida de que temos alguma coisa avançando, algo que é maior e mais premente do que tínhamos previsto – especialmente onde aquecimento global e economia estão envolvidos.

Tempestade Menor Júpiter/Netuno – fev. 2009 a mar. 2010 – *Visão Espiritual/Terra Prometida*

Este Reforço não chega realmente a ocorrer durante a Grande Tempestade Saturno/Netuno de 2004/2008, mas segue suficientemente próximo de seus calcanhares para prolongá-la, para lhe colocar um ferrão na cauda, por assim dizer. Bem, não tanto um ferrão, antes uma ressaca de entorpecimento e confusão criada pela própria Grande Tempestade!

Durante o Vento Favorável Saturno/Netuno dez. 2010 a nov. 2013

Grande Tempestade Saturno/Urano – set. 2007 a jul. 2012 {>196}

Muito depende de como manejamos os primeiros três anos desta Grande Tempestade antes que soprasse o Vento Favorável Saturno/Netuno de 2010/2012. Se aplicamos controle onde houve abuso demais e demos liberdade onde tinha havido restrição demais – uma resposta positiva a qualquer Onda Saturno/Urano –, o Vento Favorável pode nos "recompensar" com consolo, alívio, folga. Se, contudo, Saturno/Urano apenas nos levou a fazer uma emenda pior que o soneto, o Vento Favorável cuidará para que nosso trabalho seja interrompido ou desfeito, exercendo verdadeira compaixão onde ela se fizer mais urgente.

Grande Tempestade Saturno/Plutão – nov. 2008 a ago. 2011 {<133}

Esse parece ser um caso da visão prática muito necessária do Vento Favorável Saturno/Netuno trazendo ajuda, recuperação e reconciliação, depois dos conflitos internacionais que são, se a história passada pode nos mostrar alguma coisa, a expressão habitualmente triste que damos às Grandes Tempestades Saturno/Plutão. Esta Grande Tempestade, ou antes o lado territorial e ganancioso da natureza humana, faz o que pode para frustrar os esforços de promover paz e comportamento sadio diante das ameaças universais da própria Natureza – ameaças que são apenas um reflexo de nosso egocentrismo tolo e infantil.

Tempestade Menor Júpiter/Saturno – mar. 2010 a mar. 2012 –
Crescimento versus *Ordem*

Tempestade Menor Júpiter/Netuno – maio a ago. 2012 –
Visão Espiritual/Terra Prometida 2

Devíamos realmente nos preparar para estes dois Reforços que ocorrem um depois do outro, pois exigem muito da visão prática concedida pelo Vento Favorável Saturno/Netuno. Esses desafios tomam a forma de conflitos entre facções tipicamente opostas como pombas e falcões, radicais e conservadores, religioso e secular, etc., produzindo uma atmosfera pesada no que já é suficientemente tempestuoso. A insensatez humana, especialmente da variedade política, moralmente hipócrita, empina a cabeça mais que o habitual. Enxergar acima e além daquilo em que insiste essa visão estreita é o único meio de avançar.

Brisa Favorável Júpiter/Saturno – jun. 2013 a jun. 2014 –
Controle Benevolente 2

Brisa Favorável Júpiter/Netuno – jun. a ago. 2013 –
Crescimento Espiritual
Deus seja louvado! Alguma coisa – de alguns bons homens e mulheres a auxílio do céu – parece agora ajudar a salvar o barco, fornecendo um plano e direção justamente quando eles são necessários. Estes Reforços ocorrem no fim de um período extremamente difícil e no perigoso pico da própria Onda-Mãe Urano/Plutão 2013/2014.

Durante a Grande Tempestade Saturno/Netuno nov. 2014 a set. 2017

Tempestade Menor Júpiter/Saturno – jun. 2015 a jul. 2016 –
Crescimento versus *Ordem 2*

Tempestade Menor Júpiter/Netuno – jul. 2015 a ago. 2016 –
Visão Espiritual/Terra Prometida 3
Isto é perigoso! Facções religiosas constituem a maior ameaça quando encarnam aquele elemento de humanidade que é supercompensado por outro elemento que não é suficientemente religioso {<48 A Morte e Renascimento de Deus}. Este período assinala um pico dessas oposições e fricções e como tal precisa ser contrabalançado por um esforço extra para controlar impulsos hipócritas, procurar áreas de interesse comum e chegar a acordos através delas. Fracassando isso, um período tão espinhoso pode perfeitamente assumir a forma de desastres naturais, além da colisão dessas facções opostas. Contudo, há também esperança no horizonte.

Vento Favorável Saturno/Urano nov. 2015 a dez. 2018 {>180}
Aqui está a cavalaria que vem socorrer! Que forma ela toma ao encontrar o potencial de criação de caos desta Grande Tempestade Saturno/Netuno – ocorrendo em seguida ao pico da Onda-Mãe Urano/Plutão e instigada pelos Reforços acima – é coisa que não podemos prever. Assim como não podemos prever se a cavalaria chegará ou não um pouco tarde demais. Presumindo que não, a inovação tecnológica, um esforço grupal excepcionalmente articulado ou talvez algo inteiramente inesperado possa nos ajudar no que promete ser uma hora de necessidade realmente muito delicada.

Brisa Favorável Júpiter/Netuno – out. 2017 a out. 2018 –
Crescimento Espiritual 2
Tempestade Menor Júpiter/Netuno – nov. 2018 a nov. 2019 –
Visão Espiritual/Terra Prometida 4

Estes dois Reforços netunianos de Júpiter não caem tecnicamente dentro do alcance da Grande Tempestade Saturno/Netuno de 2014/2017, mas estão suficientemente perto para proporcionar a seu final uma complicada orquestração. Esta sequência final pode nos deixar com um sentimento de esperança (proporcionado pela Brisa Favorável) que nos faça baixar a guarda para logo descobrirmos que alguma coisa, sombria e sinistra, está a postos para levar vantagem. É o "lobo", representado pela Grande Tempestade Saturno/Plutão de 2018/2022 {<134}, vestido com a "pele de cordeiro" da Tempestade Menor Júpiter/Netuno de 2018/2019 nos instigando, é claro, a confiar em promessas que só são cumpridas quando existem certos valores espirituais muito reais e consciência receptiva. Muito depende, então, do que transpirou e foi aprendido durante os anos precedentes da Onda-Mãe Urano/Plutão!

Efeito Pessoal

É desse modo que as Ondas Saturno/Netuno podem afetá-lo como indivíduo e serem surfadas com êxito por você durante toda a sua duração.

Surfando com Saturno e Netuno Através das Casas

Esses efeitos estão baseados nas duas Casas de seu mapa através das quais Saturno e Netuno estão passando ou "transitando" enquanto a Onda-Mãe Urano/Plutão está ativa, porém mais significativamente durante os períodos em que as Ondas Saturno/Netuno estão ativas. Como se trata de uma necessidade de Ordem, Disciplina e Esforço onde Saturno está envolvido, e de Refinamento, Entrega e Sintonia com o Espiritual onde Netuno está envolvido, conhecer estas posições o ajudará a administrar, de um modo apropriado, as energias de cada planeta específico, capacitando-o a encontrar o equilíbrio certo e a surfar com sucesso!

Há duas maneiras de usar esta ajuda:

1. **Pronto para Vestir**. É usar as posições de Saturno e Netuno de acordo com o que é conhecido como seu Signo de Nascimento, Signo Solar ou Signo Astral. Examine em que Casas Solares Saturno e Netuno estão transitando enquanto a Onda-Mãe Urano/Plutão está ativa. Usando então o **Guia de Trânsito da Casa Planetária** (começando na página 265), vá primeiro para **Saturno: Tabela de Conversão da Casa** na página 273. Em seguida, procure o período de tempo em que você está interessado, depois olhe ao longo da fileira de casas até chegar à coluna de seu **Signo de Nascimento**. Aí você verá o número da Casa sendo transitada por Saturno – 1ª, 2ª, 3ª, etc. – e logo abaixo o número da página onde você pode ler a descrição de possíveis situa-

ções e ações que pode empreender. Logo depois, faça a mesma coisa com Netuno – isto é, vá para **Netuno: Tabela de Conversão da Casa** na página 287 e use a tabela do mesmo modo que usou a de Saturno. Agora você pode ter uma noção de como as posições dos dois planetas se comparam. Tudo isso pode ser muito útil e preciso, mas lembre que está apenas baseado em seu Signo Solar.

2. **Feito sob Medida.** É usar as posições de Saturno e Netuno de acordo com seu mapa individual de nascimento, que teria de ser calculado corretamente, a partir de uma hora de nascimento efetivamente precisa. Assim, se você de fato conhece sua hora de nascimento e tem um mapa de nascimento elaborado com precisão, qualquer um com um conhecimento básico de um mapa será capaz de lhe dizer que Casas em seu mapa pessoal estão ocupadas por Saturno e Netuno, em qualquer momento dado, entre 2007 e 2020, mas especialmente, não esqueça, quando uma Onda Saturno/Netuno está ativa. Então basta encontrar e consultar os registros para essas Casas no **Guia de Trânsito da Casa Planetária** (página 265). Por exemplo, se seu astrólogo ou seus próprios cálculos astrológicos disseram a você que Saturno estava transitando pela sua Décima Casa e Netuno estava transitando pela sua Quarta Casa, você encontraria estas interpretações nas páginas indicadas no Guia de Trânsito da Casa Planetária usando o **Índice** da primeira página. Assim, para nosso exemplo, o Índice o remeteria à página 279 para Saturno transitando pela Décima Casa, e à página 290 para Netuno transitando pela Quarta Casa.
Observação: *não* use a Tabela de Conversão quando está usando Feito sob Medida.

Efeito da Onda Saturno/Netuno Sobre os Relacionamentos

Checagens da Realidade e Ilusões do Amor

Enquanto Saturno reclama que "sejamos autênticos" com relação a nossos relacionamentos e atividades sociais em geral, Netuno nos induz a idealizá-los ou a procurar alguma espécie de gratificação emocional. Assim, por um lado, quando colocamos um parceiro num pedestal ou simplesmente fazemos vista grossa para suas falhas em nome do "amor", torna-se cada vez mais óbvio que preparamos o terreno para que ele não nos dê a devida consideração, nos decepcione ou faça ambas as coisas. Por outro lado, se foi nosso parceiro que nos fez desfrutar desse tipo de indulgência inspirada-pela-ilusão, não devemos nos espantar se ele subitamente nos colocar diante da realidade e nos fizer despencar do pedestal. Isto também pode assumir a forma de os parceiros acabarem se mostrando qualquer coisa, menos indulgentes, ao afastar de nós sua atenção e afeto. Eles podem inclusive simplesmente partir com uma exclamação: "Eu não aguento mais!"

Mas como sempre acontece com a "terra" de Saturno e a "água" de Netuno, vamos ter provavelmente aqui uma área barrenta. Acontece quando aquele que tem a queixa, o "queixoso", está dominado por um medo de perder seus parceiros ou de ficar exposto a uma atitude evasiva ou possivelmente a uma reação violenta por parte deles se der o aviso final. Uma saída é usar a resistência passiva, procurando manter uma atitude emocionalmente isenta acompanhada de civilidade diplomática. Deste modo, o "réu" pode acabar entendendo o recado.

Se por acaso o "réu" é você, e se você realmente preza seu parceiro "queixoso" e se preocupa com ele, então está na hora de compreender que um relacionamento saudável depende inteiramente de equilíbrio, igualdade e capacidade de compartilhar. Se um relacionamento só consegue funcionar de um lado, é só uma questão de tempo para que comece a tombar e afunde. E é o que certamente vai acontecer durante uma Grande Tempestade Saturno/Netuno! Uma área sem dúvida particularmente barrenta é aquela onde o réu e o queixoso se veem ambos culpados de alguma transgressão. Em geral, isso pode ocorrer quando o queixoso projeta uma falta de mérito próprio e sentimentos de não ser estimado sobre sua cara-metade, esperando um retorno maior do que ela é capaz de dar.

A grande, mas incômoda verdade que uma Onda Saturno/Netuno transporta é que os dois têm de olhar para seus pontos cegos – pois estas ilusões românticas ou projeções psicológicas são o que mais provavelmente têm culpa no cartório.

Se você está sozinho e querendo um relacionamento, as mesmas regras se aplicam: se está esperando demais ou cedendo demais, qualquer relacionamento será unilateral, estará condenado ao fracasso ou simplesmente jamais se concretizará.

Saturno e Netuno evocam diretamente a necessidade de aplicar a mais antiga de todas as regras no que diz respeito a um relacionamento: criar e manter um equilíbrio de dar e receber – e se comunicar!

A Escolha é Nossa – Um Surfe Tranquilo

O quadro da página seguinte nos mostra Respostas Positivas às Ondas Saturno/Netuno que criam Efeitos Positivos para você individualmente e, em última instância, para todos. As Respostas Negativas precisam ser evitadas para afastar os Efeitos Negativos de sua vida. Observe as características opostas das Negativas e Positivas e relacione Efeitos Negativos ou Positivos às Respostas que os criaram.

2004-2008 e 2014-2017
O Efeito Pessoal das Grandes Tempestades Saturno/Netuno
A Escolha é Nossa

Resposta Negativa	Resposta Positiva
Confrontado com opções difíceis, você sente que tem de se voltar decididamente para um lado ou para outro. Mas não se trata de um problema de isto ou aquilo, mas de julgamento e equilíbrio.	Confrontado com opções como deus ou ciência, solidariedade ou objetividade, ser decidido ou não esquentar a cabeça, você percebe que precisa ser encontrado um equilíbrio entre cada um desses polos.
Usar mal a imaginação apenas para ganhar um número cada vez maior de coisas materiais, ser inclinado para a fantasia ou esperar o pior e acabar por consegui-lo.	Compreender que meditação, imaginação e visualização são os melhores meios de descobrir o que você precisa e de torná-lo manifesto.
Estresse e irritação causados pelo empenho em conseguir o que você achou que queria em vez de descobrir do que realmente precisava.	Ver sua opção como sendo simplesmente "preocupar-se ou rezar". E assim você reza pelo que certamente lhe trará paz e segurança.
Heróis e celebridades decadentes fazem você se sentir desanimado, sem ver esperança ou sentido nas coisas.	Acontecimentos desanimadores são vistos como lições para você ser fiel a si mesmo. Você se vê como seu próprio astro.

IDEALISMO PRÁTICO

Falsos deuses sempre vão desapontá-lo. Seu único herói de verdade no fundo é você!	Transformações de vida inesperadamente positivas acontecem como num passe de mágica. Tudo está bem quando termina bem.
O que você temia cai sobre sua cabeça. Só agora você reflete sobre como a pessoa deve ser cuidadosa com relação ao que deseja.	Uma vida simples, mas gratificante. Ficar e se sentir mais em sintonia com o espírito traz felicidade e contentamento.
Desilusão, porque o que você mais anseia jamais é atingido ou, quando é, lhe parece fútil e decepcionante. Ou: o que você temia cai sobre sua cabeça.	Substanciais e sutis melhorias na qualidade de sua vida e daqueles ao seu redor.
Cair entre dois bancos quando você faz as opções erradas. Ficar com o pior de dois mundos quando se espera que encontre um meio de tirar o melhor dos dois.	Sendo capaz de separar o real do irreal, a visão material do castelo no ar, equilibrando e articulando extremos difíceis, você faz os sonhos se tornarem realidade e surge como um exemplo para os outros.
Resposta Negativa	**Resposta Positiva**

O Equilíbrio de Poder Saturno/Netuno

As páginas seguintes proporcionam dois esplêndidos meios básicos de viajar pelas Grandes Tempestades Saturno/Netuno. Para conhecer uma maneira simples de surfar estas Ondas Planetárias e acompanhá-las até onde elas querem ir (como mostrado em "O Espírito desta Época"), contornando ao mesmo tempo o Demônio desta Época, use a tabela de Equilíbrio de Poder Saturno/Netuno das próximas duas páginas.

Na primeira página, você verá na coluna da esquerda diferentes sintomas que talvez esteja experimentando se estiver se inclinando demais na direção de Saturno, isto é, dando ênfase excessiva à cautela, à convenção, ao conhecido, à atitude defensiva, ao território, etc. A coluna da direita, por sua vez, sugere diferentes meios de restaurar o equilíbrio com remédios netunianos, que implicam principalmente em entrar em contato com qualidades mais espirituais, metafísicas, brandas e arejadas, passando a utilizá-las.

Na segunda página, a coluna da esquerda relaciona os sintomas resultantes de exceder-se com Netuno – escapismo, fantasia, complexo de vítima, atitude messiânica, etc. – e a coluna da direita sugere remédios saturninos que encorajam uma abordagem mais pragmática, realista e disciplinada.

Como regra, cada item numerado é equilibrado pelo item numerado equivalente na coluna da direita, mas nem sempre há cruzamentos.

O segundo meio básico de viajar pelas Grandes Tempestades Saturno/Netuno é a meditação da página 195.

O Equilíbrio de Poder Saturno/Netuno

Saturno de Mais e Netuno de Menos

Se for este o caso, você pode estar experimentando alguns dos seguintes sintomas:

1. Sentir-se sem energia e/ou deprimido.
2. Sentir-se intimidado pela vida, o mundo e os outros. Uma sensação de desesperança. Sentir-se apático, inútil, sem motivação.
3. Temor. Preocupação e ansiedade, com relação especialmente a necessidades materiais ou a medos físicos.
4. Trabalhar muito/demais sem conseguir nada. Tentar encontrar uma solução lógica para tudo e, ao fazê-lo, só encontrar mais problemas.
5. Estar preocupado com *status*, em ser "útil", querendo/precisando de recompensas ou objetos materiais, sendo um escravo do comercialismo e do consumismo.
6. Sentir-se culpado, cheio de problemas de consciência.
7. Tentar controlar demais as coisas ou os outros, dando origem a um aumento de estresse e a problemas de saúde.
8. Transtornos de saúde que não respondem à medicação convencional, que não se beneficiam com ela.

Remédios Netunianos

Adote um ou mais destes remédios para contrabalançar e aliviar os sintomas de "Saturno de mais".

1. Pratique hatha yoga, tai chi ou alguma atividade que interaja com forças da Natureza, como nadar, surfar, voar num parapente, caminhar, etc.
2. Procure inspiração na arte, na música, no misticismo e na Natureza – especialmente o mar e massas de água.
3. Investigue os Anjos da Guarda; procure saber mais sobre os anjos em geral e como eles podem figurar em sua vida. Visualize o que você precisa e/ou reze por isso.
4. Medite, sintonize sua Voz Interior. Registre e dê atenção aos seus sonhos. Entenda a importância da divindade e da espiritualidade em sua vida. "A vida é um mistério a ser experimentado, não um problema a ser resolvido." (Einstein)
5. Tente a pintura e/ou a escrita automática. Veja o que passa por você sem essa subordinação a uma agenda que o obriga à utilidade prática e ao que é materialmente lucrativo. Use a imaginação, procure se expressar criativamente ou de modo radical. Veja então o que acontece!
6. Dê um tempo. Afaste a mania de se sentir culpado quando não está fazendo nada. Tome um bom banho quente. Relaxe e curta um bom filme.
7. Aceite as coisas como elas são sem tentar "endireitá-las" – vá com a corrente. Dê a si mesmo permissão de agir conforme seus sentimentos, sem qualquer julgamento, e os sentimentos se transformarão.
8. Visualize uma aura sadia para protegê-lo de qualquer tipo de invasão. Visualize como saudável qualquer parte doente do corpo.

Observação: É inteiramente possível experimentar, ao mesmo tempo, Saturno de mais e Netuno de mais.

O Equilíbrio de Poder Saturno/Netuno

Netuno de Mais e Saturno de Menos

Se for este o caso, você pode estar experimentando alguns dos seguintes sintomas:

1. Sentir-se deslocado, saído de uma toca, fora de contato com a realidade.
2. Ceder às fraquezas e aos vícios. Sentir-se incapaz e frustrado por querer coisas que, em termos realistas ou seguros, você não pode ter.
3. Desistir com muita facilidade porque seus objetivos se mostram mais difíceis de atingir do que você imaginava. Ter ilusões, sentir-se enganado ou cultivar um espírito negativo.
4. Ser inclinado demais à fantasia e/ou à paranoia. Ter reações exageradas, ser ultrassensível.
5. Sentir-se desmotivado para dar conta de necessidades maçantes que, não sendo atendidas, atrairiam problemas maiores. Aborrecimentos com o mundo oficial e autoridades, com a burocracia e as formalidades.
6. Compaixão e fadiga. Procurar cuidar de todos enquanto é negligente consigo mesmo sob o pretexto de ser "altruísta" ou porque você acha que não tem opção.
7. Ser ou se sentir uma vítima. Ser propenso a infecção e alergias ou a se sentir de alguma forma invadido.

Remédios Saturninos

Adote um ou mais destes remédios para contrabalançar e aliviar os sintomas de "Netuno de mais".

1. Pratique atividades terra a terra como jardinagem, cerâmica, escultura, construção, carpintaria, etc., ou qualquer trabalho físico puxado.
2. Consulte alguém em quem confie para colocá-lo em contato com a realidade ou um profissional que possa supri-lo com os fatos e os métodos capazes de permitir que você lide com as coisas que lhe dizem respeito.
3. Encare a realidade, ela vai torná-lo mais forte. Seja adulto. Cultive a "solidez".
4. Limite os sentimentos que o enfraquecem ou o fazem se sentir mal. Se não conseguir, procure, de forma sincera, compensar isso de algum modo. Procure se perdoar, se é a única coisa que você pode fazer.
5. Passe a executar tarefas práticas com a forte motivação de que, uma vez concluídas, elas permitirão que você relaxe, se curta um pouco e faça "coisas melhores".
6. Reconheça que os outros têm a responsabilidade de cuidar de si mesmos e de seus próprios assuntos. As pessoas são frequentemente tão fracas quanto você espera que elas sejam. Pergunte a si mesmo o que o faz pensar que certas pessoas não podem cuidar de si mesmas – como os parentes pobres em sua infância, por exemplo. Não seja mole demais.
7. Determine e demarque suas fronteiras, reconhecendo que seu corpo e seu ser têm um limite próprio que nada nem ninguém pode cruzar sem a sua permissão. Este é seu direito mais fundamental; em nenhuma circunstância o comprometa ou deixe que seja comprometido.

Observação: É inteiramente possível experimentar, ao mesmo tempo, Saturno de mais e Netuno de mais.

Meditação para a Onda Saturno/Netuno

Isto é o mais simples e o melhor: uma Meditação ou Prece para o Espírito desta Época. Sente-se em silêncio com ela e olhe atentamente para os símbolos, sozinho ou com outros, enquanto interiormente ou em voz alta profere a invocação, quantas vezes e pelo tempo que quiser. É especialmente recomendado que você execute este ritual durante os Pontos Focais envolvendo uma Onda Saturno/Netuno (ver página 305).

♄

Meus semelhantes e eu
Vemos através das ilusões do isolamento
Sob as quais temos padecido.
E assim descobrimos
Uma espiritualidade real e prática
Que é inspirada por nossa grande unidade,
E construímos a paz na Terra.

♆

CAPÍTULO 5

Ondas Saturno/Urano 2007-2022

Que Tempos São Estes? Tempos do Velho *versus* o Novo, E do Velho se Misturando ao Novo.

Períodos Ativos	Clima da Onda	Como Surfar
setembro 2007-julho 2012	Grande Tempestade	Páginas 197-227, 230-240
novembro 2015-dezembro 2018	Vento Favorável	Páginas 228-229, 232
janeiro 2020-outubro 2022	Grande Tempestade	Páginas 197-227, 230-240

Grandes Tempestades Saturno/Urano setembro 2007 – julho 2012 janeiro 2020 – outubro 2022

Que Tempos São Estes?
Tempos do Velho *versus* o Novo.

Energias em Jogo Enquanto Surfamos Estas Ondas

As energias de Saturno estão interagindo com as energias de Urano e tudo e todos no planeta Terra estarão sujeitos a essas interações enquanto durar a influência deles, assim como aos efeitos secundários que se seguem a essas Ondas Planetárias. Não esqueça que dois planetas interagindo é mais ou menos como duas pessoas muito diferentes e muito decididas entrando em contato, com o melhor e o pior de cada uma sendo trazido à luz e ampliado. Mas Saturno e Urano fazem o mesmo um ao outro numa escala cósmica e isso afeta a todos nós!

♄ O caráter de Saturno é **Autoridade e Estabilidade** e sua energia está **Reprimindo e/ou Ordenando.**

♅ O caráter de Urano é **Liberdade e Inovação** e sua energia está **Despertando e/ou Confrontando.**

O efeito combinado está portanto...
Reprimindo e/ou Ordenando Liberdade e Inovação.
Despertando e/ou Confrontando Autoridade e Estabilidade.

Revolta ou Reforma, Parada ou Avanço

Como energias, Saturno e Urano são perfeitamente opostos. Saturno representa ordem, limitação e convenção, enquanto Urano é acaso, liberdade e saída do armário. Então, como veremos, eles literalmente entram em colisão durante boa parte do tempo. Isto acontece quando a autoridade na forma do Estado ou órgão dirigente sofre o ataque da minoria, dos "trabalhadores", dos pés de chinelo – ou de quem quer que esteja pressionando pela mudança, por um pacto justo e pelo novo – ou quando os primeiros decidem sufocar ou resistir ao que os últimos estão dispostos a fazer. Consequentemente, revolta, revolução, radicalismo e reforma são a ordem ou, inicialmente, a desordem do dia.

Num nível mais construtivo, e frequentemente como resultado do protesto e agitação dos que anseiam por liberdade e direitos, são aprovadas leis e formadas organizações que as defendem. A sucessão de amostras das Ondas Saturno/Urano descrita abaixo pode muito bem ser vista como o processo mesmo de evolução social e política, porque padrões do velho e as forças do novo se debatem.

Achei!

Outro aspecto positivo é o espírito inventivo e o impulso para desbravar novas áreas. A visão voltada para o futuro de Urano se depara com os problemas e uma cristalizada resistência do velho mundo de Saturno, mas enquanto isso acontece, essa visão ganha forma – com inovações, rupturas de barreiras e descobertas – e frequentemente consegue responder a problemas que anteriormente tinham parecido insolúveis. As respostas, por sua vez, podem equivaler a "pioneirismos" ou recordes em vários campos da atividade humana.

Astroquântica

Quando as colisões entre o velho saturnino e o novo uraniano não são reconhecidas, expressas ou resolvidas – por falta de consciência, apatia ou simplesmente por uma recusa em ter uma atitude humilde e fazer concessões –, as energias irrompem de algum outro modo que parece totalmente desproporcional, desconexo, ou casual e enigmático. Isso acontece quando Saturno/Urano se manifestam como choque, acidente ou algo totalmente inesperado – que pode ocorrer muito simplesmente porque alguém ou alguma coisa está transgredindo algum tipo de regra ou convenção. Algo que tem de se revelar ou se fazer conhecido encontra um meio de fazê-lo que surge como caído do céu ou lembra uma reação exagerada e extrema. "Caído do céu" pode ser encarado no sentido bem literal, porque tais eventos frequentemente têm lugar no céu – por exemplo, envolvem aeronaves –, pois Urano governa tudo o que tenha relação com o céu, da aviação à própria astrologia, incluindo fragmentos espaciais como meteoritos – como aquele meteorito estranho, indutor de doenças, que caiu no Peru em setembro de 2007! Em retrospecto, descobrem-se às vezes que as causas de acidentes se devem à falha de um sinal ou a um erro humano, visto que Urano também governa toda a atividade elétrica, seja num computador ou no cérebro humano.

"Tensões há muito existentes podem irromper como desastres naturais."

Quando essas tensões são há longo tempo suportadas, encontrando pouca ou nenhuma resolução ou expressão, elas se acumulam e podem irromper como os chamados desastres naturais, tipo terremotos. Esse efeito pode ocorrer com qualquer Grande Tempestade, porque todas elas criam tensão por suas próprias razões particulares; por exemplo, as Grandes Tempestades Saturno/Plutão estiveram ativas durante quase todos os maiores terremotos desde 1900 {<94}.

Isso não significa dizer que tais eventos geofísicos se devem apenas a "erro humano", pois obviamente este planeta os vem experimentando desde muito antes dos humanos terem surgido. De fato foi e ainda é desse modo que podemos ver o planeta Terra progredindo e evoluindo. Terremotos, afinal, são o resultado das placas tectônicas pressionando umas às outras ao longo das linhas de falha na superfície do planeta. O importante aqui, no entanto, é que a existência e condição da humanidade têm "contribuído para a encrenca". Nossos humores e atividades afetam o todo, assim como uma pedra atirada num lago provoca ondulações na água que interagem com as já existentes. Estamos falando outra vez de ondas!

Linha do Tempo 2007: Anteriormente e Até Aqui

Seu surfe pela Onda Planetária pode receber uma grande ajuda se você souber o que aconteceu durante Grandes Tempestades Saturno/Urano anteriores.

Se quiser dar uma olhada imediata nas Grandes Tempestades Saturno/Urano que ocorrem durante a Onda-Mãe Urano/Plutão de 2007-2020, vá para a página 208. Isto inclui a Grande Tempestade de 2007-2012, que é responsável por tirar a Onda-Mãe Urano/Plutão de uma largada isolada demais. Depois há a Grande Tempestade que encerra a Onda-Mãe com um estrondo em 2020 e um rolar barulhento até 2022.

Abrimos nossa resenha nos primeiros anos do século XX, concentrando-nos principalmente nos períodos em que as Ondas estão atingindo o pico, pois esta é a parte mais poderosa de uma Onda.

Grande Tempestade Saturno/Urano 1908-1911 (período de pico 1909/1910)

Choques com a autoridade por liberdade e direitos, ou repressão dos mesmos

1º de junho de 1909	Formado Comitê pelos Direitos dos Negros.
22 de agosto de 1909	Violenta greve dos metalúrgicos nos EUA.
26 de outubro de 1909	Assassinado o príncipe Ito, do Japão.
12 de janeiro de 1910	Aprovada a lei Landmark Mann contra a "escravidão branca".
janeiro de 1910	Rebeldes no controle da Nicarágua.

Ações pioneiras, recordes, inovações e descobertas

25 de julho de 1909	Bleriot voa pelo Canal da Mancha.
8 de janeiro de 1910	Novo recorde de altitude estabelecido nos EUA.
27 de fevereiro de 1910	Máquina de raios-X usada pela primeira vez em cirurgia.
27 de agosto de 1910	Primeira demonstração de "filmes falantes", feita por Edison.

Grande Tempestade Saturno/Urano 1917-1921 (período de pico 1918/1920)

Choques com a autoridade por liberdade e direitos, ou repressão dos mesmos

16 de julho de 1918	Família real russa executada. {, 149 Saturno/Netuno} {, 258 Era de Aquário}

novembro de 1918	Revolta, distúrbios e revolução na Alemanha.
30 de julho de 1919	Distúrbios raciais em Chicago.
outubro de 1919	Exército Vermelho conquistando supremacia sobre Exército Branco.
novembro de 1919	Estátua de Hindenburg, símbolo da direita alemã, derrubada.
24 de fevereiro de 1920	Hitler esboça política reacionária.
maio de 1920	Continua a revolução no México com o assassinato do presidente.

Ações pioneiras, recordes, inovações e descobertas

julho 1918	Controle da natalidade discutido abertamente pela primeira vez (também Choques com a autoridade).
30 de novembro de 1918	A nova face da Europa em seguida ao fim da Primeira Guerra Mundial.
14 de fevereiro de 1919	Surgimento da Liga das Nações (também Choques com a autoridade).
novembro de 1919	Primeira mulher no parlamento: Lady Astor (também Choques com a autoridade).
26 de agosto de 1920	Mulheres americanas conquistam direito de voto (também Choques com a autoridade).

Impacto, violência e acidente

Neurose de guerra, trauma, lesões corporais e sequelas da Primeira Guerra Mundial.

Grande Tempestade Saturno/Urano 1928-1933 (período de pico 1929/1932)

Choques com a autoridade por liberdade e direitos, ou repressão dos mesmos

12 de março de 1930	Desafio simbólico feito por Gandhi ao domínio britânico na Índia.
	Abril de 1930 Rebelião na China.
8 de janeiro de 1931	Papa condena liberdades sexuais.
14 de abril de 1931	A Espanha se torna república – o rei foge.
30 de setembro de 1931	Distúrbio de desempregados em Londres.

Ações pioneiras, recordes, inovações e descobertas

18 de fevereiro de 1930 Descoberta de Plutão – chave para as irregularidades de Urano.
agosto de 1930 Conclusão do prédio da Chrysler – a estrutura mais alta do mundo.
7 de agosto de 1930 Mais de 2 milhões de desempregados no Reino Unido.
31 de dezembro de 1930 Mais de 4 milhões de desempregados nos Estados Unidos.
20 de janeiro de 1931 Desemprego na Europa continua alto.
1º de maio de 1931 Empire State Building concluído, tornando-se a mais alta estrutura já construída.
maio de 1931 O mais alto voo de balão tripulado.
22 de julho de 1931 Recorde em voo ao redor do mundo.
4 de setembro de 1931 Recorde em voo costa a costa.

Impacto, violência e acidente

14 de setembro de 1930 Impacto de Hitler nos resultados das eleições.
5 de outubro de 1930 Dirigível R101 explode.

Grande Tempestade Saturno/Urano 1940-1943 (Novo Ciclo, período de pico 1941/1942)

Além das óbvias e inúmeras rupturas do *status quo*, juntamente com os correspondentes choque e horror que caracterizaram o auge da Segunda Guerra Mundial, que incluiu o mais famoso conflito aéreo de todos os tempos – a Batalha da Inglaterra:

Ações pioneiras, recordes, inovações e descobertas

30 de maio de 1942 Reide dos mil bombardeiros em Colônia (também Impacto, violência e acidente).
7 de junho de 1942 Maior batalha naval do mundo.

Impacto, violência e acidente

7 de dezembro de 1941 Ataque japonês a Pearl Harbour. {, 97 Saturno/Plutão}
março de 1942 Pesado bombardeio de cidades alemãs.

Grande Tempestade Saturno/Urano 1950-1954 (período de pico 1951/1953)

Choques com a autoridade por liberdade e direitos, ou repressão dos mesmos

10 de março	Golpe em Cuba: Batista recupera o poder.
outubro de 1952	Ação britânica contra as incursões dos Mau-Mau no Quênia.

Ações pioneiras, recordes, inovações e descobertas

junho de 1952	Primeiro submarino atômico construído.
outubro de 1952	Completada a Unité d'Habitation, de Le Corbusier – um projeto revolucionário de "espaço de fluência livre".
dezembro de 1952	Primeira mudança de sexo a se tornar pública (também Impacto, violência e acidente).
março de 1953	Crick e Watson determinam a forma do DNA.

Impacto, violência e acidente

15 de agosto de 1950	Terremoto (de 8,5M, um dos 13 maiores desde 1900) no Tibete.
8 de outubro de 1952	Tripla colisão de trens em Londres.
4 de novembro de 1952	Terremoto (de 9,0M, um dos 13 maiores desde 1900) em Kamchatka, Rússia. { 150 Saturno/Netuno}

Grande Tempestade Saturno/Urano 1963-1968 (período de pico 1964/1967)

Como pode ser visto pela amostra de eventos, esta Onda foi particularmente poderosa porque se fundiu com a Onda-Mãe Urano/Plutão de 1960-1972, como as duas Grandes Tempestades Saturno/Urano descritas neste capítulo se fundem com a atual Onda-Mãe de 2007-2020!

Choques com a autoridade por liberdade e direitos, ou repressão dos mesmos

25 de fevereiro de 1964	Khan derrubado no Vietnã do Sul.
28 de março de 1964	Martin Luther King lidera marcha de protesto.

10 de fevereiro de 1965	Negros protestam contra segregação nos Estados Unidos.
6 de agosto de 1965	Transformada em lei a Carta de Direitos de Voto nos Estados Unidos.
15 de agosto de 1965	Distúrbios raciais em Watts, Los Angeles.
11 de novembro de 1965	A Rodésia declara sua independência da Grã-Bretanha.
25 de novembro de 1965	Mobutu toma o poder no Congo.
novembro de 1965	Dois americanos incendeiam a si mesmos em protesto contra a Guerra do Vietnã.
14 de janeiro de 1966	Multidões protestam nos Estados Unidos contra o afastamento de um deputado negro.
abril de 1966	O presidente Mao lança a "revolução cultural" na China.
maio de 1966	Protestos contra a Guerra do Vietnã continuam a crescer.
11 de fevereiro de 1967	O exército chinês mantém a "ordem revolucionária" (Urano/Saturno).

Ações pioneiras, recordes, inovações e descobertas

18 de março de 1964	Cosmonauta soviético é o primeiro homem a sair de uma espaçonave em órbita.
setembro de 1965	Confirmação de que os vikings já tinham descoberto a América desacredita as comemorações do Dia do Descobrimento.*
9 de novembro de 1965	Pior apagão na história dos EUA.
15 de dezembro de 1965	Primeiro encontro no espaço.

Impacto, violência e acidente

13 de outubro de 1963	Terremoto (de 8,6M, um dos 13 maiores desde 1900) nas Ilhas Kuril {e terremotos abaixo ⏲40 Urano/Plutão}.
28 de março de 1964	Terremoto (de 9,2M, um dos 13 maiores desde 1900} no Estreito do Príncipe William, Alasca {e abaixo ⏲98 Saturno/Plutão}.
4 de fevereiro de 1965	Terremoto (de 8,7M, um dos 13 maiores desde 1900) nas Ilhas Rat, Alasca.

* Columbus Day (N. do T.)

17 de janeiro de 1966	EUA perdem bomba-H sobre a Espanha.
27 de janeiro de 1967	Três astronautas mortos em incêndio na Apolo 1.

Grande Tempestade Saturno/Urano 1974-1978 (período de pico 1975/1977)

Choques com a autoridade por liberdade e direitos, ou repressão dos mesmos

5 de dezembro de 1974	Militares reprimem com violência protestos antigovernamentais na Birmânia.
21 de maio de 1975	Grupo terrorista Baader-Meinhof em julgamento.
1º de agosto de 1975	Assinatura do acordo de Helsinque defendendo os direitos humanos, a inviolabilidade de fronteiras, etc.
setembro de 1975	Guerra civil destruindo Beirute.
11 de novembro de 1975	Guerra civil irrompe em Angola, África.
30 de dezembro de 1975	Bomba mata 14 no aeroporto de La Guardia, Nova York.
19 de junho de 1976	O mais violento protesto em 15 anos atinge a África do Sul.
4 de julho de 1976	Israelenses libertam reféns em Entebe, Uganda.
13 de setembro de 1976	"Direito de morrer" torna-se lei na Califórnia.
6 de outubro de 1976	Caos na Tailândia culmina em golpe.
5 de julho de 1977	Bhutto derrubado em golpe no Paquistão.

Ações pioneiras, recordes, inovações e descobertas

19 de julho de 1975	Espaçonaves dos Estados Unidos e da URSS se acoplam no espaço.
outubro de 1976	Primeiro pouso suave em Marte.

Impacto, violência e acidente

27 de julho de 1976	Terremoto mata 255 mil na China, antes da morte de Mao em 18 de setembro.
13 de setembro de 1976	Camada de ozônio sob ameaça – sugeridos controles sobre aerossóis, etc.
28 de março de 1977	Pior desastre aéreo da história mata 574 em Tenerife.
16 de agosto de 1977	Morre Elvis Presley.

Grande Tempestade Saturno/Urano 1985-1990
(Novo Ciclo, período de pico 1987/1988)

Choques com a autoridade por liberdade e direitos, ou repressão dos mesmos

março de 1988	Sandinistas e contras encerram guerra civil na Nicarágua.
16 de maio de 1988	Os russos se retiram do Afeganistão, derrotados pelos mujahedins.
julho de 1988	Guerra Irã-Iraque termina após oito anos.
setembro de 1988	Tropas soviéticas se deslocam para a Armênia para dar fim a distúrbios.
setembro de 1988	Demonstrações pró-democracia contra a junta militar na Birmânia, 3 mil civis mortos.
14 de novembro de 1988	Arafat funda o Estado da Palestina, reconhece Israel e rejeita o terrorismo.
maio de 1990	O governo birmanês realiza eleições livres pela primeira vez em quase trinta anos, mas se recusa a se afastar quando derrotado.

Ações pioneiras, recordes, inovações e descobertas

10 de dezembro de 1987	Estados Unidos e URSS assinam o Tratado de Redução de Armas Nucleares (também Choques com a autoridade).
20 de abril de 1988	Exibição oficial de bombardeiro secreto.
23 de abril de 1988	Aeronave movida a pedal, o Dédalo, voa 120 quilômetros na Grécia.
7 de dezembro de 1988	Os Estados Unidos ajudam os russos pela primeira vez desde a Segunda Guerra Mundial no terremoto da Armênia (ver Impacto, violência e acidente).
18 de dezembro de 1988	EUA e OLP se encontram pela primeira vez (também Choques com a autoridade).
dezembro de 1988	Incêndios no Parque Yellowstone, os piores deste século (também Impacto, violência e acidente).

Impacto, violência e acidente

26 de abril de 1986	Explode o reator nuclear de Chernobyl (também Ações pioneiras).
6 de março de 1988	Britânicos disparam contra trio do IRA em Gibraltar (também Choques com a autoridade).
8 de julho de 1988	Embarcação americana abate jato de passageiros iraniano, matando 290.
28 de agosto de 1988	Três jatos colidem em show aéreo na Alemanha, matando 46.
setembro de 1988	Gilbert, o furacão mais forte deste século, atinge o Caribe (também Ações pioneiras).
7 de dezembro de 1988	Forte terremoto atinge a Armênia.
22 de dezembro de 1988	Acidente aéreo em Lockerbie mata 259.
4 de janeiro de 1989	Jatos americanos abatem dois jatos líbios.

Grande Tempestade Saturno/Urano 1998-2001 (período de pico 1999/2000)

Ocorreu violência e insurreição do início ao fim deste período, especialmente no caso do conflito nos Bálcãs, mas aqui é dada apenas uma amostra pequena, ainda que cruel, do que aconteceu enquanto uma Onda Saturno/Netuno {<152} se fundia com a de cima, alcançava o pico e simultaneamente se ajustava a um padrão na primavera de 1999.

Choques com a autoridade por liberdade e direitos, ou repressão dos mesmos

março/abril de 1999	Sérvios matam ou expulsam albaneses de Kosovo. Aviões da OTAN atacam os sérvios.
abril de 1999	Rebelião e distúrbios civis nos Bálcãs, Uganda, Chechênia, Sri Lanka e Serra Leoa.
abril de 1999	Quarenta e oito pessoas feridas por uma bomba de fragmentação em Londres, a primeira de três bombas a explodir na capital num período de duas semanas.
maio de 1999	Tropas da OTAN chegam a Kosovo.
maio de 1999	Redutos rebeldes bombardeados no Congo pelo governo.

Ações pioneiras, recordes, inovações e descobertas

11 de maio de 1999	O vento solar que vem do Sol cessa quase completamente durante 24 horas e permite que o campo magnético da Terra se estenda até a Lua.

Impacto, violência e acidente

abril de 1999	Em Littleton, Colorado, dois alunos da Columbine High School matam outros 12 alunos e um professor antes de matarem a si próprios.
abril de 1999	Na Colômbia, rebeldes marxistas e esquadrões da morte de direita matam pelo menos 371 civis em três meses.
abril de 1999	No Iraque, caças americanos bombardeiam locais desmilitarizados na zona de exclusão no Norte do país.
abril de 1999	Terremoto (5,5M) atinge Belgrado.
maio de 1999	Em Sumatra, soldados abrem fogo contra os habitantes de um povoado; mais de 30 pessoas são mortas e milhares fogem da cidadezinha em seguida ao massacre.
maio de 1999	Tornados matam e ferem muita gente nas Grandes Planícies americanas.
maio de 1999	Os corpos de 1.500 albaneses étnicos são queimados num alto-forno pouco antes de as tropas da OTAN chegarem a Kosovo.
11 de setembro de 2001	World Trade Center destruído e Pentágono danificado pela Al Qaeda (também Choques com a autoridade). {🕒101 Saturno/Plutão}

Grande Tempestade Saturno/Urano 2007-2012

Esta Grande Tempestade, e o início da tempestade seguinte em 2020, é parecida com a que ocorreu entre 1963 e 1968 {<203}. Isso acontece porque todas elas coincidem com uma Onda-Mãe Urano/Plutão. No que diz respeito à Liberdade (Urano) da Repressão (Saturno), ela já está revelando fortes indícios de manifestação com o protesto, inquietação e quase crise na Birmânia {<206, 1988} e no Zimbábue.

Com relação a terremotos, três dos 13 maiores tremores de 1900 a 2007 ocorreram durante este período anterior, os anos 60. Admite-se que uma competidora igualmente forte por terremotos, uma Grande Tempestade Saturno/Plutão, também influenciou essa época. Mas, então, estas Grandes Tempestades também estarão ocorrendo durante a atual Onda-Mãe Urano/Plutão 2007-2020 e de novo ondas Saturno/Urano e Saturno/Plutão se fundirão com firmeza em 2009-2010 (*ver* Gráfico do Clima na página 27). Isso poderia (particularmente durante Pontos Focais >305) significar...

Alerta de Terremoto 2009-2012!

Terremotos e outros desastres naturais, mais libertação da repressão, repressão da liberdade e atos terroristas – é provável que tudo isso se intensifique durante este período.

"O REI DO TERROR VIRÁ DO CÉU"

Foi para julho de 1999 que Nostradamus fez a predição acima. Só estava errando por alguns meses, se considerarmos, sem grande dificuldade, que muitos dos acontecimentos acima listados para esse ano equivaleram a uma tal ocorrência. Contudo, durante a mesma Tempestade ocorreu um evento que se ajusta muito mais a uma tal predição. Aconteceu quando uma Onda Saturno/Plutão atingindo o pico se fundiu com a extremidade desta Tempestade Saturno/Urano 1998-2001 e a tragédia de 11 de Setembro caiu, bem literalmente, do céu. Isto levou os Estados Unidos à guerra contra a Al-Qaeda no Iraque e no Afeganistão (onde supostamente ela estaria).

Um acontecimento muito semelhante ao 11 de Setembro, e lembrado com a mesma intensidade na época, foi o ataque japonês a Pearl Harbour, em dezembro de 1941. Astrologicamente, porém, foi exatamente o oposto, porque aconteceu no pico de uma Onda Saturno/Urano e na extremidade de uma Tempestade Saturno/Plutão. Em ambos os casos foi exatamente um ato de agressão "caído do céu" que levou os Estados Unidos a um estado de guerra, desta vez com o Japão e logo com todas as potências do Eixo.

À luz desses fatos, esta e outras previsões de Nostradamus parecem um tanto questionáveis. É uma das razões pelas quais este livro desaprova tais previsões. São coisas inexatas que não têm outra finalidade senão o entretenimento e despertar alguma curiosidade, quando o estado de nosso mundo atual exige de nós muito mais que isso. Precisamos saber não apenas quando o terror pode nos atingir vindo de uma determinada direção e sob uma determinada forma, mas que providências podemos tomar. A Astroquântica sustenta que o futuro está em nossas mãos, não nas de algum duvidoso rei do terror.

Roncos: Uma Pré-Estreia

Em agosto de 2007, pouco antes de seu verdadeiro começo em setembro, essa Onda Saturno/Urano se apresentou muito dramaticamente como um desastre nacional na Grécia. Terríveis incêndios florestais destruíram muitas centenas de quilômetros quadrados da área rural, matando dezenas de pessoas e chegando a ameaçar um dos símbolos mais famosos da Grécia Antiga, o Partenon. Foram iniciados por incendiários – sendo, portanto, um típico ato de terrorismo, devido provavelmente à cobiça pela terra e à intenção de desbastá-la para a produção rural. Dizem os rumores que os produtores rurais têm tanta dificuldade em conseguir da famigerada burocracia grega autorização para o manejo da terra que passam a destruir a floresta, para que a terra deixe de estar protegida contra o desflorestamento.

Seja qual for a verdade, isso não deixa de ser terrorismo, pois ninguém duvida de que os incêndios tenham sido deliberadamente iniciados. Outro aspecto dos incidentes foi a alegada ineficiência e lentidão do funcionalismo grego para ir em socorro daqueles que estavam ameaçados ou realmente atingidos pelos incêndios.

Em outubro de 2007, também grassaram incêndios na Califórnia, destruindo milhares de casas pertencentes tanto a ricos quanto a pobres. O precário planejamento na Califórnia e a ineficiência das autoridades gregas são, na verdade, expressões da Onda Saturno/Netuno ocorrida em 2004-2008. {🕒 146 Saturno/Netuno}

A Diferença Entre Liberdade e Licenciosidade

Tudo isso traz à mente uma das mais difíceis questões levantadas pelas Ondas Saturno/Urano, particularmente quando elas ganham força, fundindo-se com uma Onda-Mãe Urano/Plutão – como já mencionei, a Onda Saturno/Urano 2007-2012 e o início da 2020-2022 são dois exemplos. A dificuldade surge quando as tradições e restrições saudáveis de Saturno – distintas das repressivas – são suprimidas pelos desejos de liberdade e do "novo" representados por Urano. Mas liberdade em excesso ou recorrer a qualquer meio para conseguir o que queremos são apenas outras expressões para indicar "licenciosidade", com a ausência de estrutura ou senso de limitação a que ela dá origem A princípio, tal "liberdade" pode parecer realmente positiva e progressista, mas na realidade acaba sendo o oposto. Essa fusão de Ondas Saturno, Urano e Plutão também ocorreu entre 1963 e 1969 e o liberalismo desse tempo, segundo muitos estudiosos sociais, acabou resultando na formação de uma juventude displicente e rude, sem noção de limites ou de moralidade. Poder-se-ia dizer que isto se aplica ao mundo ocidental como um todo.

Tal licenciosidade tem sido também alimentada pela tecnologia uraniana, que deixou para trás os ritmos naturais e os atributos emocionais da vida que dão origem à empatia humana. A tecnologia de ponta substituiu o "toque básico". As crianças estão viciadas em jogos de computador, que atrofiam ainda mais aquelas "habilidades" humanas. Pior ainda, as crianças se enchem de sucata alimentar, quimicamente corrompida, como substituto de uma boa e saudável dieta. Em consequência, obesidade, hiperatividade, reações alérgicas e simplesmente mau comportamento são cada vez mais comuns entre os jovens. Também podemos lembrar que, outras desordens alimentares, como anorexia e bulimia, que têm surgido desde os anos 60, são um protesto uraniano contra o fato de a pessoa estar se alimentando com algo que não lhe faz bem. Mais comumente, essas desordens são psicologicamente encaradas como o único meio de controle que o paciente sente que tem disponível. Controle é coisa saturnina, e assim se pode ver como ele está tentando inutilmente corrigir o desequilíbrio, compensando o excesso de Urano.

Esses problemas tendem a ocorrer em países que têm pouco ou nenhum *ethos* religioso capaz de atuar como um "freio" saturnino à licenciosidade uraniana. Por exemplo, a Grã-Bretanha está atualmente assediada pelo gritante problema da escalada de crimes cometidos por jovens, com faca e armas de fogo – e da escalada do crime em geral. O que levanta uma interessante questão quanto ao efeito de Saturno/Urano: a atitude e eficiência do governo determina que tipo de rebelião ou licenciosidade ele atrai. Vamos examinar isto em detalhe na página 223, em "Qual é a Sua?"

Astroquântica

Nada precisa necessariamente ser assim. Atos de terrorismo e guerra, terremotos e outros desastres naturais, confundir licenciosidade com liberdade, tudo isso está relacionado. Surfar as Ondas Planetárias absorvendo a informação e recorrendo às ajudas dadas aqui fará uma diferença sutil, mas poderosa. Encontrar o equilíbrio entre Saturno e Urano, entre disciplina e liberdade, saber o que é bom manter como está e o que precisa ser mudado, tudo contribui para criar globalmente um equilíbrio destas energias. Quanto mais positivamente sintonizada e adequadamente equilibrada está nossa consciência coletiva, mais dificuldade têm as expressões negativas de se manifestarem. Modos muito simples de alcançar o equilíbrio e ficar sintonizado são comentados mais para o final do capítulo.

Nota Astroquântica

Ordem + Liberdade = Civilização

Ali na Esquina: Anarquia

Durante as Ondas Saturno/Urano, a anarquia está sempre ali na esquina, particularmente quando elas ocorrem contra o pano de fundo intensificador e produtor de extremos de uma Onda-Mãe Urano/Plutão. A anarquia administrada por Urano, por definição, é "o fracasso da lei e do governo" e alguns poderiam dizer que é o que nos faz despertar para os males da sociedade. Mas do lado da equação de Saturno, cauteloso e objetivo, isto é um remédio tipo "vai ou racha", que pode parecer bom num filme ou num boletim noticioso, mas provavelmente não na rua onde você mora.

Astroquântica

Pratique a disciplina em sua própria vida, equilibre-a concedendo a si próprio e aos outros o espaço de uma criatura humana. Procurar este equilíbrio em líderes em vez de criá-lo dentro de si mesmo é pedir para ser mal orientado. Foi assim que Hitler conseguiu colocar um país inteiro atrás de si e levá-lo à destruição e à derrota.

Surfá-la ou Cair?

Então, que caminho você vai, nós vamos, seguir?
Um caminho, surfar estas Ondas ou agir no verdadeiro Espírito
desta Época, nos levará a um futuro positivo – o outro, ceder
ao Demônio desta Época, nos levará a um futuro negativo.

O Espírito Desta Época

O Melhor do Velho e o Melhor do Novo

Examinar a história recente de Grandes Tempestades Saturno/Urano nos deu uma boa ideia e uma boa percepção do que elas realmente são. Como as placas tectônicas que provocam terremotos, um tema central aqui é o de forças do novo raspando contra as forças do velho ou revolução contra preservação – força irresistível encontrando objeto imóvel. Mas quando um lado roça contra o outro, a fricção cria algo que é uma mistura de ambos ou um produto do lado francamente vencedor. Em geral é difícil, se não impossível, ver como as coisas vão ficar, porque tudo o que tem Urano na mistura é inerentemente imprevisível. Um exemplo ocorreu durante a Grande Tempestade Saturno/Urano na Segunda Guerra Mundial, quando os nazistas acreditaram que sua vitória marcaria o início de um império de mil anos, o Terceiro Reich – a Nova Ordem, como eles a apelidaram. Como se viu, foi a Europa que tentaram conquistar que se tornou a Nova Ordem.

Seja como for, parecemos progredir com estas Ondas, embora frequentemente com dois passos à frente e um para trás. Um movimento que vai aos saltos e barrancos, arranca-para-anda, caracteriza com frequência o processo. São tempos de reforma cautelosa e de velhas coisas tornando a vir à tona, mas sendo usadas ou olhadas de uma nova maneira. De um modo geral, podemos chamar simplesmente assim o Espírito desta Época: progresso.

O Demônio Desta Época

O Pior do Velho e o Pior do Novo

Como sugerido acima, os dois perigos maiores aos surfarmos Ondas Saturno/Urano são ignorar e suprimir uma genuína necessidade de mudança ou influenciar mudanças meramente por amor à arte. O primeiro perigo leva de início à estagnação e insatisfação, depois a greves, distúrbios civis e imprevistos efeitos negativos como resultado das mudanças necessárias não estarem sendo feitas, em especial com relação à justiça e igualdade de direitos. Terrorismo e revolução sangrenta podem ser também uma consequência, mas a longo prazo e de um modo mais complexo. Estes, por sua vez, provocam um colapso da sociedade e da textura da civilização, além de uma deterioração na saúde, à medida que a tensão e o estresse aumentam.

Sem dúvida, há mudanças que são apenas cosméticas ou simplesmente ineficazes. O mais perigoso de tudo, no entanto, é a síndrome "jogar fora o bebê com a água do banho", quando algo extremamente útil e valioso é perdido para sempre. Um lastimável exemplo disto teve lugar na Grã-Bretanha, com os "Cortes de Beeching" à rede nacional de ferrovias. Tudo começou bem no início da Grande Tempestade Saturno/Urano, em 1963, e estava praticamente concluído quando ela terminou em 1968. Como opinou recentemente Paul F. Withrington, diretor da Superintendência de Transportes no Reino Unido, "não foram os cortes em si mesmos que constituíram a tragédia... mas a perda de mais de 14 mil quilômetros de leitos ferroviários soberbamente construídos". A Grã-Bretanha tem agora um sistema rodoviário desastrosamente sobrecarregado, apinhado de veículos, com poluição e alto consumo de combustível, enquanto áreas rurais que eram anteriormente supridas pelo sistema ferroviário continuam com um transporte público inadequado. Esses "leitos ferroviários" são justamente necessários agora.

Finalmente, existem aqueles que prometem liberdade e direitos, mas acabam se revelando nem melhores nem piores que o regime que substituíram. Como se costuma dizer: "Os radicais de hoje viram os conservadores de amanhã".

"Os que bebem do vinho velho não têm lugar para o novo."

Provérbio

Conflitos, Tendências e Possibilidades

Saúde

Tensões e Soluções

Como vimos, Saturno/Urano cria um alto grau de tensão porque o novo faz pressão para ser reconhecido e concretizado, enquanto o velho se mantém firme. Os sistemas humanos psicológicos e físicos naturalmente registram esta tensão. Num nível psicológico, de acordo com o indivíduo, a tensão pode se manifestar como mais autoconsciência e autocontrole – ambos fundamentais, em termos coletivos e pessoais, para gerenciar positivamente as Tempestades Saturno/Urano. A capacidade de estar presente e consciente é um atributo da evolução humana que nos permite compreender o que está realmente acontecendo em qualquer dado momento e lugar. Isto por sua vez significa que respostas extremamente intuitivas e práticas dão origem a soluções realmente milagrosas relacionadas não apenas à saúde mas a toda sorte de problemas humanos.

Acidentes e Paradigmas Conflitantes

Em termos de saúde física, aumentam as enfermidades dos músculos e dos ossos, com os males nas costas, em especial, constituindo um problema grave, tanto ao nível pessoal quanto econômico, devido ao custo do absenteísmo. Todo o equilíbrio fisiológico e químico fica mais crítico, com um resultante aumento nas queixas relacionadas a isso. Além do mais, comportamento errático e tensão interna tornam os acidentes físicos mais numerosos. Autoconsciência e autocontrole são a chave para prevenir estas manifestações físicas. Como consequência de tudo isso, a ioga e outros métodos psicofísicos de criar e manter a saúde devem se tornar muito mais difundidos, levando por fim a uma saúde melhor num nível holístico. Contudo, a velha guarda, religiosa ou médica, opõe-se a esta tendência em igual proporção.

Comércio e Indústria

Ruptura Traz Mudança

Greves, com a instabilidade econômica e as repercussões que elas trazem, são uma manifestação comum das Grandes Tempestades Saturno/Urano. Mudanças nos padrões e práticas de trabalho são agora afetadas como nunca pela tecnologia e a Internet. Mas isto também apresenta problemas à medida que velhas formas e sistemas são descartados e os novos não conseguem cumprir o que era esperado. Terrorismo e desastres naturais não podem deixar de ter um efeito profundo sobre os negócios e o dinheiro. Liberdades pessoais, em geral cultivadas como uma pausa das tensões crescentes ou da insatisfação da vida moderna, interferem cada vez mais ou sabotam o fluxo dos negócios, do transporte, etc. Os primeiros sinais disto são os empregados passando períodos inadmissivelmente longos navegando pela Internet ou mandando e-mails para os amigos (ver também Científicos/Sobrecarga da Internet, página 221).

Todos esses "distúrbios" exigem reconsiderações radicais do que a "vida profissional" realmente significa, levando em conta toda a filosofia econômica sobre a qual os negócios e a indústria estão baseados. Isso inclui tomar medidas simples como fazer peças de reposição que fiquem indefinidamente disponíveis, sem que tenhamos de jogar fora um produto e comprar um novo por causa, digamos, de uma prateleira de geladeira que se quebrou. A incapacidade de tratar e resolver essas questões durante a Grande Tempestade 2007-2012 contribuirá para sérias avarias globais no estado da economia e da indústria durante a Tempestade 2020-2022, fora os problemas ambientais associados a tudo isso.

Astroquântica

Para lidar com o que está dito acima, o modo como pensamos em termos econômicos tem de mudar à medida que nos damos conta, cada vez mais, de que não apenas a riqueza de um país é a pobreza de outro, mas também que esta desigualdade desestabiliza o todo. {>220 Igualdade e Restrição: Alimento}

Ambientais

Estresse Geofísico

Como vimos, Saturno/Urano afeta seriamente quaisquer tensões geofísicas já existentes. Áreas propensas a terremotos, tufões e tornados correm grave risco. Com relação ao clima, leis mais severas, de cumprimento bem fiscalizado e de alcance mundial se seguirão a flagrantes ações poluentes cometidas por certos países. Além disso, há restrições e problemas com relação ao suprimento de energia elétrica e a vários métodos tecnológicos. As pessoas e a indústria fazem objeções a novas regras, mas finalmente algum tipo de acordo e método entra na ordem do dia, como é típico do processo Saturno/Urano – simplesmente porque mais cedo ou mais tarde isso *tem* de acontecer.

Tecnofobia

A "disciplina ambiental" tem de ser mais vigorosamente imposta devido a condições ambientais críticas, apesar da nítida violação de liberdades civis e individuais. Um acentuado aumento em acidentes, especialmente no ar, torna a restrição de viagens aéreas absolutamente essencial, após uma fase de muitas evasivas. Há, de um modo geral, um incremento da consciência dos males criados pela tecnologia e da subsequente objeção a eles.

Socioculturais

Rebelião e Desordem

Descontentamento e desilusão crescentes com o Estado e qualquer um em cargo de autoridade se transformam em inquietação rebelde, que chega à divergência aberta com demonstrações de rua e coisas semelhantes. Os jovens se tornam mais clamorosos e violentos que de hábito quando se chocam com aquilo que veem como restrição. Reestruturação e reforma em certas áreas se seguem a isso, mas em outras áreas a repressão aumenta. Grupos de direita e a atitude de vigilância são favorecidos onde os órgãos oficiais existentes continuam incapazes de agir.

Permeando a Grande Tempestade 2007-2012, há um forte padrão de "anda, para, anda, para" quando alguma coisa nova se faz sentir e é logo detida ou entravada por dúvidas, elementos conservadores e atitudes recalcitrantes. Ela é seguida de anseios renovados por mudança, depois de maior resistência, etc., etc.

Se o Jovem Soubesse; se o Idoso Pudesse

Pessoas idosas estão agora mais propensas a se entrincheirarem em seus hábitos, exacerbando as diferenças e o conflito entre elas e os jovens. Os velhos terão de pôr em prática o que realmente infunde respeito aos jovens, em vez de manter apenas uma atitude de expectativa ou exigência. A liberdade concedida progressivamente aos jovens desde os anos 60, quando uma Grande Tempestade Saturno/Urano ocorreu ao mesmo tempo que uma Onda-Mãe Urano-Plutão e uma Grande Tempestade Saturno/Plutão (o que também está acontecendo em 2008-2011, <27 Gráfico do Clima da Onda Planetária), passa a ser um problema maior durante a Tempestade 2007-2012. O "respeito" que os jovens exigem, com frequência de forma bastante brutal, é de fato, ironicamente, um apelo pela estrutura e ordem que eles não tiveram desde o liberalismo dos anos 60. Este é o Despertar para a Ordem, que é aquilo que são as Ondas Saturno/Urano; assim como são uma Rebelião contra o tipo errado de Ordem – isto é, contra a repressão.

Novas Formas de Arte

Há um surto de formas de arte que se expressam de um modo cada vez mais chocante. A moda também se apresenta com estilos bastante bizarros, incômodos e absurdos. Descobertas científicas dizendo respeito à natureza mesma da realidade (ver "Científicos" a seguir) criam uma alteração, com efeitos duradouros, no modo como as pessoas encaram a vida em seu dia a dia. Isso está refletido nas artes.

Políticos

Possíveis Pontos Cruciais

Aqueles "Estados rebeldes" ou importunos praticarão alguns atos destrutivos. Países como o Irã e a Coreia do Norte, que em 2006 ameaçaram criar problemas com bombas nucleares, podem muito bem agora, durante a Tempestade 2007-2012, tornar essas ameaças reais. Mas isso é mais provável, ou se tornará pior, quando uma Grande Tempestade Saturno/Plutão se associar a ela em 2009-2011 (ver Ondas se Fundindo abaixo). Regimes repressivos geram reações cada vez mais violentas e rebelião das pessoas ou facções em oposição. Também ocorrem muitos escândalos e "revelações" envolvendo atividades vergonhosas e conspiratórias nos corredores do poder.

Linhas Partidárias Tornam-se Pouco Nítidas

Com relação aos governos democráticos, torna-se confuso para o eleitor quando partidos ostensivamente opostos parecem ficar mais permutáveis e não tão claramente definidos. Isso acontece porque Saturno/Urano está revelando o absurdo básico de um sistema em que há dois ou três partidos, ou melhor, em que há qualquer partido tentando seguir, de modo excessivamente literal, sua linha política. Em outras palavras, há uma revolução em andamento no sentido de que os políticos estão tendo de ser ao mesmo tempo mais pragmáticos, para ir ao encontro das necessidades do povo e mudar as condições do mundo, e mais idealistas ou radicais, de modo a ganhar pelo menos algum respeito. Se uma súbita mudança ou reviravolta radical se faz necessária, que assim seja, pois é precisamente isto que as Grandes Tempestades Saturno/Urano reclamam, especialmente quando a de 2007-2012 se funde, durante 2009-2011, com a Tempestade Saturno/Plutão de 2008-2011.

Espirituais

O Espírito se Torna Científico

Uma noção mais forte das diferenças entre religiões dá origem, por um lado, a um número maior de atritos e atos de agressão entre elas, mas por outro, paradoxalmente, a uma reconciliação dessas diferenças, principalmente porque os pontos em comum passam a ser percebidos. A descoberta (científica) de outras dimensões – descritas abaixo – tem algo a ver com esta percepção. Tal efeito também ocorre entre o mundo secular e o mundo religioso, com os que apoiam um ficando mais intolerantes com relação ao outro ou com uma abordagem mais pragmática sendo adotada pelo mundo religioso e o reconhecimento pelo mundo secular de que o reino espiritual dá algumas contribuições importantes no que tange ao controle e contenção de elementos antissociais na sociedade. Durante estas épocas, a ideia de que o comportamento moral dos seres humanos realmente afeta as condições do tempo e o estado geofísico das coisas torna-se um fator importante nas filosofias espirituais – devido ao fato de tais fenômenos estarem se tornando mais alarmantes. Tal comportamento estará contribuindo para os danos ao meio ambiente praticados pelo homem ou será visto como sua causa.

IGUALDADE E RESTRIÇÃO: ALIMENTO

Como você provavelmente já reparou, durante as Ondas Saturno/Urano há uma forte ênfase na igualdade (Urano) e restrição (Saturno), mas não necessariamente na correspondência entre as duas. Geralmente seria a liberdade uraniana que se opõe à restrição saturnina ou o *status* saturnino que está em conflito com a igualdade uraniana. Mas se opusermos Saturno e Urano como igualdade versus restrição, podemos surfar e usar as Ondas para servir tanto a nós mesmos quanto aos outros com relação ao suprimento de comida.

A maioria dos ocidentais consome um excesso de comida e bebida, tem excesso de peso e, na mesma proporção, saúde ruim; ou então jogam fora, vergonhosamente, a comida em que nem tocaram. Seja como for, esgotam no processo os recursos do mundo. Reduzindo a quantidade de comida que ingerimos, melhoramos nosso estado físico e financeiro, diminuímos essa drenagem no abastecimento, alteramos toda a economia e estilo de vida do Ocidente e, depois, do mundo.

Científicos

Choques e Surpresas

Há uma grande possibilidade de acidentes industriais, especialmente da variedade nuclear. Do lado positivo, certas descobertas e inovações fazem agora uma diferença significativa nos esforços para reduzir a poluição, reduzir o aquecimento global e encontrar fontes renováveis de energia. As escolas convencionais de pensamento científico ficaram mais polarizadas com as mais radicais. É provável que ocorram reviravoltas em nossa compreensão do que a "realidade" realmente é, com percepções surpreendentes de que as abordagens supostamente mais insólitas, como a astrologia e a reencarnação, estão afinal baseadas em fatos. Contudo, tais reviravoltas dão origem a posturas agressivas ou bem demarcadas sendo assumidas pelos dois lados. É provável que questões relativas a OVNIs passem de novo a primeiro plano. Isso tem alguma relação com a descoberta de que de fato há outras dimensões existindo paralelamente à nossa. Um foco principal de interesse se torna então a questão de saber quem ou o que habita nesses lugares e o que isso/eles têm a ver conosco ou querem de nós.

Sobrecarga da Internet

É provável que as Grandes Tempestades Saturno/Urano de 2007-2012 e 2020-2022, ocorrendo como é o caso durante a Onda-Mãe Urano/Plutão, tragam severos problemas, já que a tecnologia, os recursos e os servidores da rede mundial de computadores estão tensionados ao nível da ruptura. O Vento Favorável de 2015-2018, no entanto, é capaz de encontrar soluções que reduzem ou impedem o dano. Para saber mais sobre esse importante dilema, ver página 60.

Astroquântica

Por sua vez, isso terá o efeito de redistribuir a riqueza para que os pobres e os países atingidos pela pobreza tenham uma fatia igual do bolo coletivo. Tudo isso também ajuda a contrabalançar a probabilidade de períodos de escassez mundial de alimentos.

O Espírito Desta Época

Uma combinação de sentimento apaixonado e rebelde cria uma atmosfera de tensão. Há também um crepitar do inesperado no ar, como se alguma coisa fosse detonar – com um estrondo! No essencial, há uma sensação de que algo tem de ceder. É evidente que a pessoa tem de avançar através de dúvidas, decisões difíceis e planos frustrados à medida que é revelado o que pode e tem de mudar e o que não pode e não tem. O estado de coisas final, nacional ou global, parece refletir essa atmosfera ou realmente criá-la ou contribuir para ela. Mas em termos astronômicos, é claro, um está criando simultaneamente o outro.

Em Pé de Guerra

Está lembrado das épocas de Grandes Tempestades Saturno/Urano como a Segunda Guerra Mundial e os anos 60, quando a nova e a velha ordem batalhavam entre si? Talvez seja uma boa ideia ver a vida durante essas épocas como algo em "pé de guerra", no sentido de que os riscos têm de ser assumidos e as mudanças feitas, às vezes diariamente, para que o fim desejado seja atingido. A resistência à mudança ou medo dela bloqueia a intuição que o ajuda a enxergar seu caminho para a liberdade, escapando daquilo que o está confinando. É bom perceber que a máxima: "Melhor o diabo que se conhece que o diabo desconhecido" é desorientadora ou realmente falsa. O contrário do diabo que se conhece é, na realidade, o *deus que não se conhece.*

Saturno é Satã, o diabo, e ele está tentando impedi-lo de alcançar uma condição mais evoluída e livre, insinuando que não existe nada melhor do que aquilo que você já tem. Temos de desafiar os velhos valores e práticas juntamente com as autoridades externas ou os medos interiores que as mantêm no lugar. Se elas podem provar que merecem ser conservadas, que são autoridades sábias que defendem de coração nossos interesses, que são como os medos sadios ou reais que nos livram do dano, então tudo bem. Mas se não for assim, temos de promover ações pela mudança.

A Área Cinzenta

Ao mesmo tempo, o Humor desta Época tem uma nítida área cinzenta que devia ser respeitada, senão as coisas podem se tornar impossíveis de serem resolvidas ou simplesmente irreais. Por exemplo, ninguém pode ser totalmente "direitista" ou "esquerdista", "pró" ou "contra", etc. Se é bom falar com franqueza, todos nós temos um pouco de ambos os lados. Todo o segredo de surfar uma Onda Saturno/Urano é manter um equilíbrio entre ser liberal e autoritário, entre permissividade e resistência, entre se apegar à tradição e batalhar pelo novo. Em termos tanto políticos quanto pessoais, o conselho para ser democrata em espírito e autocrata no método é válido, especialmente quando precisamos reagir com firmeza contra uma mudança indesejável e ao mesmo tempo nos agarrar com firmeza a um programa de reforma.

Mais atrás assinalei que o efeito das Ondas Saturno/Urano é com frequência sentido ou notado no âmbito do próprio país da pessoa assim como (ou mais que) no mundo em geral. Mas até certo ponto, isso também significa que nossas opiniões políticas pessoais se tornam mais afiadas que de hábito entre a pedra de Saturno e a lâmina de Urano. Eu mesmo não sou como regra uma pessoa particularmente "política" e *não* votei mais que algumas vezes. Mas a situação atual de meu país e o modo como ele é governado está começando a fazer meu sangue ferver. Isto acontece porque o principal Humor desta Época pode ser resumido no seguinte quadro.

QUAL É A SUA?

- O que o tem mantido encurralado, fazendo-o bufar de raiva e frustração?
- O Estado o tem intimidado ou decepcionado?
- Quem você deseja que se cale, acorde e cresça?
- Quem deve parar de gemer e viver à custa dos outros e se dignar a trabalhar de verdade, assumindo responsabilidade por si mesmo?

Astroquântica

O Universo é muito Saturno/Urano porque também é, como mencionado acima, "democrático em espírito e autocrático no método". Cada pequeno bocado de energia – o que inclui você – contribui para constituir o todo; ele tem seu voto. Quanto mais coerentes e justificados forem seus pensamentos e opiniões, quer dizer, quanto mais aguçada for sua *consciência*, mais ela vai contribuir para o todo e influenciá-lo. Ou se você vê sua consciência como sendo uma estação de rádio: quanto mais forte e constante for o sinal, mais a transmissão é ouvida. Mas onde você está confuso, inseguro ou simplesmente evasivo, o sinal fica enfraquecido na mesma proporção. Democraticamente, todos nós recebemos nosso voto, mas cada um tem de depositá-lo como se fosse um rei ou uma rainha e, se quiser influir sobre o todo, agir como se estivesse dirigindo seu cantinho do universo.

Um Convite

E, assim, você está convidado, ou na realidade coagido, a sair em campo e a deixar claro o que deseja ver mudado em sua vida/país/mundo. Aqui, como cidadão do Reino Unido, está um rascunho de meu "Manifesto Saturno/Urano", redigido para me satisfazer, mas também para encorajar você a fazer o seu. Você pode concordar ou não com parte dele ou mesmo com todo ele – mas o verdadeiramente decisivo na Onda Saturno/Urano é isso: expressar sua opinião!

Manifesto Saturno/Urano de Lyn para o Reino Unido

- Tolerância zero para o comportamento antissocial, especialmente a violência, como os Estados Unidos colocaram em prática com tanto êxito em cidades como Nova York e Chicago;
- Abuso de drogas e álcool a serem tratados como sintoma de um vazio espiritual que precisa ser preenchido com filosofias e práticas espirituais, como prece e meditação. Isto é particularmente necessário em prisões. Legalização total e distribuição pelo Estado de todas as drogas, com a subsequente supressão do mercado negro e do crime;
- Punição apropriada para o crime, mas com ênfase na reabilitação;
- Programas e incentivos para ajudar e encorajar a juventude da nação a dirigir suas energias numa direção socialmente benéfica. Isto teria de envolver uma educação espiritual não confessional – como astrologia e mitologia – e um envolvimento solidário com o mundo natural;
- Fim da baixaria no entretenimento e educação. Definição de objetivos mais elevados e maior ênfase nas artes, especialmente na música, nos clássicos, na natureza e na mitologia;

- Encerramento da aplicação do pensamento politicamente correto num nível oficial e o reconhecimento de que todos têm direitos iguais em proporção direta a quanto eles respeitam os direitos dos outros;
- Na área da saúde, reimplantação de métodos tradicionais de cuidados com o próximo – como presença à cabeceira dos doentes e limpeza rigorosa, em vez de colocarmos a ênfase na tecnologia, na realização acadêmica e nas metas e burocracia do governo. A alta tecnologia tem de estar articulada ao "toque básico";
- Forte restrição quanto ao uso de violência gratuita e sexo como meios de fazer dinheiro (tirado especialmente dos jovens), tanto na publicidade quanto no *merchandising*.

Eu poderia continuar, mas esse é só um exemplo de como podemos chamar atenção para a opinião de alguém sobre o que criaria um mundo melhor. Ao fazer tal lista, me surpreendi ao ver como as tendências saturninas de ordem e controle se acotovelam com as tendências uranianas para o liberalismo e o não convencional. As Ondas Saturno/Urano parecem infalivelmente nos presentear com o paradoxo que é a vida. Exemplificado aqui está o fato de que a tecnologia uraniana pode, por um lado, melhorar a vida, mas por outro a degrada, pondo o impessoal em lugares onde o toque humano deveria prevalecer. E, possivelmente mais significativo, como a desordem tem invariavelmente de preceder um tipo melhor de ordem.

A Escolha é Nossa – Um Surfe Tranquilo

O quadro que vem a seguir nos mostra Respostas Positivas às Ondas Saturno/Urano que coletivamente criam Efeitos Positivos. As Respostas Negativas precisam ser evitadas para impedir os Efeitos Negativos coletivos. Observe as características opostas das Negativas e Positivas e relacione Efeitos Negativos ou Positivos às Respostas que os criaram.

2007-2012 e 2020-2022
O Efeito Coletivo das Grandes Tempestades Saturno/Urano
A Escolha é Nossa

Resposta Negativa	Resposta Positiva
Ignorância ou resistência à necessidade de mudança e àqueles que precisam de ajuda e compreensão. Repressão de agentes e vozes pela mudança.	Abertura para a mudança construtiva e consciência da necessidade dela, bem como de discussão, flexibilidade e inovação ao aplicá-la. Reforma cuidadosamente considerada.
Pensar que a tecnologia pode resolver todos os problemas. Abordar as questões de um modo linear em vez de intuitivo. *Hi-tech* suprimindo o toque básico.	Implementar mudanças por razões práticas e populares. Usar métodos naturais, humanitários, solidários. Reimplantar ou atualizar práticas tradicionais.
Crescente comercialização/industrialização. O pensamento de visão estreita e a cobiça por trás dele. A droga do consumismo que isso cria.	Imposição criativa de reciclagens e redução da poluição. Procurar soluções tecnológicas, espirituais e estéticas limpas.
Permitir que sistemas que patentemente não foram capazes de atender às exigências do povo e da Natureza ainda prevaleçam.	Romper com tradições e autoridades que não defendam de coração o interesse público.
TEMPO DE MUDAR	
O prolongamento do declínio civil e moral, criando um tipo de sociedade Big-Brother, sem alma.	Criação de uma sociedade mais informada e espiritualmente consciente, onde a responsabilidade pessoal é vista como prioridade.
Má saúde e o fardo que isto põe sobre todos; os "que não têm" recorrendo a novos crimes para obter aquilo que "os que têm" possuem.	Ambiente mais saudável, povo mais saudável, maior eficiência e um sentimento de orgulho do que está ao nosso redor. Redução do crime.
Invenções e instalações que vão contra a Natureza e agridem os sentimentos humanos, dando origem a problemas ambientais e de saúde, a monstruosidades e elefantes brancos.	Melhoria nos cuidados com a saúde e em todas as empresas de serviços. Revitalização dos centros das cidades e de áreas deterioradas. Envolvimento com a Natureza como padrão em educação.
Violenta insurreição e revolução. Inquietação social e civil. Destruição de propriedade. Terrorismo. Greves. Uma grave ausência de qualquer noção do que realmente significa "humanidade".	Velhas práticas e estruturas adequadamente examinadas, reformadas ou substituídas por novas. Uma verdadeira noção do que realmente significa "humanidade".
Resposta Negativa	Resposta Positiva

Um Vento Favorável Saturno/Urano novembro 2015 – dezembro 2018

Que Tempo é Este?
Um Tempo do Velho se Combinando com o Novo

Energias em Jogo Quando Surfamos Esta Onda

A combinação harmoniosa da energia positiva e essencial e do caráter de Saturno – o de **autoridade e estabilidade**, que está **instituindo e/ou ordenando** – com a energia essencial e o caráter de Urano – o de **liberdade e inovação**, que está **despertando e/ou avançando** – oferece a oportunidade de obter o melhor desses dois mundos.

Este período, então, cultiva a promessa de resolver muitos problemas e questões que nos atormentaram no passado. Ao mesmo tempo, velhos métodos são confortavelmente aplicados para dar conta de novos problemas. Certos avanços, em especial no campo tecnológico e na área de pesquisa, são verdadeiramente assombrosos, com elos sendo criados entre o lógico e o metafísico, entre ciência e espiritualidade. Isso tem o efeito de alterar progressivamente a percepção da realidade da humanidade como um todo. Naturalmente, tudo depende estritamente do que transpirou nos sete ou oito anos que antecederam esta época.

Olhando pelo melhor ângulo, presumindo que conseguimos surfar as combinações de Onda muito difíceis de 2007-2012, esta Onda marca uma época de saltos extraordinários no desenvolvimento humano e na compreensão da vida em geral. Sob muitos aspectos, este Vento Favorável pode ser o principal indicador do início daquele "novo tempo" previsto por muitos movimentos New Age durante as décadas precedentes.

Aproveitando ao Máximo Este Vento Favorável

Sob muitos aspectos, esta Onda indica o que este livro realmente é, porque assinala uma época em que ideais e novos modos de encarar e viver a vida se tornam realidade ou, pelo menos, em que é muito mais fácil colocá-los em prática. Assim, para aquelas atividades ou atitudes que almejam tornar real o que é quase uma visão de ficção científica, a hora é esta!

Num nível pessoal, consulte e use as posições das Casas de Saturno e Urano, como descrito na página 234. Com um Vento Favorável você pode contar com os aspectos positivos dessas interpretações e ver como as influências de ambos os planetas servem e suportam umas às outras. Além disso, você pode usar a Meditação ou Prece Saturno/Urano da página 240 para maior efeito e com maior descontração.

Sinta a Onda
Conheça a Onda
Surfe a Onda
Mude o Mundo

A História em Curso

⇉ Ondas se Fundindo & ↗ Reforços de Júpiter

Além da Onda-Mãe Urano/Plutão, que foi levada em conta nas interpretações de todas as três Ondas Saturno/Urano abordadas neste capítulo, existem também outras Ondas Planetárias *se fundindo* com elas e afetando-as à medida que o tempo passa. Assim como estas Ondas se Fundindo, há Ondas Planetárias envolvendo Júpiter que entram no quadro Saturno/Urano, e Júpiter de certo modo *reforça* o que está acontecendo, ampliando as coisas para que não possamos deixar de reparar nos problemas ou tirar vantagem das oportunidades. Como pode ser visto no Gráfico do Clima da Onda Planetária na página 27, as Ondas de Júpiter existem por si mesmas e são responsáveis por Tempestades Menores e Brisas Favoráveis, mas não são abordadas neste livro por razões de tempo e espaço! Juntamente com as Ondas se Fundindo, elas intensificam ou modificam os efeitos das duas Grandes Tempestades Saturno/Urano e do Vento Favorável, quando estes estão acontecendo ao mesmo tempo.

As Crônicas da Onda Planetária

Tomadas em conjunto, essas Ondas se Fundindo e Reforços de Júpiter como que dramatizam e dão o ritmo do curso total das Ondas Saturno/Urano, mais ou menos como faria um narrador, ao contar suas histórias.

Durante a Grande Tempestade Saturno/Urano set. 2007 a jul. 2012

⇉ **Grande Tempestade Saturno/Netuno – nov. 2004 a ago. 2008 {<152}**
Como foi mencionado no capítulo Saturno/Netuno, o final desta Onda pega o primeiro ano desta Grande Tempestade Saturno/Urano. Ele também indica um tempo em que os efeitos da Onda-Mãe Urano/Plutão começam realmente a dar pontapés, exacerbando a ruptura que ela tem potencial para criar. Tudo levado em conta, 2008 poderia apresentar eventos que não nos deixariam dúvida de que temos alguma coisa avançando, algo que é maior e mais premente do que tínhamos previsto –

especialmente onde aquecimento global e economia estão envolvidos –, mas também algo que era totalmente inesperado.

Vento Favorável Saturno/Plutão – ago. 2006 a ago. 2008 {<128}
Este, um "Uso Construtivo do Poder", realmente torna menos intensos os mais fortes efeitos de desestabilização da Tempestade Saturno/Urano, mas só até o verão de 2008. Assim, isso poderia significar uma "calmaria antes da tempestade".

Tempestade Menor Júpiter/Urano – dez. 2006 a nov. 2007 –
Fé que Desperta
Esta estimulou os primeiros movimentos da Grande Tempestade Saturno/Urano, fazendo-a parecer começar mais cedo que o "programado" para setembro de 2007. A disposição para a mudança, justiça e direitos iguais ressuscitou, assim como uma consciência dos tempos de grande mudança que se encontram à frente de todos nós.

Brisa Favorável Júpiter/Saturno – fev. 2007 a jan. 2009 –
Controle Benevolente
A combinação desse Reforço com o Vento Favorável acima é realmente importante num sentido útil e produtivo, já que programas positivos e políticas progressistas nos preparam para resistir ao impacto da Grande Tempestade seguinte, que com ela se funde.

Grande Tempestade Saturno/Plutão – nov. 2008 a ago. 2011 {<89}
Levando em conta a Onda-Mãe Urano/Plutão, aqui está uma fusão de três Ondas que vão crescendo, todas trazendo Grandes Tempestades, o que significa uma "parede de água", metaforicamente se não literalmente. Os efeitos da Tempestade Saturno/Urano descritos acima se tornam agora multiformes e intensificados, visto que Plutão entra em cena. O que era preocupante se torna perigoso; o que era mera confrontação se torna um conflito franco; o que eram sinais de aquecimento global se torna algo muito mais inequívoco. A última vez que Saturno, Urano e Plutão se agruparam de um modo similar foi em meados dos anos 60, na Revolução dos Sessenta, nada menos que nela. Efetivamente, aqui também temos uma Revolução – pondo o foco em 2009-2012 –, mas acrescida do tempero ambiental do século XXI!

Tempestade Menor Júpiter/Saturno – mar. 2010 a mar. 2012 – *Crescimento* versus *Ordem*

Tempestade Menor Júpiter/Urano – mar. 2010 a abr. 2011 – *Despertar da Fé* 2

Estes Reforços sacodem o pico das Grandes Tempestades Saturno/Urano e Saturno/Plutão, dando a Urano uma intensificação particularmente severa. A tentação, diante da súbita e radical mudança e choque, pode ser nos amarrarmos a algo imóvel. Mas o curso melhor de ação é estar atento ao que este imenso vento de mudança está nos dizendo e responder de forma adequada. Em termos positivos, isso pode funcionar como uma espécie de liberação e impulso para empreendermos uma ação radical. Realmente um avanço ou um colapso!

Vento Favorável Saturno/Netuno – dez. 2010 a nov. 2013 {<180}

Esta influência construtiva pode nos mostrar o caminho para lidar com distúrbios que estão agora nos assediando com algum vigor. Pessoas com visão e ideias práticas introduzem atitudes e meios oportunos para nos ajudar a ver o que devemos fazer e como devemos enfrentar e lidar com nossos dilemas e asneiras. Um plano viável de recuperação?

Durante o Vento Favorável Saturno/Urano nov. 2015 a dez. 2018

Grande Tempestade Saturno/Netuno – nov. 2014 a set. 2017 {<146}

Muita coisa depende de quanto dano a Tempestade já causou com relação ao que esta Onda Saturno/Urano, tremendamente útil, construtiva e inventiva, pode fazer por nós, ou melhor, ao que nós podemos fazer com ela. Considerando as Grandes Tempestades de Júpiter relacionadas abaixo, que também se associam à peleja, então é provavelmente o caso de tirar o máximo proveito disto – porque é realmente o que temos de fazer. Talvez estejamos contra a parede. Mas talvez seja o caso de reconstruir paredes e pontes – literalmente e, no caso das últimas, também metaforicamente. Algo está fazendo com que todos nós fiquemos mais unidos. Tudo se resume a uma combinação de necessidades imperativas com ver a luz.

Tempestade Menor Júpiter/Saturno – jun. 2015 a jul. 2016 –
***Crescimento* versus *Ordem* 2**

Infelizmente, ainda existem facções opostas complicando as coisas, a despeito de haver obviamente um inimigo comum. Mas a engenhosidade humana e a diplomacia deviam resolver essa idiotice.

Tempestade Menor Júpiter/Urano – out. 2016 a jan. 2018 –
Despertar da Fé 4

Como mencionado acima, isso realmente nos informa que devíamos respeitar algo que está prestes a acontecer. E assim devíamos tomar um caminho radicalmente novo para longe dos perigos de hoje.

Grande Tempestade Saturno/Plutão – jan. 2018 a dez. 2021 {<89}

É o tipo mais severo de Tempestade, em que as divisões e a falta de cooperação humana estão envolvidas. Vindo, como de fato vem, no fim do Vento Favorável Saturno/Urano, tomara que tenhamos suficiente sanidade e a criatividade em dia para minimizar seus efeitos. Caso contrário, ela pode nos aplicar um *golpe de misericórdia.*

Durante a Grande Tempestade Saturno/Urano jan. 2020 a out. 2022

Grande Tempestade Saturno/Plutão – jan. 2018 a dez. 2021 {<89}

Em 2020 esta Grande Tempestade, tão forte, já ultrapassou seu pico, mas a Onda Saturno/Urano deu a ela um novo sopro de vida – infelizmente. Este período marca uma grande ruptura com tudo o que se passou antes e a energia "desprendida" de Saturno/Urano é parte necessária deste processo. Bem convulsivo, sem dúvida, visto que todos a bordo do planeta Terra foram atirados numa era muito diferente.

Tempestade Menor Júpiter/Saturno – dez. 2019 a abr. 2021 –
***Crescimento* versus *Ordem* 3**

Não surpreende que isto também esteja aqui, visto que a mudança total do cosmos é declarada neste grave momento. Um cabo de guerra entre o passado e o futuro, não menos que isso.

Efeito Pessoal

É desse modo que as Ondas Saturno/Urano podem afetá-lo como indivíduo e serem surfadas com êxito por você durante toda a sua duração.

Surfando com Saturno e Urano Através das Casas

Estes efeitos estão baseados nas duas Casas de seu mapa através das quais Saturno e Urano estão passando ou "transitando" enquanto a Onda-Mãe Urano/Plutão está ativa, porém mais significativamente durante os períodos em que as Ondas Saturno/Urano estão ativas. Como se trata de uma necessidade de Ordem, Disciplina e Esforço onde Saturno está envolvido, e de Mudança, Ruptura e Inovação onde Urano está envolvido, conhecer estas posições o ajudará a administrar as energias de cada respectivo planeta de modo apropriado, capacitando-o a encontrar o equilíbrio certo e a surfar com sucesso!

Há duas maneiras de usar esta ajuda para surfar:

1. **Pronto para Vestir**. É usar as posições de Saturno e Urano de acordo com o seu Signo de Nascimento, Signo Solar ou Signo Astral. Examine por que Casas Solares Saturno e Urano estão transitando enquanto a Onda-Mãe Urano/Plutão está ativa. Usando então o **Guia de Trânsito da Casa Planetária** (começando na página 265), vá primeiro para **Saturno: Tabela de Conversão da Casa** na página 273. Em seguida procure o período em que você está interessado, depois olhe ao longo da fileira de casas até chegar à coluna de seu **Signo de Nascimento**. Aí você verá o número da Casa sendo transitada por Saturno – 1ª, 2ª, 3ª, etc. – e logo abaixo o número da página onde vo-

cê pode ler a descrição das possíveis situações e ações que pode empreender. Faça então a mesma coisa com Urano – vá para **Urano: Tabela de Conversão da Casa** na página 281 e repita o processo. Agora você pode ter uma noção de como as posições dos dois planetas se comparam. Tudo isso pode ser muito útil e preciso, mas lembre que está apenas baseado em seu Signo Solar.

2. **Feito sob Medida.** É usar as posições de Saturno e Urano de acordo com seu mapa individual, que teria de ser calculado corretamente, a partir de uma hora de nascimento efetivamente precisa. Assim, se você de fato conhece sua hora de nascimento e tem um mapa de nascimento elaborado com precisão, qualquer um com um conhecimento básico de um mapa será capaz de lhe dizer que Casas em seu mapa pessoal estão ocupadas por Saturno e Urano, em qualquer momento dado, entre 2007 e 2020, mas especialmente, não esqueça, quando uma Onda Saturno/Urano está ativa. Então basta encontrar e consultar os registros para aquelas Casas no **Guia de Trânsito da Casa Planetária** (página 265). Assim, se Saturno estava transitando pela sua Décima Casa e Urano estava transitando pela sua Quarta Casa, você encontraria essas leituras nas páginas indicadas no Guia de Trânsito da Casa Planetária usando o **Índice**. No nosso exemplo, você procuraria a página 271 para Saturno transitando pela Décima Casa e a página 275 para Urano transitando pela Quarta Casa. Observação: *não* use a Tabela de Conversão quando está usando Feito sob Medida.

Efeito da Onda Saturno/Urano Sobre os Relacionamentos

A energética combinação das Grandes Tempestades Saturno/Urano é bastante severa sobre os relacionamentos porque acentua o eterno conflito: compromisso *versus* liberdade. Assim, existe às vezes um grande grau de tensão quando uma parte de você quer se envolver numa parceria, enquanto outra parte simplesmente quer ficar fora ou "jogar sozinha". O importante para ter em mente é que Saturno/Urano esteve sempre dizendo: é um processo de evolução e progresso, e ele primeiro o fará se sentir paralisado, depois libertado e disponível, depois paralisado de novo, e assim por diante. O truque é não encarar algum estágio particular como um julgamento final ou uma leitura de onde você, seu parceiro ou parceira ou o relacionamento, deveriam estar. Tudo fica muito mais instável e permutável quando você alcança o pico de uma Onda (<Gráfico do Clima da Onda Planetária, página 27). As coisas começarão gradualmente a se acalmar e você assumirá uma nova "versão" do relacionamento ou então ele já terá se dissolvido, pois se mostrou incapaz de enfrentar a surra de Saturno/Urano. Tenha sempre em mente que esse teste é muito bom para um relacionamento que tenha conservado vigor e uma abertura para a mudança e a experimentação, porque o leva a um novo nível ao mesmo tempo mais estimulante e mais estável.

Se você está sozinho, Saturno/Urano pode lhe trazer um relacionamento inesperado desde que você se mantenha aberto à possibilidade e não esteja excessivamente receoso de um compromisso, porque ele também o testará nisso. Lembre que a coisa terá um padrão anda-para-anda, que determina se o relacionamento tem algum gás ou se é apenas fogo de palha (o que por si só já pode ter um efeito liberador).

Seja num relacionamento novo ou num relacionamento que já existe há muito tempo, o segredo é estar aberto para o que ele traz e não presumir que você sabe para onde as coisas estão indo. Esteja preparado para ter uma surpresa. Ao mesmo tempo, cole-se ao processo e use o tempo como instrumento para passar de uma situação a outra.

A Escolha é Nossa – Um Surfe Tranquilo

O quadro na página seguinte nos mostra Respostas Positivas às Ondas Saturno/Urano que criam Efeitos Positivos para você, pessoalmente, e em última instância para todos. As Respostas Negativas precisam ser evitadas para impedir os Efeitos Negativos em sua própria vida. Observe as características opostas das Negativas e Positivas e relacione Efeitos Negativos ou Positivos às Respostas que os criaram.

2007-2012 e 2020-2022
O Efeito Pessoal das Ondas Saturno/Urano
A Escolha é Nossa

Resposta Negativa	**Resposta Positiva**
Desconforto e tensão como resultado de estar atolado no Vale da Decisão. Querer ter seu pedaço de bolo e comê-lo. Relutância em firmar um compromisso adequado.	Enfrentar de maneira honesta qualquer situação inaceitável, embora aberto à ideia de que ela é muito provavelmente o resultado de valores em conflito dentro de você mesmo. Estar disposto a ceder.
Acreditar que "o diabo que você conhece é melhor que o diabo desconhecido" quando a tensão e má sensação de ficar com o primeiro é (se aproxima do) insuportável.	Perceber que o contrário do "diabo que você conhece" é na realidade o "deus que você não conhece". Em outras palavras, se houver uma mudança será para melhor.
Gangorra entre fazer o que você acha que os outros esperam de você e não dar ouvidos a ninguém, insistindo em fazer as coisas a seu jeito.	Criar conscientemente um equilíbrio entre sua postura e comportamento convencionais e as atitudes que são mais incomuns ou radicais.
Entrar cegamente em novas aventuras devido à impaciência, ansiedade ou insegurança.	Pesquisar os prós e contras em suas áreas de interesse antes de efetuar quaisquer mudanças ou firmar compromissos.

MUDANÇA CONSTRUTIVA

As coisas ficam meio complicadas. Fracassar por vacilação. Más opções favorecem más situações.	Uma ideia sensata e informada de onde você está se metendo atrai uma situação sensata e informada.
Comportamento errático atrai situações e pessoas instáveis e imprevisíveis, com os relacionamentos combinando com isso. Encrenca!	Sentir-se intimamente equilibrado e estável, propiciando um melhor estado de coisas com relação à saúde, ao dinheiro e aos relacionamentos.
Situações que vão de mau a pior, do meramente inconveniente ao nitidamente destrutivo. As coisas começam a estalar, sejam mentes ou ossos.	Encontrar o "deus que você não conhecia" foi de fato o inesperado. O que você temia não aconteceu e você sente uma alegre surpresa com os resultados de confiar nesse "deus".
Ocorrem mudanças sem que você tenha controle sobre elas ou possibilidade de escolha, pois ficou tempo demais de braços cruzados. Bebê sendo jogado fora com a água do banho, visto que você fracassa com ambos ou em todas as frentes.	Mudanças construtivas e benéficas feitas como resultado de ter descoberto exatamente o que precisava mudar – começando provavelmente com sua própria atitude.
Resposta Negativa	**Resposta Positiva**

O Equilíbrio de Poder Saturno/Urano

As páginas seguintes proporcionam dois esplêndidos meios básicos de viajar pelas Grandes Tempestades Saturno/Urano. Para conhecer uma maneira simples de surfar estas Ondas Planetárias e acompanhá-las até onde elas querem ir (como mostrado em "O Espírito desta Época"), contornando ao mesmo tempo o "Demônio desta Época", use a tabela de Equilíbrio de Poder Saturno/Urano da página seguinte.

Na metade superior da página, você verá na coluna da esquerda diferentes sintomas que você pode estar experimentando se estiver se inclinando demais na direção de Saturno, isto é, dando ênfase excessiva à cautela, à convenção, ao conhecido, à atitude defensiva, ao território, etc. A coluna da direita, então, sugere diferentes meios de restaurar o equilíbrio com remédios uranianos, que encorajam principalmente meios de dar um passo atrás, ganhando uma certa isenção ou vendo as coisas de uma perspectiva mais elevada, mais aberta.

Na metade inferior da página, a coluna da esquerda relaciona os sintomas resultantes de exceder-se com Urano – dando ênfase excessiva a ideias, teorias, princípios, liberdades, etc. – e a coluna da direita sugere remédios saturninos que encorajam uma abordagem mais pragmática, realista e disciplinada.

Como regra, cada item numerado é equilibrado pelo item numerado equivalente na coluna da direita, mas nem sempre – há cruzamentos.

O segundo meio básico de viajar pelas Grandes Tempestades Saturno/Urano é a meditação da página 240.

O Equilíbrio de Poder Saturno/Urano

Saturno de Mais e Urano de Menos

Se for este o caso, você pode estar experimentando alguns dos seguintes sintomas:

1. Sentir-se paralisado, emperrado e/ou fatigado.
2. Sentir-se tenso e inquieto.
3. Você tem *status* e uma situação financeira segura, mas não é absolutamente feliz.
4. Ficar furioso e começar a atacar as pessoas e coisas porque você se sente limitado e contido, mas não necessariamente por elas. Isso agrava a sensação de estar encurralado, e você pode pagar um preço inaceitável pela explosão.

Urano de Mais e Saturno de Menos

Se for este o caso, você pode estar experimentando alguns dos seguintes sintomas:

1. Colidir com pessoas e coisas.
2. Rebelar-se contra pessoas e coisas que têm mais autoridade que você, com a consequência de que você acaba até menos livre do que estava.
3. Confundir uma teoria, plano ou ideia com a coisa real, apenas para descobrir – talvez tarde demais – que eles não se sustentam.
4. Causar mais transtorno e angústia do que seria preciso aos que lhes são próximos como resultado de "fazer as coisas a seu jeito".

Remédios Uranianos

Adote um ou mais destes remédios para contrabalançar e aliviar os sintomas de "Saturno de mais".

1. Faça algumas mudanças, pequenas ou grandes. Assuma um risco calculado (não em excesso).
2. Simplesmente faça alguma coisa diferente ou algo que você sempre quis fazer mas teve medo.
3. A certa altura se torna necessário adotar uma visão de vida alternativa ou espiritual que alterará seus valores – então descobrirá o que tem mesmo valor para você.
4. Tais explosões libertam a tensão e a frustração resultantes de "comportar-se bem" por demasiado tempo. Tudo certo desde que você faça questão de realmente se libertar do que o inibe ou intimida.

Remédios Saturninos

Adote um ou mais destes remédios para contrabalançar e aliviar os sintomas de "Urano de mais".

1. Sua noção de *timing* anda muito ruim. Vá mais devagar para não quebrar.
2. Procure arranjar um tempo para pesquisar o que ou com quem você pretende discutir, quem ou o que você pretende evitar ou utilizar.
3. Anote as ideias para ver se elas se sustentam, sempre procurando encontrar exemplos daquilo que pretende fazer. Depois as apresente a gente prática que possa lhe dar uma opinião honesta.
4. Aprenda a diferença entre liberdade e licenciosidade. Ao se libertar você acabará também libertando outros. Fazer simplesmente o que você quer em excesso (licenciosidade) não vai libertar ninguém e acabará deixando-o mais solitário que livre.

Observação: É inteiramente possível experimentar, ao mesmo tempo, Saturno de mais e Urano de mais.

Meditação para a Onda Saturno/Urano

Isto é o mais simples e o melhor: uma Meditação ou Prece para o Espírito desta Época. Sente-se em silêncio com ela e olhe atentamente para os símbolos, sozinho ou com outros, enquanto interiormente ou em voz alta profere a invocação, quantas vezes e pelo tempo que quiser. É especialmente recomendado que execute este ritual durante os Pontos Focais envolvendo uma Onda Saturno/Urano (ver página 305).

♄

Meus semelhantes e eu
Soltamos quaisquer laços que tenhamos
Com o que está nos contendo.
E assim estamos liberados para o novo
Embora conservemos as tradições
Que são testadas e autênticas.
Desse modo vamos com firmeza
Para a frente e para cima.

♅

CAPÍTULO 6

Ondas de Júpiter Entre 2007 e 2020

Como se pode ver no Gráfico do Clima da Onda Planetária na página 27, as Ondas de Júpiter existem por si mesmas e são responsáveis por Tempestades Menores e Brisas Favoráveis. Aqui as vemos como responsáveis por dois tipos de influência: Reforços de Júpiter e Efeito Pessoal.

Reforços de Júpiter

Sempre que uma Onda de Júpiter ocorre ao mesmo tempo que uma Onda maior – as que envolvem Plutão, Netuno, Urano e Saturno (as Grandes Tempestades e Ventos Favoráveis) –, Júpiter de certo modo *reforça* o que está acontecendo, ampliando as coisas para que não possamos deixar de reparar num problema ou perder uma oportunidade. Como tal, os Reforços de Júpiter podem aumentar ou modificar os efeitos das Grandes Tempestades e dos Ventos Favoráveis, quando estes estão acontecendo simultaneamente. Elas de certo modo também dramatizam o curso total das Tempestades e dos Ventos, mais ou menos como faria um narrador, contando a história da Onda Planetária em questão enquanto ela engrossa e rola através do tempo e de nossa vida. Assim as interpretações dos Reforços de Júpiter são encontradas nos capítulos 2 a 5, sob o título "A História em Curso", mostrando como elas afetam cada respectiva Onda.

- Reforços para a Onda-Mãe Urano/Plutão página 75
- Reforços para as Ondas Saturno/Plutão página 131
- Reforços para as Ondas Saturno/Netuno página 182
- Reforços para as Ondas Saturno/Urano página 230

Efeito Pessoal

Surfando com Júpiter Através das Casas

Estes efeitos estão baseados nas Casas de seu mapa através das quais Júpiter está passando ou "transitando" entre 2007 e 2020. As interpretações lhe dirão como reforçar sua habilidade no surfe, para manter em boas condições sua cabeça e suas energias enquanto você viaja por estas e outras Ondas Planetárias. Você ficará efetivamente informado de qual é seu "trunfo mais forte" em qualquer momento dado, onde você deposita fé, confiança e entusiasmo. Isto é particularmente útil quando outra Onda Planetária está fazendo você oscilar!

Como sempre, há duas maneiras de usar esta ajuda:

1. **Pronto para Vestir**. É usar as posições de Júpiter de acordo com seu Signo de Nascimento, Signo Solar ou Signo Astral. Aqui se examina por que Casa Solar Júpiter está transitando enquanto a Onda-Mãe Urano/Plutão está ativa. Usando então o **Guia de Trânsito da Casa Planetária** (começando na página 265), vá para **Júpiter: Tabela de Conversão da Casa** na página 266. Em seguida procure o **Período** de tempo em que você está interessado, depois olhe ao longo da fileira até chegar à coluna de seu **Signo de Nascimento**. Aí você verá o número da Casa sendo transitada por Júpiter – 1ª, 2ª, 3ª, etc. – e logo abaixo o número da página onde você pode ler a descrição das possíveis situações e ações que pode empreender. Isto pode ser muito útil e preciso, mas lembre que está apenas baseado em seu Signo Solar.

2. **Feito sob Medida**. É usar as posições de Júpiter de acordo com seu mapa individual, que teria de ser calculado corretamente, a partir de uma hora de nascimento efetivamente precisa. Assim, se você de fato conhece sua hora de nascimento e tem um mapa de nascimento elaborado com precisão, qualquer um com um conhecimento básico de um mapa será capaz de lhe dizer que Casas em seu mapa pessoal estão ocupadas por Júpiter em qualquer momento dado entre 2007 e 2020. Então basta encontrar e consultar os registros para aquelas Casas no **Guia de Trânsito da Casa Planetária** (página 265). Por exemplo, se seu astrólogo ou seu próprio cálculo astrológico disseram que Júpiter estava transitando pela sua Primeira Casa, você encontraria essa leitura na página indicada no Guia de Trânsito da Casa Planetária usando o **Índice** da primeira página.
Observação: *não* use a Tabela de Conversão quando está usando Feito sob Medida.

APÊNDICES

1 Astroquântica 246
2 Ciclos Planetários 250
3 Onda-Mãe Urano-Plutão: Registro Histórico e Visão Geral
da Grande Tempestade 1900-2019 254
4 O Começo da Era de Aquário e o Fim do Calendário Maia 258
5 Guia de Trânsito da Casa Planetária 265
6 Pontos Focais: Picos e Padrões 305
7 Índice Ano a Ano da Onda Planetária 317

APÊNDICE 1

Astroquântica

A seguir comparamos os traços principais da astrologia com os da física quântica. Ao fazê-lo podemos ver como uns refletem os outros. O mínimo que se pode dizer é que as duas matérias são análogas, que uma sustenta as teorias e descobertas da outra. Juntas, começam a apresentar uma profunda e sofisticada explicação de como a vida realmente funciona em seu nível mais fundamental.

Astrologia	Física Quântica
Realidade Interior A astrologia diz respeito à realidade interior da vida e daqueles que a vivem. Um astrólogo sabiamente a batizou de "álgebra da vida", porque os planetas, signos e casas, etc. simbolizam as energias, os atributos e as experiências essenciais e arquetípicas da vida na Terra. Todas estas coisas interagindo têm uma manifestação física, nos dando variados tipos de eventos e pessoas aparentemente distintos. Na verdade, porém, todos são apenas manifestações diferentes dessas mesmas energias básicas.	**Realidade Interior** A física quântica diz respeito à realidade interior da matéria. Os elementos da mecânica quântica, como elétrons, nêutrons e outras partículas subatômicas (qualquer coisa menor que um átomo) e seus próprios componentes, como os quarks, são as unidades mais essenciais da matéria. O modo como todas essas coisas interagem e se comportam nos dá variados tipos de objetos aparentemente sólidos. Mas não são realmente sólidos; são principalmente espaço vazio acrescido de todos aqueles "ingredientes" básicos, aquelas partículas subatômicas.
A Fonte Simbolicamente, os planetas astrológicos representam, de acordo com seus atributos individuais, o que está potencialmente estocado, mais ou menos como um reservatório com diferentes tipos de água. Essas "águas" estão fluindo continuamente deste "reservatório" e, à medida que o fazem, manifestam-se como alguém ou alguma coisa	**A Fonte** "Mar da Ordem Implicada" é uma expressão cunhada pelo físico quântico David Bohm. Com "implicada" significando dobrada sobre si mesma, este "Mar" foi hipoteticamente concebido como o lugar onde a realidade subatômica é estocada até se desenrolar na Ordem Desdobrada, sendo esta o que é realmente visto como existente no

em nossa realidade do aqui e agora, o mundo material. É por isso que se pode identificar uma Onda Planetária – uma massa de água em movimento –, e o que ela representa ou tem em estoque para nós, segundo sua "cor" ou constituição planetária.

Dualidade e Incerteza

Até você realmente experimentar o efeito de uma Onda Planetária, ela é apenas um leque de probabilidades. Assim que ela o atinge (que o pega de surpresa) ou que você começa a surfá-la (se envolve com ela conscientemente), ela se torna algo de substância, um evento ou experiência pessoal ou global. Mas a natureza desse evento ou experiência é fortemente determinada pelo quanto você está bem preparado.

Interconexão Instantânea

As chamadas "influências" planetárias e suas "manifestações" são realmente duas coisas inter-relacionadas, acontecendo exatamente ao mesmo tempo, a uma grande distância uma da outra, em vez de uma provocando a outra. Esta é a essência da astroquântica neste livro. Fazer ou pensar alguma coisa que está relacionada com a "influência" de um planeta tem um efeito imediato e correspondente em outros locais, perto e longe, e por conseguinte afeta o todo, quer negativa, quer positivamente, dependendo do fato de você estar alinhado com o Espírito ou com o Demônio dessa Época/Onda. O que significa que nossa realidade é criada por todos nós.

O que Você Vê é o que Você Capta

Nosso "destino" como indicado pelos planetas depende de como interpretamos ou o que fazemos das possibilidades que eles colocam, ou de como surfamos essas Ondas Planetárias. E tudo isso depende da natureza da personalidade que está fazendo a interpretação e fazendo as opções de como viver sua vida. A coisa está "escrita nas On-

aqui e agora. Finalmente isto vai de novo se enrolar, voltando ao Mar da Ordem Implicada, para depois retornar à Ordem Desdobrada, e assim infinitamente.

Dualidade e Incerteza

Até você medir a posição de um objeto em movimento, ele é apenas uma Função Onda, isto é, um leque de probabilidades. Quando você o mede, ele se torna algo em particular – de fato uma Partícula. Contudo, a Onda e a Partícula existem juntas no mesmo tempo. Isso tem relação com o Princípio da Incerteza de Heisenberg, melhor explicado aqui por uma piada: Heisenberg estava correndo demais no carro e foi parado por um guarda de trânsito. "O senhor sabe em que velocidade está dirigindo?" "Não, mas sei onde estou!"

Interconexão Instantânea

Duas partículas subatômicas que estão ou estiveram relacionadas de alguma maneira são capazes de transmitir alterações ou informações uma à outra instantaneamente – isto é, mais rápido que a velocidade da luz – através de distâncias enormes. Isso é chamado Não Localidade. Vendo a coisa de outro modo, está sendo dito que uma partícula pode estar ao mesmo tempo em toda a parte.

O que Você Vê é o que Você Capta

A luz começa como Ondas e depois, assim que olhamos para ela, transforma-se em Pontos, isto é, em realidade perceptível. Mas quem está fazendo o contato e percebendo, e quando isso está sendo feito, tem tudo a ver com o modo como a realidade se mostra. Esse é um ponto importante, sobre o qual os "oportunistas quânticos" do modas", isto é, escrita em seu Mapa de Nascimento.

vimento New Age costumam fazer vista grossa. O que você visualiza ou deseja jamais acontecerá se você tiver antecedentes ou um medo inconsciente mais fortes que estejam inibindo a concessão desses desejos. Isto se chama Realidade Criada pelo Observador ou, mais precisamente, Realidade Influenciada pelo Observador – ou melhor ainda: Realidade Criada pela Consciência. Assim o Superpoder Mental {<24 e <74} depende intensa e nitidamente do seu nível e qualidade de consciência. A velha máxima, "homem, conhece a ti mesmo!", continua válida.

A Realidade em Formação é Toda Sua
A astrologia sustenta que "as pessoas acontecem para os eventos e não o contrário" (Dane Rudhyar). A astrologia pode lhe dizer qual é o seu potencial, mas não o que você fez dele ou vai fazer dele.

A Realidade em Formação é Toda Sua
O experimentador só obterá o que ele está procurando. E até você olhar na caixa onde lhe disseram que existe um "gato", você não saberá se o gato está vivo ou morto (O Gato de Schrodinger).

O que está acima não pretende ser uma comparação exaustiva, muito menos acadêmica, entre esses dois temas extremamente vastos, mas espero que provoque reflexão e justifique o uso da física quântica como uma metáfora para a vida neste livro, exatamente como a própria astrologia é uma metáfora. No entanto, a física quântica não é apenas uma metáfora e nem, creio eu, a astrologia. Há muitos mistérios envolvendo tanto a astrologia quanto a física quântica e, chegando mais ao ponto, há muitos astrólogos e físicos quânticos que têm opiniões conflitantes dentro de suas respectivas disciplinas. Portanto, o júri ainda não chegou – mas alguém sabe quem fez, como e por quê!

Nota Astroquântica
Ecoando com o Destino

Ondas-Planetárias podem ser vistas como "Mensageiras do Destino". Surfar por essas ondas é simplesmente o que é a vida. Podemos lutar contra a força e a direção delas, arranjando encrenca, ou nos sintonizarmos com elas e seguir sua direção, usar sua força, como um surfista pegando uma onda comum. A teoria quântica declara que absolutamente todas as coisas são fundamentalmente ondas, assim como a luz e o som são ondas. Nossos pensamentos são ondas. As ondas podem interagir umas com as outras, em fase ou fora de fase, de forma harmoniosa ou discordante. Pense em duas pessoas cantando afinadas ou desafinadas, ou na turbulência onde um rio encontra o mar. Assim, o modo como seus pensamentos interagem com o que está acontecendo, ou parece prestes a acontecer, tem tudo a ver com o que ocorre agora ou no futuro. Ao descrever as Ondas Planetárias, este livro mostra a você o que, no fundamental, está acontecendo ou possivelmente está prestes a acontecer, mais ou menos como se interpretasse o próprio vento em vez dos objetos que o vento está carregando. Sua mente está tendo, portanto, a oportunidade de ecoar com essas Ondas no mesmo nível delas – fazendo as ondas-pensamento se harmonizarem com as Ondas Planetárias. Isso produz um resultado ou destino positivos.

Seu Futuro Astrológico Após 2012
nos mostra como cooperar com o destino.

APÊNDICE 2

Ciclos Planetários

Ondas Planetárias são geradas pelo "motor" que é a interação entre dois planetas. Podemos ver aqui os dois "ponteiros" do Relógio Cósmico e os dois planetas em questão dependem do "modo" em que o Relógio está {<12 O Relógio Cósmico}. O verdadeiro "mostrador" do Relógio é o zodíaco que circunda a Terra. Assim, a forma como esses dois ponteiros se posicionam, um com relação ao outro, descreve seu Ciclo, desde o momento em que ambos os ponteiros estão juntos – o mesmo ponto num Signo do Zodíaco – até quando se encontram de novo num ponto diferente. Durante todo o Ciclo há determinados períodos que são mais importantes ou críticos que outros. São os períodos em que ocorre uma Onda Planetária e, dentre elas, as mais importantes são as Grandes Tempestades que ocorrem cada vez que os planetas em questão, ou "ponteiros", estão no mesmo lugar, em ângulos retos um com o outro, ou estão em posições opostas. A Onda se mantém um certo tempo em cada um desses períodos.

A ilustração da página seguinte mostra como estes Ciclos funcionam, usando como exemplo um Ciclo Saturno/Plutão. Este Ciclo, que acontece entre 1982 e 2020 (do primeiro pico da Onda 1980/84 ao primeiro e único pico da Onda 2018/2021, em janeiro de 2020), começou com ambos os planetas posicionados juntos, como é o caso para o início de qualquer ciclo planeta a planeta. Nesse caso, Saturno e Plutão estavam posicionados bem no final do Signo de Libra (1), em novembro de 1982 (isto é, quando a Onda 1980/84 entrou pela primeira vez no pico). Esses planetas se moveram daí até atingirem um ponto onde ficaram em ângulos retos um com o outro. Quanto tempo isso leva depende da velocidade com que cada planeta está viajando. Em nosso exemplo, vemos que Plutão se move muito mais devagar que Saturno, pois tinha apenas saído de Libra e se aproximado da extremidade do signo seguinte, o de Escorpião (Plutão 2), no momento em que Saturno formava um ângulo reto com ele, perto do final de Aquário (Saturno 2), em março de 1993 (isto é, no primeiro pico da Onda 1992/1995). O próximo ponto crítico ou Grande Tempestade ocorreu quando Saturno atingiu o meio de Gêmeos (Saturno 3), diretamente oposto a Plutão, agora no meio de Sagitário (Plutão 3) no decorrer de agosto de 2001 (o primeiro pico da Onda 2000/2004). O quarto estágio crítico será quando Saturno chegar ao início mesmo de Libra (Saturno 4) e Plutão ao início mesmo de Capricórnio (Plutão 4), desta vez em ângulos retos um com o outro em janeiro de 2010, no primeiro pico da Onda 2008/2011. Finalmente, os dois planetas voltarão a se juntar, desta vez no último terço de Capricórnio (5), em janeiro de 2020 – primeiro e único pico desta Onda 2018/2020 –, que é também quando eles começam um ciclo inteiramente novo, outra vez com cerca de 36 anos de duração.

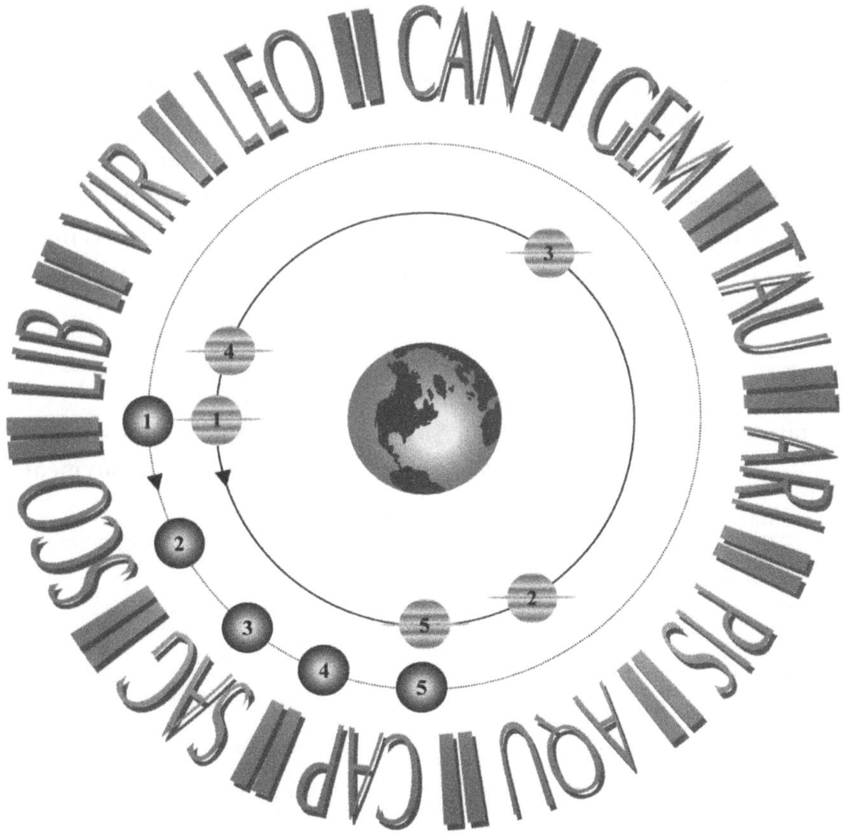

EXEMPLO DE UM CICLO PLANETA A PLANETA
(Saturno/Plutão 1982-2020)

O mais simples, mais bem-conhecido e facilmente observado exemplo deste tipo de ciclo é o que tem lugar com o Sol e a Lua, durando apenas um mês. Uma Lua Nova acontece quando o Sol e a Lua estão no mesmo ponto, como 1 na figura se você faz de Plutão o Sol e de Saturno a Lua; a Primeira Quadratura quando estão em ângulos retos um com o outro, como em 2; a Lua Cheia ocorre quando eles estão opostos um ao outro, como em 3, com a Terra no meio; a Segunda Quadratura quando estão de novo em ângulos retos, como em 4; e outra Lua Nova quando se conjugam de novo, como em 5.

Assim, existem pares planetários, seja o Sol e a Lua, Saturno e Plutão, ou qualquer outra dupla, girando sem parar, gerando Ondas e Tempestades de diferentes importâncias e intensidades. Há também os Ventos Favoráveis e Brisas Favoráveis, que ocorrem entre os pontos 2 e 3, e 3 e 4 de um ciclo. Existem ainda Ventos muito suaves e Brisas que ocorrem entre os pontos 1 e 2, e 4 e 5, mas estes não estão incluídos aqui. Tudo isso é o que pode ser chamado de Tempo Cósmico do Mundo, que afetará todos nós, de um modo ou de outro, até que finalmente nosso Sol vire uma supernova, chame de novo todos os planetas de volta para si e morra.

O quadro seguinte mostra os pares ou ciclos planetários examinados neste livro. Foram selecionados para estudo porque cobrem períodos mais longos e, portanto, historicamente mais significativos. Contudo, os mais curtos, como o Ciclo Sol/Lua, são mostrados, como você verá, em Pontos Focais, na página 305.

Tempestade/Ciclo Planetária(o)	**Duração de todo o Ciclo de 1 a 5 aproximadamente**	**Ocorrência de cada Grande Tempestade (ponto médio a ponto médio)**
Urano/Plutão	110 a 144 anos*	Cada 27 a 36 anos*
Saturno/Plutão	36 anos	Cada 8 a 10 anos
Saturno/Netuno	36 anos	Cada 8 a 10 anos
Saturno/Urano	46 anos	Cada 9 a 12 anos
Júpiter/Plutão	12 a 13 anos	Cada 3 a 4 anos
Júpiter/Netuno	14 anos	Cada 3 a 4 anos
Júpiter/Urano	14 anos	Cada 3 a 4 anos
Júpiter/Saturno	20 anos	Cada 5 anos

* Isto varia tanto porque ambos os planetas se movem muito devagar, e Plutão tem uma órbita particularmente elíptica.

A Internet

Há também mais dois Ciclos longos, os de Netuno/Plutão e Urano/Netuno, mas são mais longos que qualquer um acima e não ocorrem durante os anos 2007-2020 cobertos neste livro. Contudo, é importante notar que a Onda Urano/Netuno de 1985-2001 – começo de um Ciclo de 172 anos – viu o nascimento e proliferação da Internet. Urano = Tecnologia/Computadores, enquanto Netuno = Unificação, e é interessante que nós *surfamos* pela Internet como fazemos no mar de Netuno, nas ondas eletrônicas ou de rádio de Urano e nas Ondas Planetárias, como descrito neste livro.

Problemas na Internet 2007-2020

A não ser que sejam tomadas providências logo no início deste período, certas Ondas Planetárias vão trazer para a Internet problemas técnicos, práticos e morais cada vez mais críticos {<60, 67 Onda-Mãe Urano/Plutão; <221 Ondas Saturno/Urano}.

APÊNDICE 3

Onda-Mãe Urano/Plutão: Registro Histórico e Visão Geral da Grande Tempestade 1900-2019

Registro Histórico

328-318 a.C.	Alexandre, o Grande.
74-65 a.C.	Rebelião de Espártaco contra Roma. Subida de Júlio César ao poder.
1196-1206	Gêngis Khan.
1450-61	Queda de Constantinopla. Máquina impressora de Gutenberg. Nasce Leonardo da Vinci.
1489-1507	Colombo redescobre a América.
1533-45	Auge da Reforma Protestante. Hipótese heliocêntrica de Copérnico.
1563-70	Nascem Shakespeare e Galileu. Primeiro atlas moderno do mundo. Primeiro jornal.
1592-1602	Kepler e Galileu confirmam a hipótese de Copérnico. Obras de Shakespeare.
1620-27	O Mayflower começa a navegar para a América. Primeiro submarino. Francis Bacon.
1643-54	Revolução puritana na Inglaterra. Rebelião na Europa e Ásia. Descartes.
1674-83	*Progresso do Peregrino*, de Bunyan. Primeiro pão com fermento.
1705-16	Advento da Revolução Industrial com a era do vapor, do carvão e do ferro.

1749-65	Nascem Goethe, Mozart e William Blake. Declaração de Rousseau: "O homem nasceu livre e em toda parte está em cadeias".
1787-98	A Revolução Francesa. Napoleão. Advento da automação, da produção em massa e da química moderna (Lavoisier). Nasce John Keats.
1816-24	Revolução e insurreição na América Latina e na Europa. Obras-primas poéticas de Byron e Shelley. Nasce Karl Marx.
1845-56	Revolução na maioria das capitais europeias. Rebelião na China, Japão, Índia e Império Otomano. Publicado o Manifesto Comunista. Movimentos pela abolição da escravatura e pelos direitos das mulheres. Proliferação de ferrovias, ligações marítimas, telégrafo e estradas de rodagem. Darwin.
1873-80	Alexander Graham Bell faz a primeira chamada telefônica. Invenções de Edison (gramofone, etc.). Nasce Carl Jung.
1896-1907	Surgimento dos partidos socialista e comunista, dos movimentos militantes das mulheres, dos movimentos pelos direitos civis dos negros. Convulsões sociopolíticas mundiais. Primeiro voo com propulsão a motor dos irmãos Wright. Freud e Einstein. Física quântica.
1928-37	Divisão do átomo: advento da era nuclear. Hitler e Mao. Guerra Civil Espanhola.
1960-72	Os anos 60. Primeiro homem no espaço; pouso na Lua. Teorias científicas radicais.

Visão Geral da Grande Tempestade de 1900-2019
(momentos iniciais/finais arredondados para a conclusão do ano)

1900s

Onda Planetária	1900	1901	1902	1903	1904	1905	1906	1907	1908	1909
Urano/Plutão	~~~~	~~~~	~~~~	~~~~	~~~~	~~~~	~~~~	~~~~		
Saturno/Plutão								~~~~	~~~~	~~~~
Saturno/Netuno	~~~~	~~~~							~~~~	~~~~
Saturno/Urano									~~~~	~~~~

1910s

Onda Planetária	1910	1911	1912	1913	1914	1915	1916	1917	1918	1919
Urano/Plutão										
Saturno/Plutão				~~~~	~~~~	~~~~	~~~~			
Saturno/Netuno	~~~~	~~~~					~~~~	~~~~	~~~~	~~~~
Saturno/Urano	~~~~	~~~~							~~~~	~~~~

1920s

Onda Planetária	1920	1921	1922	1923	1924	1925	1926	1927	1928	1929
Urano/Plutão									~~~~	~~~~
Saturno/Plutão		~~~~	~~~~	~~~~						
Saturno/Netuno						~~~~	~~~~	~~~~		
Saturno/Urano	~~~~	~~~~							~~~~	~~~~

1930s

Onda Planetária	1930	1931	1932	1933	1934	1935	1936	1937	1938	1939
Urano/Plutão	~~~~	~~~~	~~~~	~~~~	~~~~	~~~~	~~~~	~~~~		
Saturno/Plutão	~~~~	~~~~	~~~~	~~~~						~~~~
Saturno/Netuno						~~~~	~~~~	~~~~		
Saturno/Urano	~~~~	~~~~	~~~~	~~~~						

1940s

Onda Planetária	1940	1941	1942	1943	1944	1945	1946	1947	1948	1949
Urano/Plutão										
Saturno/Plutão	~~~~	~~~~					~~~~	~~~~	~~~~	
Saturno/Netuno				~~~~	~~~~	~~~~				
Saturno/Urano	~~~~	~~~~	~~~~	~~~~						

1950s

Onda Planetária	1950	1951	1952	1953	1954	1955	1956	1957	1958	1959
Urano/Plutão										
Saturno/Plutão					~~~~	~~~~	~~~~	~~~~		
Saturno/Netuno		~~~~	~~~~	~~~~	~~~~					
Saturno/Urano	~~~~	~~~~	~~~~	~~~~	~~~~					

1960s

Onda Planetária	1960	1961	1962	1963	1964	1965	1966	1967	1968	1969
Urano/Plutão	~~~~~	~~~~~	~~~~~	~~~~~	~~~~~	~~~~~	~~~~~	~~~~~	~~~~~	~~~~~
Saturno/Plutão					~~~~~	~~~~~	~~~~~	~~~~~	~~~~~	
Saturno/Netuno		~~~~~	~~~~~	~~~~~	~~~~~					
Saturno/Urano			~~~~~	~~~~~	~~~~~	~~~~~	~~~~~	~~~~~	~~~~~	

1970s

Onda Planetária	1970	1971	1972	1973	1974	1975	1976	1977	1978	1979
Urano/Plutão	~~~~~	~~~~~	~~~~~							
Saturno/Plutão				~~~~~	~~~~~	~~~~~				
Saturno/Netuno	~~~~~	~~~~~	~~~~~	~~~~~					~~~~~	~~~~~
Saturno/Urano					~~~~~	~~~~~	~~~~~	~~~~~	~~~~~	

1980s

Onda Planetária	1980	1981	1982	1983	1984	1985	1986	1987	1988	1989
Urano/Plutão										
Saturno/Plutão	~~~~~	~~~~~	~~~~~	~~~~~	~~~~~					
Saturno/Netuno	~~~~~	~~~~~						~~~~~	~~~~~	~~~~~
Saturno/Urano							~~~~~	~~~~~	~~~~~	~~~~~

1990s

Onda Planetária	1990	1991	1992	1993	1994	1995	1996	1997	1998	1999
Urano/Plutão										
Saturno/Plutão			~~~~~	~~~~~	~~~~~	~~~~~				
Saturno/Netuno	~~~~~	~~~~~						~~~~~	~~~~~	~~~~~
Saturno/Urano	~~~~~								~~~~~	~~~~~

2000s

Onda Planetária	2000	2001	2002	2003	2004	2005	2006	2007	2008	2009
Urano/Plutão								~~~~~	~~~~~	~~~~~
Saturno/Plutão	~~~~~	~~~~~	~~~~~	~~~~~	~~~~~				~~~~~	~~~~~
Saturno/Netuno	~~~~~				~~~~~	~~~~~	~~~~~	~~~~~	~~~~~	
Saturno/Urano	~~~~~	~~~~~						~~~~~	~~~~~	~~~~~

2010s

Onda Planetária	2010	2011	2012	2013	2014	2015	2016	2017	2018	2019
Urano/Plutão	~~~~~	~~~~~	~~~~~	~~~~~	~~~~~	~~~~~	~~~~~	~~~~~	~~~~~	~~~~~
Saturno/Plutão	~~~~~	~~~~~							~~~~~	~~~~~
Saturno/Netuno					~~~~~	~~~~~	~~~~~	~~~~~		
Saturno/Urano	~~~~~	~~~~~	~~~~~							

APÊNDICE 4

O Começo da Era de Aquário e o Fim do Calendário Maia

O Começo da Era de Aquário

Eras astrológicas são determinadas pela Terra oscilando muito lentamente na direção oposta à que ela roda sobre seu eixo. Na verdade, então, o eixo da Terra no Polo Norte andará para trás através do Zodíaco – e leva 25.920 anos para atravessar todos os doze Signos, o chamado Grande Ano Astrológico.

Assim, ela demora em média 2.160 anos para atravessar um Signo – e isso é uma Era Astrológica, marcando uma época importante na história e desenvolvimento humanos, caracterizada pela natureza do Signo que está sendo ultrapassado. Há alguma controvérsia sobre quando, exatamente, tudo começou, mas a ideia mais popular ou simbólica é que a Era em que estamos e que se aproxima do fim, a Era de Peixes, começou no tempo de Jesus Cristo. Existem aqui algumas conotações satisfatórias e literais: Jesus significa "peixe" em grego clássico (*icthys*) e Jesus era conhecido como o Pescador de Homens. Ele veio de sua mãe, Maria, cujo nome significa "mar". E tem de haver algum significado com relação à história do "Alimento para os Cinco Mil" com dois peixes e cinco pães. Os cinco pães podem perfeitamente se referir ao Signo oposto a Peixes, Virgem, o Signo da Colheita, pois o Signo oposto tem uma importância considerável em tudo isto, como veremos.

E assim, com o que vimos até agora, podemos dizer que a Era de Peixes se encerra *por volta* de 2160 d.C., quando o próximo Signo ou o Signo anterior (estamos oscilando para trás, não esqueça) começa – o Signo de Aquário. Mas como uma Era é um período muito longo, sua "extremidade" se prolonga por cerca de 300 anos de cada lado de 2160. Assim, quando Peixes começou a se encerrar por volta de 1860, Aquário apareceu no horizonte, e enquanto Aquário vai ganhando força após 2160, Peixes se extingue completamente em 2460. Indícios da presença do Signo aquariano vêm se manifestando há algum tempo, antes mesmo de 1860. As Eras Astrológicas não são desligadas e ligadas como interruptores de luz; lembram antes a luz do Sol aparecendo algum tempo antes que o próprio Sol surja de fato no horizonte oriental ou desaparecendo algum tempo após ele ter se posto no oeste.

Aquário é o Signo da "igualdade, liberdade e fraternidade"– o lema da Revolução Francesa em fins do século que começou em 1700, uma época em que o segundo dos dois planetas que "governariam" Aquário – Urano, o Grande Despertador e Libertador – foi descoberto. Foi também uma época de grande convulsão e rebelião mundiais, a começar pela Guerra de Independência da América. Pessoalmente, acho que a Era de Aquário já estava "despontando" e, desde então, tem surgido de forma ampliada. Além disso, Aquário e seus governantes Saturno e Urano simbolizam a ciência e a tecnologia que tiveram seu advento no século XVIII – sendo "eu sei" a expressão chave de ambas, distinguindo-as da crença espiritual e do emocionalismo da precedente Era Pisciana, com a expressão-chave "eu creio".

Na verdade, então, trata-se de uma mudança de uma era de fé cega para um senso mais consciente e científico do que a realidade é. Para muitos, agora tem de haver uma explicação mais científica de Deus ou de um Criador {<48 A Morte e o Renascimento de Deus}. A época também vê o progressivo afastamento da reação abertamente emocional e de fervor mecânico para uma percepção de que nossa realidade é determinada pelo modo como pensamos, movidos, tudo correndo bem, por uma noção crescente dos poderes de nossa mente sobre a matéria e por uma bússola moral que usará tais poderes de um modo saudável e coletivamente benéfico.

Enquanto o surgimento da Era Pisciana viu os mártires cristãos pregados em cruzes por causa de suas crenças, a Era Aquariana, de modo descontraído, simplesmente desqualifica qualquer pessoa ou coisa que se oponha à sua aposta na "igualdade, liberdade e fraternidade". Em tempos posteriores à Revolução Francesa (um momento que se pode definitivamente encarar como "pré-estreia" da Era Aquariana), houve a fundação do comunismo por Karl Marx, em meados do século XIX, juntamente com a contínua destruição de barreiras de classe, a libertação de escravos e a implementação da igualdade racial e de gênero. Este advento da Era de Aquário também passou a desqualificar boa parte do que constitui a província do Signo oposto de Aquário: Leão. O Leão é integralmente realeza e privilégio e, começando com a execução/assassinato da família real russa, a monarquia tem estado em franco declínio desde esse dia de julho em 1918.

Os "problemas de dentição" da Era Aquariana, como acontece nos primeiros tempos de algo tão grande, são realmente notáveis. Ela tem introduzido uma sociedade um tanto ateia em muitas partes do mundo onde todos simplesmente fazem o que querem desde que possam bancar o custo de seus atos – o que pode ser chamado de *falsa* liberdade ou simplesmente *ultrapassagem de limites*. Envolta em tudo isso existe aquela "loucura" aquariana, a correção política, uma contradição em termos, onde não estamos livres para pensar e sentir como queremos pensar e sentir. O pensamento liberal é também uma tosca criatura aquariana que pode, em sua tentativa de nos tornar mais civilizados, encorajar uma conduta muito pouco civilizada devido à sua excessiva liberalidade na compreensão do que significam "direitos humanos".

Mas Aquário é essencialmente o Signo do Paradoxo, pois no processo de corresponder a ideais a pessoa não pode deixar de ter uma certa dose de hipocrisia. Não se pode chegar à "igualdade, liberdade e fraternidade" da noite para o dia e até certo ponto esses ideais têm de ser impostos pela força da lei. Este lado autoritário de Aquário, que parece estar em choque com seu aspecto liberal, deve-se a seu primeiro e original governante, Saturno. A interação destas energias opostas é particularmente notável durante Grandes Tempestades Saturno/Urano {<200} .

Essencialmente, Aquário é o Portador de Água, o que significa que está aqui para refrescar e purificar a humanidade com suas águas da Verdade e tem – ou melhor, nós temos – mais ou menos os próximos 2 mil anos para transformar isso de simples ideia em realidade. Tudo em nome de nos tornarmos mais civilizados, de criarmos uma verdadeira civilização.

Não por acaso Aquário é também o Signo do Futuro, pois diz respeito à própria evolução, ao surgimento do progresso científico, à visão utópica e ao humanitarismo básico. Como tal, está provavelmente se fazendo sentir à frente do tempo, como indicado pela Revolução Francesa, Marx, etc. Por outro lado, o fundamentalismo das crenças piscianas – como testemunham os homens-bomba, os cristãos "renascidos" e outros cultos religiosos que "amam-bombardeiam" seus possíveis recrutas – não vai evidentemente sair de cena com um simples gemido. Enquanto a Era Pisciana declina e a Era Aquariana desponta, este livro é exatamente uma tentativa de ajudar a abrandar esta difícil passagem de uma era a outra. Além da principal metáfora das "ondas" do livro estar de acordo com o verdadeiro glifo de Aquário, seu foco planetário chave da Onda-Mãe Urano/Plutão de 2007-20 é muito adequado porque representa a capacitação (Plutão) do que é mais promissor, mentalmente evoluído, cientificamente inovador e amante da liberdade em Aquário, representado por seu mais recente governante planetário, Urano.

Ele grita: "Dorminhocos, acordem!" – mesmo se isso leva a Terra a nos sacudir com terremotos e vulcões, ou o desvio de seus polos, para que o façamos. É também, como veremos agora, um período que coincide com outra coisa que torna essa época muito "interessante".

O Fim do Calendário Maia

Os maias da América Central eram grandes observadores do céu e seu conhecimento de ciclos celestiais, posições planetárias e manchas solares é incrivelmente preciso, levando-se em conta a falta de instrumentos astronômicos. Em consequência, quando seu calendário de Contagem Longa de 5.125 anos termina em 21 de dezembro de 2012 com a predição de que o mundo então terminará, um grande número de pessoas sentem que têm de dar uma parada e pensar um pouco. Acrescente-se a isso o fato de que inúmeras outras culturas antigas, como os egípcios e os cherokees, também preveem que esta época trará um importante fim/começo ou pelo menos uma grande mudança em nossa realidade.

No topo de tudo está o fato astronômico de que este momento, ou suas imediações, coincide com o alinhamento de nosso Sol com o centro de nossa galáxia, a Via Láctea, algo que ocorre a cada 25.920 anos, a mesma extensão de tempo do Grande Ano Astrológico, discutido acima. Os maias e outros povos antigos sabiam disso e é controverso se foi por essa razão que optaram por encerrar neste ponto seu Calendário de Contagem Longa ou se tudo não passou de coincidência. Inclusive não existe completo acordo em torno do ano 2012, com 2011 e 2020 sendo duas outras alternativas, todas caindo dentro do foco de tempo deste livro.

De fato, com relação às coisas maias, quase tudo está aberto a debate e você só precisa acessar "2012" num mecanismo de busca para descobrir o nível de confusão que o tema apresenta. Então, o que tudo isso significa?

Graças a uma pesquisa própria e à minha experiência de mais de trinta anos como astrólogo, cheguei às seguintes conclusões sobre 21 de dezembro, o Solstício de Inverno, de 2012.

O Dia em Si é Apenas um Ponto Focal

Não acho que vamos acordar em 22 de dezembro e descobrir que tudo sumiu ou foi magicamente transformado. Sustentando essa ideia, os Anciãos Maias explicaram que 2012 na realidade é apenas o centro de uma "zona" que pode ter **cem anos** de duração (1962-2062). Astrologicamente, como este livro tem se esforçado para demonstrar, o período de 2007-2020 que realmente se situa ao redor de 21 de dezembro de 2012 é também poderosamente significativo com relação à evolução humana e terrena. E como a extremidade das eras astrológicas dura por volta de **trezentos anos** (1860-2160), ela também possui este período em seu centro (ver o diagrama abaixo). Consequentemente, penso que 2007-2020 é talvez o ponto mais quente numa área quente. Assim, durante esse período de **quatorze anos** é maior a probabilidade de obtermos ou fazermos o pior e/ou o melhor do que está rolando.

2007 >>> ESTE LIVRO >>> 2020

1962 >>>>>>>>>> 2012 >>>>>>>>>> 2062

1860 >>>>>>>>>>>>> >> extremidade das eras >>>>>>>>>>>>>>>> 2160

A Grande Esperança de Ser Libertado de Tudo Isso

Não estou convencido de todo de que algo incrivelmente cósmico vai ocorrer no Solstício de Inverno de 2012, mas, como Ringo Starr disse uma vez, "amanhã nunca se sabe". É simplesmente humano ansiar por alguma coisa que vai varrer todo o horror, discórdia, insegurança e confusão que nos atormentaram através dos tempos – particularmente agora, quando parece que nos metemos numa grande encrenca. E assim 12/12 e toda a conversa sobre a ocorrência de algo grande e maravilhoso é muito atraente. Aqui estão algumas citações para exemplificar esta "esperança" ou predição que se estende da fantástica Nova Era para a era clássica e o aparentemente científico:

> *O gênero humano se unificará como um único circuito. Transmissões sonoras solares e galácticas inundarão o campo planetário.*
> *Uma corrente contendo ambos os polos correrá pelos céus, conectando as auroras polares num único e brilhante clarão.*
>
> Jose Argüelles

> *...salto quântico evolucionário. Interface humana/ET e o advento de uma nova espécie ou novo reino sobre a Terra.*
>
> Jon King

> *...translação ou desmaterialização para outra esfera do Universo.*
>
> Teillhard de Chardin

Quando a ressonância de Schumann aumenta para 13 Hz, Gaia passa de Alfa à frequência Beta e acorda. Uma crescente neuroquímica da triptamina e betacarbolina nos permite uma comunicação telepática, enquanto nos acostumamos a nossos corpos de luz, nos preparando para a reversão do polo magnético, quando haverá uma experiência fora do corpo em série.

Geoff Stray

Se alguma destas coisas for acontecer, ainda sinto a necessidade de lhes dar alguma qualificação.

O Vale da Criação da Alma

Todos os possíveis cenários 12/12 da lista acima apontam para algum tipo de evento/transformação espetacular. O que eu acrescentaria a esta lista – tentando sintetizar o que acho que este livro está dizendo – é que você está vivendo no planeta Terra numa época em que sua própria razão de existir é agudamente posta em foco, desafiada e testada (e esperemos que prove sua legitimidade). Para citar de novo Samuel Johnson: "Nada concentra a mente de forma tão esplêndida quanto a perspectiva de ser enforcado pela manhã". Se esta época significa tudo ou nada, sua perspectiva certamente faz com que cada indivíduo encontre algum meio de se harmonizar com ela ou de se preparar para resistir a ela, dependendo da convicção individual ou visão de mundo. Num caso ou noutro, consciente ou inconscientemente, chegamos a um tempo de fechamento de contas.

Assim, em vez de dizer que vamos *todos* ser levados para uma dimensão diferente – seja lá o que isto possa significar –, digamos que está em curso algum tipo de *prova dos nove* para a humanidade, em termos individuais e coletivos. Pode demorar vários anos ou aparentemente acontecer da noite para o dia, mas o que está ocorrendo é uma intensificação do que significa estar vivo. E isso significa que seu efeito sobre nós depende do indivíduo. Literal ou metaforicamente, estamos sendo submetidos a algum tipo de "escaneamento" que lê nossa "vibração" ou estado de evolução espiritual, nossa constituição energética. O escaneamento pode indicar qualquer coisa, das exigências de viver nesta época de Ondas Planetárias que desafiam a pessoa a manter seu equilíbrio, "permanecendo no alto da prancha", à chegada ou intensificação de alguma energia desconhecida dentro da biosfera da Terra; algo aparentado com o que tão misteriosamente cria círculos nas plantações.

O fato é que nascemos aqui, com toda a probabilidade vamos morrer aqui e o modo como vivemos esta vida terrena mortal nesse meio tempo é da maior importância. Para mim, pessoalmente, se existe alguma possibilidade de resumir numa linha o que a vida realmente significa, isto é feito pelo poeta John Keats: "Chame o mundo, por favor, de 'vale da criação da alma'". A Terra é um campo de testes e serem todos "iluminados" quando a situação ficar complicada demais me parece que seria estar rejeitando o sentido de tudo isso. Assim, correndo o risco de estar simplificando em excesso a questão, vejo três leituras e resultados básicos que o "escaneamento" produz e impõe, mesmo que não possa deixar de haver transições entre eles

1. O escaneamento descobre que sua alma atingiu um nível relativamente elevado de evolução e, assim, você passa para um nível mais alto, mas este nível pode perfeitamente ser ainda aqui, na Terra. É claro que tudo parecerá e será sentido de modo muito diferente;
2. O escaneamento descobre que sua alma tem demasiado conflito e negatividade dentro dela. Em consequência, não pode suportar a maior intensificação e produz sérias disfunções, o que significa sequelas como doença, loucura ou ambas as coisas. Daqui, no entanto, ela só pode inevitavelmente subir ou descer, passando para 1 ou 3;
3. O escaneamento descobre que sua alma tem tanto conflito e negatividade que nada pode ser feito para remediar seu estado mental e físico, ao menos por enquanto, de modo que a morte é o único resultado, não importa o que possa se seguir a ela.

Mesmo que nada seja assim, mesmo que a Era Aquariana e 2012 sejam apenas outra ilusão ou construção mental, ainda acho que vamos passar por um tempo literalmente muito difícil, com condições na Terra como o aquecimento global e outras situações climáticas e geofísicas sendo os sinais óbvios, mas também simbólicos, disto. O que você pessoalmente faz desse "tempo difícil" depende inteiramente de você. Quanto a mim, estou preparando meu espírito e pretendo surfar essas Ondas Planetárias no futuro!

APÊNDICE 5

Guia de Trânsito da Casa Planetária

Você foi encaminhado a esta seção pela parte Efeito Pessoal/Surfando com os Planetas Através das Casas de um capítulo sobre Ondas Planetárias. Ou então você já sabe o que está procurando! Se não se enquadra num caso nem no outro, volte à página relevante e veja do que se trata.

Urano e Plutão através das Casas na página 79
Saturno e Plutão através das Casas na página 136
Saturno e Netuno através das Casas na página 187
Saturno e Urano através das Casas na página 234
Júpiter através das Casas na página 243

Índice

Se você está usando "Pronto para Vestir": Vá para a Tabela de Conversão da Casa. Se você quer a Tabela de Conversão para Saturno, por exemplo, o Índice o enviará à página 273.

Se você está usando "Feito sob Medida": Vá para a seção Transitando pelas Casas. Se você está procurando por Júpiter transitando pela Oitava Casa, por exemplo, o Índice o enviará à página 270.

Júpiter

Tabela de Conversão da Casa (apenas para o cálculo "Pronto para Vestir") – página 267
Transitando pelas Casas (apenas para o cálculo "Feito sob Medida"):

1ª	2ª	3ª	4ª	5ª	6ª	7ª	8ª	9ª	10ª	11ª	12ª
p. 268	p. 268	p. 268	p. 269	p. 269	p. 269	p. 270	p. 270	p. 271	p. 271	p. 272	p. 272

Saturno

Tabela de Conversão da Casa (apenas para o cálculo "Pronto para Vestir") – página 273
Transitando pelas Casas (apenas para o cálculo "Feito sob Medida"):

1ª	2ª	3ª	4ª	5ª	6ª	7ª	8ª	9ª	10ª	11ª	12ª
p. 274	p. 274	p. 275	p. 275	p. 276	p. 276	p. 277	p. 277	p. 278	p. 279	p. 279	p. 280

Urano

Tabela de Conversão da Casa (apenas para o cálculo "Pronto para Vestir") – página 281
Transitando pelas Casas (apenas para o cálculo "Feito sob Medida"):

1ª	2ª	3ª	4ª	5ª	6ª	7ª	8ª	9ª	10ª	11ª	12ª
p. 281	p. 281	p. 282	p. 282	p. 283	p. 283	p. 284	p. 285	p. 286	p. 286	p. 287	p. 287

Netuno

Tabela de Conversão da Casa (apenas para o cálculo "Pronto para Vestir") – página 288
Transitando pelas Casas (apenas para o cálculo "Feito sob Medida"):

1ª	2ª	3ª	4ª	5ª	6ª	7ª	8ª	9ª	10ª	11ª	12ª
p. 288	p. 289	p. 289	p. 290	p. 291	p. 291	p. 292	p. 293	p. 293	p. 294	p. 295	p. 295

Plutão

Tabela de Conversão da Casa (apenas para o cálculo "Pronto para Vestir") – página 297
Transitando pelas Casas (apenas para o cálculo "Feito sob Medida"):

1ª	2ª	3ª	4ª	5ª	6ª	7ª	8ª	9ª	10ª	11ª	12ª
p. 297	p. 298	p. 298	p. 299	p. 299	p. 300	p. 301	p. 302	p. 302	p. 303	p. 303	304

Júpiter: Tabela de Conversão da Casa

(apenas para o cálculo "Pronto para Vestir")

Seu Signo de Nascimento ↓ Casa Transitada ↓ Número da Página

Período (Signo sendo transitado)	♈ Áries	♉ Touro	♊ Gêmeos	♋ Câncer	♌ Leão	♍ Virgem	♎ Libra	♏ Escorpião	♐ Sagitário	♑ Capricórnio	♒ Aquário	♓ Peixes
1 jan 2007 a 18 dez 2007 (Sagitário)	9ª p. 271	8ª p. 270	7ª p. 270	6ª p. 269	5ª p. 269	4ª p. 269	3ª p. 268	2ª p. 268	1ª p. 268	12ª p. 272	11ª p. 272	10ª p. 271
18 dez 2007 a 5 jan 2009 (Capricórnio)	10ª p. 271	9ª p. 271	8ª p. 270	7ª p. 270	6ª p. 269	5ª p. 269	4ª p. 269	3ª p. 268	2ª p. 268	1ª p. 268	12ª p. 272	11ª p. 272
5 jan 2009 a 18 jan 2010 (Aquário)	11ª p. 272	10ª p. 271	9ª p. 271	8ª p. 270	7ª p. 270	6ª p. 269	5ª p. 269	4ª p. 269	3ª p. 268	2ª p. 268	1ª p. 268	12ª p. 272
18 jan 2010 a 6 jun 2010 (Peixes)	12ª p. 272	11ª p. 272	10ª p. 271	9ª p. 271	8ª p. 270	7ª p. 270	6ª p. 269	5ª p. 269	4ª p. 269	3ª p. 268	2ª p. 268	1ª p. 268
6 jun 2010 a 9 set 2010 (Áries)	1ª p. 268	12ª p. 272	11ª p. 272	10ª p. 271	9ª p. 271	8ª p. 270	7ª p. 270	6ª p. 269	5ª p. 269	4ª p. 269	3ª p. 268	2ª p. 268
9 set 2010 a 22 jan 2011 (Peixes)	12ª p. 272	11ª p. 272	10ª p. 271	9ª p. 271	8ª p. 270	7ª p. 270	6ª p. 269	5ª p. 269	4ª p. 269	3ª p. 268	2ª p. 268	1ª p. 268
22 jan 2011 a 4 jun 2011 (Áries)	1ª p. 268	12ª p. 272	11ª p. 272	10ª p. 271	9ª p. 271	8ª p. 270	7ª p. 270	6ª p. 268	5ª p. 269	4ª p. 269	3ª p. 268	2ª p. 268
4 jun 2011 a 11 jun 2012 (Touro)	2ª p. 268	1ª p. 268	12ª p. 272	11ª p. 272	10ª p. 271	9ª p. 271	8ª p. 270	7ª p. 270	6ª p. 269	5ª p. 269	4ª p. 269	3ª p. 268
11 jun 2012 a 26 jun 2013 (Gêmeos)	3ª p. 268	2ª p. 268	1ª p. 268	12ª p. 272	11ª p. 272	10ª p. 271	9ª p. 271	8ª p. 270	7ª p. 270	6ª p. 269	5ª p. 269	4ª p. 269
26 jun 2013 a 16 jul 2014 (Câncer)	4ª p. 269	3ª p. 268	2ª p. 268	1ª p. 268	12ª p. 272	11ª p. 272	10ª p. 271	9ª p. 271	8ª p. 270	7ª p. 270	6ª p. 269	5ª p. 269
16 jul 2014 a 11 ago 2015 (Leão)	5ª p. 269	4ª p. 269	3ª p. 268	2ª p. 268	1ª p. 268	12ª p. 272	11ª p. 272	10ª p. 271	9ª p. 271	8ª p. 270	7ª p. 270	6ª p. 269
11 ago 2015 a 9 set 2016 (Virgem)	6ª p. 269	5ª p. 269	4ª p. 269	3ª p. 268	2ª p. 268	1ª p. 268	12ª p. 272	11ª p. 272	10ª p. 271	9ª p. 271	8ª p. 270	7ª p. 270
9 set 2016 a 10 out 2017 (Libra)	7ª p. 270	6ª p. 269	5ª p. 269	4ª p. 269	3ª p. 268	2ª p. 268	1ª p. 268	12ª p. 272	11ª p. 272	10ª p. 271	9ª p. 271	8ª p. 270
10 out 2017 a 8 nov 2018 (Escorpião)	8ª p. 270	7ª p. 270	6ª p. 269	5ª p. 269	4ª p. 269	3ª p. 268	2ª p. 268	1ª p. 268	12ª p. 272	11ª p. 272	10ª p. 271	9ª p. 271
8 nov 2018 a 2 dez 2019 (Sagitário)	9ª p. 271	8ª p. 270	7ª p. 270	6ª p. 269	5ª p. 269	4ª p. 269	3ª p. 268	2ª p. 268	1ª p. 268	12ª p. 272	11ª p. 272	10ª p. 271
2 dez 2019 a 19 dez 2020 (Capricórnio)	10ª p. 271	9ª p. 271	8ª p. 270	7ª p. 270	6ª p. 269	5ª p. 269	4ª p. 269	3ª p. 268	2ª p. 268	1ª p. 268	12ª p. 272	11ª p. 272
19 dez 2020 a 13 maio 2021 (Aquário)	11ª p. 272	10ª p. 271	9ª p. 271	8ª p. 270	7ª p. 270	6ª p. 269	5ª p. 269	4ª p. 269	3ª p. 268	2ª p. 268	1ª p. 268	12ª p. 272
	♈ Áries	♉ Touro	♊ Gêmeos	♋ Câncer	♌ Leão	♍ Virgem	♎ Libra	♏ Escorpião	♐ Sagitário	♑ Capricórnio	♒ Aquário	♓ Peixes

Júpiter Transitando pelas Casas

Júpiter Transitando por sua Primeira Casa

Surgem oportunidades e ocasiões que sugerem ou proporcionam avanço, prazer e melhoria em assuntos relativos à sua imagem, aparência e ao que constitui seu senso de presença. Sua identidade se torna mais que nunca uma questão de importância e geralmente seu interesse se volta para uma compreensão do quadro maior e de seu lugar dentro dele. Tudo isso pode fazer você se sentir inibido ou, por outro lado, um tanto inflado ou mesmo arrogante e prepotente. Se seu senso de grandeza e sua capacidade de ser expansivo podem ser temperados pela compreensão e cortesia, então esta época pode tornar você e o mundo em que você vive muito mais significativos e positivos.

Júpiter Transitando por sua Segunda Casa

Surgem oportunidades e ocasiões que sugerem ou proporcionam avanço, prazer e melhoria em assuntos relativos às suas finanças, posses, poder aquisitivo e senso do que tem valor para você. Assim, empregar energia em objetivos relacionados a isso vai mais provavelmente do que de outras vezes se deparar com o sucesso. Contudo, há também a inclinação para a pessoa gastar demais ou se deixar empolgar pelo lado material das coisas. No limite, ou a pessoa terá de se preparar para enfrentar mais tarde dívidas contraídas devido a um falso senso de riqueza ou acabará descobrindo que as coisas materiais não lhe dão aquela satisfação que achou que iam dar. Aceitar um ponto de vista filosófico ou profissionalmente informado com relação a "o que vale o que" é aconselhável – e pode ser necessário. Em última análise, este trânsito está pedindo que você avalie seus próprios meios de avaliação.

Júpiter Transitando por sua Terceira Casa

Surgem oportunidades e ocasiões que sugerem ou proporcionam avanço, prazer e melhoria em coisas relativas aos seus assuntos e batalhas do dia a dia, bem como aos seus parentes (especialmente irmãos ou irmãs). Isto pode trazer um elemento mais filosófico ou religioso para sua vida e postura cotidianas, e também para a vida e a postura de outros. Se você está propenso a ficar atolado em termos de pensamento e rotina, esta influência o ajudará a "pensar globalmente e agir localmente" ou a introduzir o cósmico na coisa comum. Você descobrirá que debates febris e choques de opinião são, portanto, a essência deste trânsito, visto que eles o forçam a verbalizar suas crenças – e depois a seguir o que você fala.

Júpiter Transitando por sua Quarta Casa

Surgem oportunidades e ocasiões que sugerem ou proporcionam avanço, prazer e melhoria em assuntos relativos à sua casa e família, a seu senso de segurança e de pertencer a alguma coisa. Compra, mudança ou redecoração de casa têm agora um papel muito importante. Num nível emocional, ver o quadro maior e cultivar sentimentos de generosidade permitirá que você crie ou valorize o amor e a compreensão nos aspectos mais pessoais de sua vida, particularmente onde seus pais estiverem envolvidos. Explorar e descobrir suas raízes e origens mais profundas é possível e agora é um momento favorável. É também um momento de crescimento em seu sentimento mais íntimo do que e de quem você é ou pelo menos as experiências tendem a enfatizar ou mesmo a exagerar a necessidade desse crescimento. É um momento para descobrir "onde você vive", tanto em sentido literal quanto psicológico – forrar de penas seu ninho e trazer raízes.

Júpiter Transitando por sua Quinta Casa

Surgem oportunidades e ocasiões que sugerem ou proporcionam avanço, prazer e melhoria em assuntos relativos a seu estilo de autoexpressão criativa – e isto inclui tudo, de passatempos a romances, de filhos a drama e à disposição de fazer algo que seja uma demonstração de sua personalidade única. Você descobre, deixando sair o que está dentro de si, que o mundo, em termos pessoais ou profissionais, responde a você de um modo frutífero, que gera compreensão e gratidão. Há um ligeiro risco de serem cometidos alguns excessos se você for naturalmente extrovertido, mas este não deve ser um momento de falsa modéstia! Deixe tudo aparecer e se dê por muito feliz com isso.

Júpiter Transitando por sua Sexta Casa

Surgem oportunidades e ocasiões que sugerem ou proporcionam avanço, prazer e melhoria em assuntos relativos ao trabalho, aos colegas de trabalho, à saúde e à ajuda prestada a outros. É um momento em que você consegue avaliar como a promoção e o desenvolvimento de certas atividades podem ser valiosos. É também um momento de cura, para você mesmo ou para outros. Contudo, qualquer problema de saúde que tenha se mantido sob a superfície pode se fazer sentir agora. Além disso, tenha em mente que crescer em termos criativos e produtivos é essencial para a saúde, mas resistir ao crescimento por alguma razão, como medo da crítica ou por ser demasiado detalhista, pode sem dúvida dar origem a desdobramentos negativos, como peso em excesso. Deveres e responsabilidades talvez pareçam agora inibir sua liberdade, mas trata-se, na realidade, de uma chamada para fazer uma limpeza, uma arrumação em todas as áreas da sua vida e da sua personalidade que estejam precisando disso. Então o caminho ficará mais claro para uma interação mais frutífera com o mundo e os outros.

Júpiter Transitando por sua Sétima Casa

Surgem oportunidades e ocasiões que sugerem ou proporcionam avanço, prazer e melhoria em assuntos relativos a relacionamentos, ao seu parceiro se você tem um e à sua maneira de se relacionar com os outros. Isto pode significar um novo e arrojado encontro ou introduzir alguma coisa nova numa parceria existente. Basicamente, há uma luz verde para obter mais dos relacionamentos. Se há, no entanto, alguma coisa entrando no caminho disto, Júpiter poderia introduzir um "coringa", que surge para tornar evidente que nunca se deveria permitir que os relacionamentos virassem uma coisa acomodada ou entrassem num atoleiro. Você deveria intensificar a compreensão e exploração da outra pessoa se está mantendo um relacionamento ou, se não existe relacionamento, explorar melhor o que "está rolando". No primeiro caso, não conseguir compreender isto pode levar às vezes a uma situação "perder-ou-perder". Em suma, é o momento de abrir os olhos para o fato de que qualquer relacionamento é expressão e reflexo de seu *alter ego*. Tenha isto em mente e todo e qualquer relacionamento se tornará muito mais gratificante e fascinante.

Júpiter Transitando por sua Oitava Casa

Surgem oportunidades e ocasiões que sugerem ou proporcionam avanço, prazer e melhoria em assuntos relativos a recursos de outros e envolvimentos íntimos, sejam emocionais ou financeiros. Acertar na loteria ou heranças é agora uma possibilidade – mas não confie nisto! Num nível mais profundo este trânsito está dizendo que mudança e transformação são o caminho para a frente e para cima, mas possivelmente sendo preciso ir primeiro para dentro ou mesmo para baixo. Assim, isto pode significar que alguma forma de crise ou experiência intensa é o que precede um verdadeiro avanço. Consequentemente, não tente evitar uma coisa dessas quando ela é realmente inevitável, pois se poderia criar um bloqueio do fluxo emocional ou financeiro. Propriedade comum e intimidade são áreas agora desenvolvidas e esse desenvolvimento depende de sabermos, por um lado, onde e quando guardar um segredo e, por outro, onde e quando devemos ser totalmente francos.

Júpiter Transitando por sua Nona Casa

Surgem oportunidades e ocasiões que sugerem ou proporcionam avanço, prazer e melhoria em assuntos relativos a viagem e exploração, educação superior, desbravamento de novos terrenos, descoberta de leis e significados ou, em geral, à comunicação com uma audiência mais ampla. É um momento em que a experiência se torna extremamente importante, pois é ela que impede que o conhecimento obtido seja meramente acadêmico, unilateral ou hipocritamente dogmático. O mundo pode ser visto como sua ostra durante este período, permitindo que você cresça e prospere a partir de qualquer oportunidade ou desafio que se apresente. Pode perfeitamente ser um tempo de cruzada, com todos os avanços, reveses, amigos e inimigos que isso pode atrair.

Júpiter Transitando por sua Décima Casa

Surgem oportunidades e ocasiões que sugerem ou proporcionam avanço, prazer e melhoria em assuntos relativos à sua carreira, *status* e reputação. Reconhecimento e promoção são mais prováveis durante este período que na maioria dos outros, especialmente se você aproveita as oportunidades e cultiva os contatos que vai agora encontrar pela frente. Viagem e pessoas de diferentes culturas podem perfeitamente figurar em sua vida profissional. É em geral uma época de prosperar no mundo exterior, material, mas paradoxalmente, se você está espiritualmente inclinado, pode sentir uma ânsia de se pôr acima de tudo isso e ver seu papel na vida de uma perspectiva mais filosófica ou filantrópica.

Júpiter Transitando por sua Décima Primeira Casa

Surgem oportunidades e ocasiões que sugerem ou proporcionam avanço, prazer e melhoria em assuntos relativos às suas amizades, atividades de grupo e interesses comunitários/políticos. O poder e oportunidades que são fornecidos por uma série de indivíduos, não apenas por você sozinho, é o que faz as coisas acontecerem agora. "Nenhum homem é uma ilha" pode ser seu lema para este período. São seus ideais e aspirações e os daqueles que compartilham seus valores sociais que ocupam sua mente mais que de hábito e que proporcionam significado e vigor à sua vida.

Júpiter Transitando por sua Décima Segunda Casa

Surgem oportunidades e ocasiões que sugerem ou proporcionam avanço, prazer e melhoria em assuntos relativos às atividades de "bastidores" e ao que é mais sutil e menos óbvio com relação à vida e a você mesmo. De um modo ou de outro, encontrando alguém ou através de alguma forma de busca espiritual, você se depara com uma sensação de que a vida é mais do que é visível de um ponto de vista exterior ou convencional. O modo como você e os outros estão agora, no presente, tem tudo a ver com o passado, um passado que retrocede até o útero – ou mesmo para antes disso, pois vidas anteriores podem se tornar agora, de um modo ou de outro, uma questão importante.

Saturno: Tabela de Conversão da Casa

(apenas para o cálculo "Pronto para Vestir")

Seu Signo de Nascimento ↓ Casa Transitada ↓ Número da Página

Período (Signo sendo transitado)	♈ Áries	♉ Touro	♊ Gêmeos	♋ Câncer	♌ Leão	♍ Virgem	♎ Libra	♏ Escorpião	♐ Sagitário	♑ Capricórnio	♒ Aquário	♓ Peixes
1 jan 2007 a 2 set 2007 (Leão)	5ª p. 276	4ª p. 275	3ª p. 275	2ª p. 274	1ª p. 274	12ª p. 280	11ª p. 279	10ª p. 279	9ª p. 278	8ª p. 277	7ª p. 277	6ª p. 276
2 set 2007 a 29 out 2009 (Virgem)	6ª p. 276	5ª p. 276	4ª p. 275	3ª p. 275	2ª p. 274	1ª p. 274	12ª p. 280	11ª p. 279	10ª p. 279	9ª p. 278	8ª p. 277	7ª p. 277
29 out 2009 a 7 abr 2010 (Libra)	7ª p. 277	6ª p. 276	5ª p. 276	4ª p. 275	3ª p. 275	2ª p. 274	1ª p. 274	12ª p. 280	11ª p. 279	10ª p. 279	9ª p. 278	8ª p. 277
7 abr 2010 a 21 jul 2010 (Virgem)	6ª p. 276	5ª p. 276	4ª p. 275	3ª p. 275	2ª p. 274	1ª p. 274	12ª p. 280	11ª p. 279	10ª p. 279	9ª p. 278	8ª p. 277	7ª p. 277
21 jul 2010 a 5 out 2012 (Libra)	7ª p. 277	6ª p. 276	5ª p. 276	4ª p. 275	3ª p. 275	2ª p. 274	1ª p. 274	12ª p. 280	11ª p. 279	10ª p. 279	9ª p. 278	8ª p. 277
5 out 2012 a 23 dez 2014 (Escorpião)	8ª p. 277	7ª p. 277	6ª p. 276	5ª p. 276	4ª p. 275	3ª p. 275	2ª p. 274	1ª p. 274	12ª p. 280	11ª p. 279	10ª p. 279	9ª p. 278
23 dez 2014 a 15 jun 2015 (Sagitário)	9ª p. 278	8ª p. 277	7ª p. 277	6ª p. 276	5ª p. 276	4ª p. 275	3ª p. 275	2ª p. 274	1ª p. 274	12ª p. 280	11ª p. 279	10ª p. 279
15 jun 2015 a 18 set 2015 (Escorpião)	8ª p. 277	7ª p. 277	6ª p. 276	5ª p. 276	4ª p. 275	3ª p. 275	2ª p. 274	1ª p. 274	12ª p. 280	11ª p. 279	10ª p. 279	9ª p. 278
18 set 2015 a 20 dez 2017 (Sagitário)	9ª p. 278	8ª p. 277	7ª p. 277	6ª p. 276	5ª p. 276	4ª p. 275	3ª p. 275	2ª p. 274	1ª p. 274	12ª p. 280	11ª p. 279	10ª p. 279
20 dez 2017 a 22 mar 2020 (Capricórnio)	10ª p. 279	9ª p. 278	8ª p. 277	7ª p. 277	6ª p. 276	5ª p. 275	4ª p. 275	3ª p. 275	2ª p. 274	1ª p. 274	12ª p. 280	11ª p. 279
22 mar 2020 a 1 jul 2020 (Aquário)	11ª p. 279	10ª p. 279	9ª p. 278	8ª p. 277	7ª p. 277	6ª p. 276	5ª p. 276	4ª p. 275	3ª p. 275	2ª p. 274	1ª p. 274	12ª p. 280
1 jul 2020 a 17 dez 2020 (Capricórnio)	10ª p. 279	9ª p. 278	8ª p. 277	7ª p. 277	6ª p. 276	5ª p. 276	4ª p. 275	3ª p. 275	2ª p. 274	1ª p. 274	12ª p. 280	11ª p. 279
17 dez 2020 a 7 mar 2023 (Aquário)	11ª p. 279	10ª p. 279	9ª p. 278	8ª p. 277	7ª p. 277	6ª p. 276	5ª p. 276	4ª p. 275	3ª p. 275	2ª p. 274	1ª p. 274	12ª p. 280

♈ Áries ♉ Touro ♊ Gêmeos ♋ Câncer ♌ Leão ♍ Virgem ♎ Libra ♏ Escorpião ♐ Sagitário ♑ Capricórnio ♒ Aquário ♓ Peixes

Saturno Transitando pelas Casas

Saturno Transitando por sua Primeira Casa

As circunstâncias impõem ou o ajudam a definir, tornar estável ou pôr em ordem questões relativas à sua imagem, apresentação e ao que constitui seu senso de presença no mundo à sua volta. Assim, sua verdadeira identidade pode se tornar um assunto ou questão sérios e o peso de suas responsabilidades desperta um inevitável e imediato interesse. Enquanto em outras épocas você podia deixar certas coisas em banho-maria, tem agora de lidar com elas de imediato. O lado positivo de tudo isto é que você consegue fazer muito mais do que de hábito, tendo como resultados finais a realização e o sucesso. Contudo, embora pareça ser o mundo externo que lhe está fazendo mais exigências do que de hábito, o verdadeiro problema é realmente a questão de quem é você como indivíduo. Quanto mais você sabe acerca do modo como você funciona como pessoa, melhor e mais eficientemente funcionará no mundo material exterior. Por sua vez, isto significa que você tem de administrar bem o seu tempo, aceitar ou respeitar a autoridade onde for preciso, estabelecer limites, reconhecer limitações e, em geral, agir de um modo cada vez mais maduro e apropriado. Quaisquer eventos negativos, sejam materiais, físicos ou psicológicos, originam-se do fato de você não estar à altura do que as circunstâncias estão lhe exigindo, pois essas mesmas circunstâncias são tanto a substância quanto a solução de seus problemas.

Saturno Transitando por sua Segunda Casa

As circunstâncias impõem ou o ajudam a definir, tornar estável ou pôr em ordem questões relativas às suas finanças, posses, poder aquisitivo, autoestima e senso do que tem valor para você. Se você passa por dificuldades financeiras durante esta época, é porque está subestimando a si próprio ou enfatizando de forma exagerada a importância do dinheiro em comparação com coisas de valor mais fundamental. Uma razão mais básica, contudo, pode ser você ter deixado os assuntos financeiros saírem de controle. Este é um período em que economia é a palavra de ordem, ainda que uma desnecessária parcimônia só sirva para tornar também árida uma fase já possivelmente pobre. Como sempre acontece com Saturno, você está sendo apertado para que possa sentir em que forma está – desta vez com relação ao que você acha que você e a vida valem. Fortaleça e reafirme seus ativos, sob todos os pontos de vista.

Saturno Transitando por sua Terceira Casa

As circunstâncias impõem ou o ajudam a definir, tornar estável ou pôr em ordem questões relativas aos seus assuntos e batalhas do dia a dia, bem como aos seus parentes (especialmente irmãos ou irmãs) e a qualquer coisa relacionada com comunicação. As interações do dia a dia e viagens curtas podem submetê-lo a bloqueios ou atrasos, mas isto é apenas a vida lhe mandando parar, ir mais devagar ou reconsiderar o que você está dizendo, como está pensando e para onde está indo. Quanto mais firme sua ideia sobre estas questões, mais eficiente você será com relação a elas. Aprenda a escolher o momento certo e a ver como sua postura mental está intimamente relacionada ao modo como alguma coisa vai acabar. Do outro lado de tudo isto pode surgir a necessidade que exige que você encare as coisas menos literalmente ou pare de tentar estar "certo" o tempo todo, impressionando os outros com seu conhecimento e contatos. Isso terá o efeito "produtivo" de trazer um conhecimento dos fatos, mas sem realmente aplicá-los ao problema prático imediato ou sem ver o que é verdadeiramente relevante. Esta época diz respeito integralmente a ser pragmático, não apenas inteligente. Encontrar a palavra ou contato certos, ou chegar à verdade dos fatos tem de ser um meio para um fim, não um fim em si mesmo.

Saturno Transitando por sua Quarta Casa

As circunstâncias impõem ou o ajudam a definir, tornar estável ou pôr em ordem questões relativas à sua casa e família, a seu senso de segurança e de pertencer a alguma coisa. Isto se resume principalmente à noção que você tem de suas raízes e conexão com o passado. Se elas são saudáveis, esta época vai encontrá-lo mais seguro que nunca, possivelmente ampliando sua base para beneficiar outros, mas com a condição definida de que eles a usem de modo cuidadoso e disciplinado. Num nível puramente físico, isto pode significar construir onde você vive. Por outro lado, a necessidade de reparos ou reestruturação pode se apresentar. Em ambos os casos, ela seria símbolo do que está acontecendo bem no fundo de você. Sua casa e seu pequeno terreno são, afinal, uma expressão de suas sensações de segurança e de pertencer a algo. Saturno, de um modo ou de outro, está direcionando sua atenção para o contexto desses assuntos. Outro efeito deste trânsito pode ser você se sentir como se tivesse ficado paralisado, particularmente em termos profissionais. Isso aconteceria porque você está sendo forçado a definir de onde está vindo e onde está tentando chegar no mundo exterior. Você está construindo fundações agora e tendo de olhar mais de perto para o "solo" onde estão sendo erguidas. A "superestrutura" virá mais tarde – e dependerá do quanto as fundações são estáveis. Tudo isso pode significar que você tem de cavar fundo em termos emocionais e psicológicos.

Saturno Transitando por sua Quinta Casa

As circunstâncias impõem ou o ajudam a definir, tornar estável ou pôr em ordem questões relativas ao seu estilo de autoexpressão criativa – o que inclui de passatempos a romances, de filhos a drama e à disposição de fazer algo que seja uma demonstração de sua personalidade única. Há, portanto, um paradoxo evidente em ação agora, pois você tem de encarar com seriedade a sua necessidade de se divertir, fazer força para se soltar, ser disciplinado em sua expressão artística, estabelecer limites definidos para que você ou outros saibam onde são livres para serem eles próprios. As crianças em particular, seus filhos ou filhos de outros, podem se tornar uma grande responsabilidade, porque elas o forçam a se conectar com o "adulto" em você, isto é, aquele que tem uma autoridade nascida de uma noção sadia do que é ou não permissível – ao mesmo tempo, no entanto, contactando a "criança" em você, pois isto o capacita a entender a verdadeira criança. Qualquer fraqueza a esse respeito significará ter de pagar o preço – o que não dirá respeito só às crianças. Não reconhecer quando você ou os outros cruzaram a linha pode atrair problemas bem consideráveis. É um tempo, portanto, de aprender a se divertir e de se expressar livremente, embora observando certas limitações e regras.

Saturno Transitando por sua Sexta Casa

As circunstâncias impõem ou o ajudam a definir, tornar estável ou pôr em ordem questões relativas ao trabalho, colegas de trabalho, saúde, método técnico e serviço para outros. Agora você tem de trabalhar arduamente e, ao que parece, com pouco retorno, mas cuidado para não trabalhar além da conta, pois isso pode levar a problemas de saúde. O retorno virá mais tarde, após Saturno ter deixado esta Casa e entrado nas próximas, a Sétima Casa e as demais. É como se você estivesse se preparando ou treinando para uma apresentação ou exame. O jardineiro limpa o terreno de pedras e mato, fertiliza-o e planta as sementes; só trabalho duro sem ainda nada para mostrar. Mas vem a primavera, haverá alimento e flores! Com relação à saúde, talvez seja uma época em que você pode ou deve adotar um regime disciplinado para melhorar seu estado físico e/ou psicológico. Sob muitos aspectos, esta época pode ser encarada como um aprendizado ou uma experiência de devoção – com relação ao que você julga digno de suas atenções, o que deve certamente incluir sua saúde e, possivelmente, também a de outros.

Saturno Transitando por sua Sétima Casa

As circunstâncias impõem ou o ajudam a definir, tornar estável ou pôr em ordem questões relativas a relacionamentos, a um parceiro ou uma parceira, se você tem alguém, e mesmo à sua maneira de se relacionar com os outros. Isso geralmente significa, portanto, um período de desafio em suas parcerias e no trato mais íntimo com outros, em geral pela simples razão de que tais assuntos estão quase sempre sujeitos a dificuldades – a não ser, é claro, que você tenha a sorte necessária para ter um relacionamento e uma atitude realmente estáveis. Em outras palavras, se houver algumas rachaduras, elas vão aparecer agora. Onde Saturno está envolvido, a razão por trás de quaisquer problemas é que você ou a outra pessoa, ou ambos, não estão vivendo à altura das responsabilidades nem firmando e se apegando a compromissos – o que poderia ser também a razão para não manter absolutamente um relacionamento. O segredo é aceitar que há sempre limitações e lições fatoradas nos relacionamentos íntimos, e que medos e hesitações com relação a se deixar envolver vão fazer com que ninguém fique lá à sua espera – ou que um certo alguém não fique lá à sua espera. Pelo lado positivo, você pode perfeitamente se sentir estável o bastante para entrar num compromisso mais firme, sendo o casamento, se for possível, uma probabilidade. Em termos do que ou de quem você atrai nesta época, é provável que pessoas mais velhas ou mais maduras sejam significativas em sua vida. Experiências ou relacionamentos sérios – ou a necessidade de encarar com seriedade os relacionamentos – são a ordem do dia, em vez de contatos sem importância ou de mero flerte, embora a princípio possa parecer que este é o caso.

Saturno Transitando por sua Oitava Casa

As circunstâncias impõem ou o ajudam a definir, tornar estável ou pôr em ordem questões relativas a recursos de outros e envolvimentos íntimos, sejam eles emocionais ou financeiros. Desacordos, decepções ou protelações sobre o que você precisa adquirir de outros podem ser um problema, a resolução do qual pode significar ter de abandonar seus empreendimentos arriscados, fazer concessões mútuas ou ter muito respeito e consciência sobre como a outra parte opera. Além disso, evite situações amargas, pois elas só farão as coisas se estender por mais tempo que o necessário – de forma bem insuportável em certos casos. A Oitava Casa é também a área de seu gráfico que tem relação com "morte e impostos" – essas duas coisas que, segundo se diz, ninguém pode evitar. Se e quando a coisa se resumir a isso, render-se ao inevitável pode ser o único curso de ação. No que toca a relacionamentos íntimos, medos e hesitações com relação a chegar mais perto de alguém (ou a permitir que as pessoas cheguem mais perto de você) podem atingir um ponto crítico. Em outras palavras, pode ser um caso da morte de uma intimidade que resistia ou da morte da própria relação íntima.

Saturno Transitando por sua Nona Casa

As circunstâncias impõem ou o ajudam a definir, tornar estável ou pôr em ordem questões relativas a viagem e exploração, educação superior, desbravamento de novos terrenos, descoberta de leis e significados ou, em geral, à comunicação com uma audiência mais ampla. Tudo considerado, o sucesso nessas áreas depende de se ter uma ideia firme do que é ou não permitido e aceito. Estar num país estrangeiro envolve a necessidade de conhecer e respeitar seus costumes; procurar um sentido mais elevado implica invariavelmente em seguir algum tipo de código moral; a academia tem seus modos tradicionais de fazer as coisas; atingir as massas significa estar ciente dos costumes do segmento da sociedade que você tem em vista. Assim, seja qual for a área de empreendimento em que você esteja envolvido, conhecer e seguir as "regras" é essencial. O fracasso em fazê-lo levará a reveses e dificuldades. A aventura tem de ter objetivo ou uma jornada pode se tornar antes um teste de resistência que divertimento; a atitude expansiva tem de estar consciente de limitações, se você não quer que sua presença fique marcada em excesso. Contudo, observando as regras do jogo em que estiver envolvido e mantendo-se fiel a elas, você estará se preparando para uma posição segura no futuro próximo.

Saturno Transitando por sua Décima Casa

As circunstâncias impõem ou o ajudam a definir, tornar estável ou pôr em ordem questões relativas à sua carreira, *status* e reputação. É um tempo de avaliação com relação à sua posição no mundo exterior. Se você tem avançado continuamente para a frente e para o alto, produzindo um bom trabalho e seguindo as regras de seu jogo particular, poderá esperar que aqueles que estão no poder e em cargos de autoridade lhe concedam homenagens e recompensas ou que você conquiste a estima do público em geral. Se você tem direito ao sucesso, agora é o momento, quando é mais provável que receba suas "coroas de louros". E se você é a pessoa que está realmente no cargo de autoridade, vão testá-lo para saber se tem ou não o que é preciso para inspirar respeito naqueles sob seu comando. Se seu meio de atingir o topo ou seu modo de manter uma posição tem sido questionável, é mais do que provável que seja apanhado em erro. Este é um momento muito importante com relação à sua posição no mundo – e se você tem perdido tempo e feito pouco para se estabelecer ou mostrar sua capacidade, uma sensação de falta de objetivo poderá afetá-lo de alguma maneira. Falando com simplicidade, é um período em que aquilo que você verdadeiramente ganhou está marcado pelo que você realmente consegue.

Saturno Transitando por sua Décima Primeira Casa

As circunstâncias impõem ou o ajudam a definir, tornar estável ou pôr em ordem assuntos relativos às suas amizades, atividades de grupo e interesses comunitários/políticos. Não é uma época em que você é aconselhado a "fazer sozinho" ou que deva agir assim. Trabalho de equipe é a senha de reconhecimento e a receita para o sucesso. Além disso, ter algo que vá além da mera ambição – como aspirações e metas que promovam o bem-estar social da área que lhe interessa – vai lhe dar um senso de posição e objetivo. Inversamente, ignorar tais coisas pode levá-lo a ficar sozinho, sentindo-se inútil – excluído, mesmo. As amizades podem ser testadas agora, o que é uma boa coisa, porque frequentemente toleramos pessoas cuja chamada amizade não vai muito fundo; é bom saber com quem você pode contar, coisa que descobrirá no decorrer desta época. Qualquer dificuldade que você tenha em se ajustar ao coletivo do qual faz parte poderia lhe causar prejuízo – por isso descubra que reservas ou inibições tem a esse respeito. Talvez você tenha medo de ser ou parecer "comum", mas o paradoxo de ser comum é que cada um tem suas peculiaridades. Perceber que sua humanidade é o fator comum pode revelar áreas de segurança e estabilidade que vão supreendê-lo. Por outro lado, estar demasiado entricheirado em seu grupo social pode agora se mostrar sufocante e restritivo.

Saturno Transitando por sua Décima Segunda Casa

As circunstâncias impõem ou o ajudam a definir, tornar estável ou pôr em ordem assuntos relativos a atividades de "bastidores" e ao que é mais sutil e menos óbvio com relação à vida e a você mesmo. É, portanto, uma época em que pontas soltas têm de ser amarradas, em que negócios não acabados têm de ser examinados. Mas isso pode mergulhar bem fundo nas origens – voltando a vidas passadas (se você acredita em reencarnação) ou, pelo menos, a eventos que aconteceram muito cedo em sua vida, no útero mesmo, que o colocaram numa trajetória que agora reclama algum tipo de avaliação e reconciliação. Se trouxe do passado alguma coisa presa na garganta, você não conseguirá engolir ou aceitar mais nada até a garganta ter sido limpa.

As áreas que engendram sucesso ou estabilidade imediata são aquelas que se relacionam com a psicologia e a espiritualidade – isto é, tudo o que procure as causas profundas das coisas. Fatores externos, sejam eles pessoas ou coisas, talvez pareçam o que está lhe causando problemas, mas na realidade são apenas sintomas da paisagem interna. A incapacidade de perceber isto pode levar a pessoa a se sentir confinada e obrigada a pensar em sua vida de modo mais literal – como imaginar um período num hospital ou alguma outra instituição. Ou talvez você se encontre num tal lugar por causa de outra pessoa, como se fizesse companhia a um ente querido. Não é exatamente uma época em que você sinta que a vida esteja chegando a algum lugar, no sentido habitual da expressão, provavelmente porque nossa cultura imagina a "realidade" como essencialmente material ou física.

Saturno passando por sua Décima Segunda Casa ajuda a deixar claro que a vida é uma coisa tão espiritual quanto misteriosa. A incapacidade de levar isso em conta pode transformá-la numa experiência deprimente e nada recompensadora, mas se você encara isto como a necessária "limpeza do convés" ou o "acerto de contas", será finalmente recompensado pelo sentimento de que o mundo está ficando mais leve sobre seus ombros – pelo simples fato de você estar disposto a assumir responsabilidades. Por fim, você admite que existe um Poder Mais Alto que está realmente cuidando das coisas – e procure agir corretamente, seja qual for a ideia que faça dele.

Urano: Tabela de Conversão da Casa

(apenas para o cálculo "Pronto para Vestir")

Seu Signo de Nascimento ↓ Casa Transitada ↓ Número da Página

Período (Signo sendo transitado)	♈ Áries	♉ Touro	♊ Gêmeos	♋ Câncer	♌ Leão	♍ Virgem	♎ Libra	♏ Escorpião	♐ Sagitário	♑ Capricórnio	♒ Aquário	♓ Peixes
1 jan 2007 a 28 maio 2010 (Peixes)	12ª p. 287	11ª p. 287	10ª p. 286	9ª p. 286	8ª p. 285	7ª p. 284	6ª p. 283	5ª p. 283	4ª p. 282	3ª p. 282	2ª p. 281	1ª p. 281
28 maio 2010 a 14 ago 2010 (Áries)	1ª p. 281	12ª p. 287	11ª p. 287	10ª p. 286	9ª p. 286	8ª p. 285	7ª p. 284	6ª p. 283	5ª p.283	4ª p. 282	3ª p. 282	2ª p. 281
14 ago 2010 a 12 março 2011 (Peixes)	12ª p. 287	11ª p. 287	10ª p. 286	9ª p. 286	8ª p. 285	7ª p. 284	6ª p. 283	5ª p.283	4ª p. 282	3ª p. 282	2ª p. 281	1ª p. 281
12 março 2011 a 15 maio 2018 (Áries)	1ª p. 281	12ª p. 287	11ª p. 287	10ª p. 286	9ª p. 286	8ª p. 285	7ª p. 284	6ª p. 283	5ª p. 283	4ª p. 282	3ª p. 282	2ª p. 281
15 maio 2018 a 7 julho 2025 (Touro)	2ª p. 281	1ª p. 281	12ª p. 287	11ª p. 287	10ª p. 286	9ª p. 286	8ª p. 285	7ª p. 284	6ª p. 283	5ª p.283	4ª p. 282	3ª p. 282
	♈ Áries	♉ Touro	♊ Gêmeos	♋ Câncer	♌ Leão	♍ Virgem	♎ Libra	♏ Escorpião	♐ Sagitário	♑ Capricórnio	♒ Aquário	♓ Peixes

Urano Transitando pelas Casas

Urano Transitando por sua Primeira Casa

Mudança ou inovação, ruptura ou epifania, ou o único, o fora do comum, o alternativo ou estranho penetram em assuntos relativos à sua imagem, aparência e ao que constitui seu senso de presença no mundo ao redor. É uma chamada, portanto, a despertar para o fato de que não existe mais ninguém como você no Universo e que você precisa se afastar de qualquer coisa ou pessoa que tente encerrá-lo em alguma caixa ou buraco. Exagere neste pensamento e poderá isolar-se dos outros. Se usar a dose certa, vai muito simplesmente revolucionar a si próprio e à sua vida. O imprevisível e o inesperado são, você descobre, os modos pelos quais tudo é implementado. Conte com o renascimento ou reinvenção de si mesmo.

Urano Transitando por sua Segunda Casa

Mudança ou inovação, ruptura ou epifania, ou o único, o fora do comum, o alternativo ou estranho penetram em assuntos relativos às suas finanças, posses, poder aquisitivo, autoestima e senso do que tem valor para você. Geralmente significa alterar ou atualizar seu senso de autoestima e modo de ganhar dinheiro. Assumir uma opinião radical ou adotar um método tecnológico é possível e aconselhável. Se está estagnado a esse respeito, pode contar que será derrubado de sua posição confortável, pois você não está mais autorizado a ser complacente e será obrigado a renovar seus valores. Meios novos ou incomuns de ganhar dinheiro e de decidir o que vale o que são o sentido fundamental e a característica desta época.

Urano Transitando por sua Terceira Casa

Mudança ou inovação, ruptura ou epifania, ou o único, o fora do comum, o alternativo ou estranho penetram em assuntos relativos às suas coisas e batalhas do dia a dia, à educação, aos seus parentes (especialmente irmãos ou irmãs) e a tudo relacionado com comunicação. Interações do dia a dia e viagens curtas podem presenteá-lo com o inesperado, mostrando que o mundo é mais do que você conhece ou acha que conhece. A tecnologia ou campos alternativos, como a astrologia e o simbolismo, entram em seu modo de pensar, de se relacionar com o mundo e em seu modo de se comunicar com as coisas do dia a dia. Contratempos ou acidentes ocorrerão se você estiver preso a velhos meios de aprender, de se comunicar com as coisas ou de encará-las, ou se está resistindo à necessidade de mudança a ponto de deixar que a situação o paralise ou o deixe nervoso. Esta época trata de mudar sua atitude mental e tudo o que acontece, de bom ou ruim, contribui para isso.

Urano Transitando por sua Quarta Casa

Mudança ou inovação, ruptura ou epifania, ou o único, o fora do comum, o alternativo ou estranho penetram em assuntos relativos à sua casa e família, a seu senso de segurança e de pertencer a alguma coisa. Isto pode significar uma mudança de casa, uma alteração ou ruptura na estrutura doméstica, um distúrbio e/ou revelação de família ou qualquer coisa que dê a você uma ideia mais aguçada de como suas raízes e antecedentes o afetam. Verdades domésticas, exatamente isso. Num nível mais mundano, pode simplesmente significar algum tipo de modernização em sua casa, possivelmente transtornando sua vida diária no processo – mas mesmo isto apontaria para uma mudança interna mais profunda no modo como você se sente acerca do lugar particular que ocupa no mundo.

Urano Transitando por sua Quinta Casa

Mudança ou inovação, ruptura ou epifania, ou o único, o fora do comum, o alternativo ou estranho penetram em assuntos relativos ao seu estilo de autoexpressão criativa – o que inclui tudo de passatempos a romances, de filhos a drama e à disposição de fazer algo que seja uma demonstração de sua personalidade única. De um modo ou de outro, isto deveria contribuir para sua vida ser mais estimulante e vibrante, já que a principal carga de energia se volta para fazer com que aconteça algo novo. Você pode fazer isto de forma inteiramente impulsiva ou inconsciente – como uma relação inesperada, uma invenção ou um acontecimento casual –, o que vai lembrá-lo de que você é um ser extraordinário com muita coisa para mostrar ao mundo. Se você tem filhos, de repente esta ideia pode estar sendo expressa antes através deles que de você. Eles podem fazer o diabo se sua singularidade estiver sendo negada ou ignorada. É um período para você se expressar de uma maneira original e permitir que algumas outras pessoas também o façam.

Urano Transitando por sua Sexta Casa

Mudança ou inovação, ruptura ou epifania, ou o único, o fora do comum, o alternativo ou estranho penetram em assuntos relativos ao trabalho, aos colegas de trabalho, à saúde, ao método técnico e ao serviço para outros. Há uma forte probabilidade de que a sensação de ser um "escravo" possa agora vir à superfície – isto é, um escravo para alguém ou algo que parece recompensá-lo de modo insuficiente pelos seus esforços. A verdade, contudo, é que você está despertando para a diferença entre escravidão e serviço. Pode achar que está se dedicando a alguma obra ou pessoa, mas talvez esteja fazendo isso para substituir alguma outra coisa que possivelmente está faltando em sua vida. Como servir a você mesmo, por exemplo. A ética do trabalho ou o trabalho pelo amor ao trabalho é válida até certo ponto, mas se você ultrapassou esse ponto terá agora os sinais disto – como ficar entediado e frustrado com seu trabalho ou colegas de trabalho. Não sendo assim, os sinais podem aparecer em sua saúde, na medida em que o corpo se rebela contra aquilo a que você o está submetendo em nome do trabalho ou serviço ou, em geral, contra o fato de você estar literalmente confundindo alma e corpo. Então, se você se enquadra numa dessas alternativas, dê uma olhada em suas verdadeiras motivações para trabalhar como escravo (culpa, por exemplo) e tome alguma providência. Isto significa descobrir o que você realmente acredita que vale o esforço ou admitir que simplesmente ainda não encontrou sua verdadeira motivação. Mas você sabe que não pode continuar a se esgotar sem uma boa razão – ou, pior ainda, sem uma razão. É como fazer (ou talvez seja realmente o caso de fazer) greve por melhores condições de trabalho. Também é provável que métodos de saúde alternativa passem a interessá-lo neste período.

Urano Transitando por sua Sétima Casa

Mudança ou inovação, ruptura ou epifania, ou o único, o fora do comum, o alternativo ou estranho penetram em assuntos relativos a relacionamentos, a um parceiro ou parceira, se você tem alguém, e à sua maneira de se relacionar com os outros. Como um relacionamento é com frequência algo em que entramos por uma razão que na realidade não é a razão verdadeira, temos de encarar a verdade de por que estamos com alguém – ou por que não estamos. O fato é que segurança, percepção da responsabilidade para com os outros ou ilusões românticas estão geralmente em primeiro plano nos relacionamentos, enquanto liberdade de expressão e como de fato nos sentimos tendem a ficar inibidos em nome da paz e da confiabilidade. Mas agora o desejo de ser você mesmo, de mostrar seu "outro lado" vem se avolumando. Se este impulso é também reprimido, um elemento externo – como uma terceira pessoa ou uma grande quebra na rotina – pode interferir de modo a sinalizar as mudanças e a fornecer aquela chamada emocional para despertar.

O segredo aqui é ser o mais aberto possível com o outro, sem julgar ou ceder à insegurança e medos infantis. Quanto mais possessiva for uma pessoa, mais energicamente a outra agora reagirá. Um forte ingrediente no meio disso tudo é saber até que ponto você tem *amizade* pelo seu parceiro ou parceira, em vez de estar apenas emocional e fisicamente envolvido com ele ou ela. O fato é que amigos dão mais espaço um ao outro do que amantes, porque há um respeito inerente pela individualidade do outro – e a individualidade no relacionamento é a característica deste período. Se você não está num relacionamento – ou mesmo que esteja – alguém pode aparecer de repente, alguém que você não esperaria atrair ou por quem não esperaria ser atraído. Tenha cuidado para não rejeitar a possibilidade; agora, afinal, você está explorando o outro lado da vida e explorando a si próprio, uma experiência muito importante à medida que o torna mais completo e interessante como pessoa, colocando-o mais perto de ser o indivíduo que realmente é.

Urano Transitando por sua Oitava Casa

Mudança ou inovação, ruptura ou epifania, ou o único, o fora do comum, o alternativo ou estranho penetram em assuntos relativos a recursos de outros e envolvimentos íntimos, sejam emocionais ou financeiros, e em qualquer interesse que você possa ter no mundo oculto ou no "outro lado". Ter liberdade e depender dos outros para dinheiro têm sido há muito tempo incômodos parceiros. Portanto, se for este o caso, ele vai contribuir para que o caminho seja difícil. Sentir-se devedor ou dependente de alguma coisa ou alguém significa, pela própria natureza do vínculo, que você não está "livre". O truque aqui é ver essa dependência como algo que lhe dá as liberdades que você realmente tem ou devia acreditar que tem. Sem dúvida, situações extremamente conflituosas podem surgir onde não há uma clara visão do problema. Tais crises, contudo, o desafiam a eliminar traços de caráter negativos, profundamente arraigados, transformando-os em alguma coisa mais pura, mais elevada e mais poderosa. Se você tiver sorte, pode acontecer algo que realmente lhe proporcione independência dos recursos de outra pessoa – como uma herança, por exemplo. Mas não fique contando com ela!

Tudo isto inclui aquela outra área – relacionamento íntimo – que é também um tanto hostil à liberdade. Em geral, quando a pessoa está sexualmente comprometida com alguém, pôr em prática a liberdade de fazer o que quiser ou ir onde quiser não é bem recebida ou admitida. A coisa, é claro, pode ser feita em segredo, outro tema da Oitava Casa, mas como Urano está inteiramente voltado para a franqueza e a verdade, espere ter a manobra descoberta. Outra das muitas alternativas a esta conflitante combinação de Casa Planetária é a da relação aberta ou experimentação dentro de um comprometimento sexual, possivelmente envolvendo uma ou mais pessoas. Ela pode ser muito reveladora e excitante, mas é também bastante perigosa em termos psicológicos – não deixaria, no entanto, de revelar de onde você e os outros estão vindo em termos sexuais. Isto pode talvez envolver uma abordagem mais esotérica do sexo, como o tantra. Na realidade, o período pode ser o momento de despertar para o lado mais metafísico e oculto da vida, em função, talvez, de você já estar interessado nisso. Ou esse despertar pode surgir de modo totalmente inesperado, devido, possivelmente, a algum acontecimento súbito.

Urano Transitando por sua Nona Casa

Mudança ou inovação, ruptura ou epifania, ou o único, o fora do comum, o alternativo ou estranho penetram em assuntos relativos a viagem e exploração, educação superior, desbravamento de novos terrenos, descoberta de leis e significados, coisas em que você acredita ou não, assuntos relativos, em geral, à comunicação entre você e uma audiência mais ampla. Em todos ou em cada um desses tópicos existe a possibilidade da sua visão de mundo, e possivelmente também a de outros, ser revolucionada se você estiver aberto ao impulso evolutivo de ultrapassar o que se tornou até agora. Se, no entanto, você resiste a essa mudança (na realidade um *upgrade*) de filosofia pessoal ou opinião, é provável que atraia os elementos mais negativos, como a decepção, pois o crescimento é cortado nas áreas onde você precisa dele. Talvez ocorram acidentes e contratempos quando você tentar ir de A a B ou escaramuças com instâncias legais ou religiosas tradicionais, pois seu inconsciente dificulta que você perceba que é menos tarimbado do que sua zona de acomodação o teria feito acreditar. Essencialmente, este período está voltado para mudar aquilo acerca do qual você como indivíduo ou a humanidade como um todo se conservam particularmente dogmáticos: o significado da vida, do universo e de todas as coisas.

Urano Transitando por sua Décima Casa

Mudança ou inovação, ruptura ou epifania, ou o único, o fora do comum, o alternativo ou estranho penetram em assuntos relativos à sua carreira, *status* e reputação. Movimentos na carreira ou mudanças radicais são portanto prováveis. Você também pode se ver em rebelião contra as regras e limitações da autoridade ou do campo onde atua profissionalmente, visto que isto parece bloquear ou frustrar seu progresso ou ambições. Ou talvez algum desenvolvimento súbito ou inovador seja o que vá revolucionar suas atividades no mundo em geral. Talvez você descubra, diante de uma arena que parece sufocante e abertamente conservadora, que precisa levar em conta quais são seus objetivos a longo prazo e seus princípios. Na verdade, você alcançou um ponto onde sua singularidade como indivíduo está adquirindo precedência sobre a necessidade de se ajustar ou mesmo de dar pontapés na linha oficial. Você está agora se reinventando com relação ao que é na vida, por isso qualquer coisa que entre nesse caminho não deve ser tolerada por muito tempo porque você poderia ficar realmente furioso e causar mais prejuízo à sua reputação do que é necessário ou aconselhável.

Urano Transitando por sua Décima Primeira Casa

Mudança ou inovação, ruptura ou epifania, ou o único, o fora do comum, o alternativo ou estranho penetram em assuntos relativos às suas amizades, atividades de grupo e interesses comunitários/políticos. Muito possivelmente, um novo e importante amigo ou grupo entrarão agora em sua vida. Isto ou alguma outra ocorrência social, como por exemplo um seminário ou workshop, irão contribuir para a projeção de novos ideais e aspirações, para que você possa olhar de frente, ou olhar de fora, o que encara como "normal". Você está mais inclinado a se alinhar agora com o radical ou o diferente, o que pode significar se rebelar contra o grupo com quem costumava se relacionar ou pelo menos não se sentir mais à vontade com ele. Em geral está mais inclinado a renovar sua energia e seu comportamento sociais e quaisquer eventos ou transtornos são melhor interpretados como se dessem uma ajuda nesse sentido.

Urano Transitando por sua Décima Segunda Casa

Mudança ou inovação, ruptura ou epifania, ou o único, o fora do comum, o alternativo ou estranho penetram em assuntos relativos às atividades de "bastidores", ao que é mais sutil e menos óbvio com relação à vida e a você mesmo. Este período pode presenteá-lo com toda sorte de acontecimentos estranhos, inexplicáveis, reveladores, embaraçosos ou coincidentes. Isto acontece porque você está atualmente sujeito a questões que costumava varrer para baixo do tapete em certo período do passado ou que simplesmente esqueceu, mas com as quais precisa entrar de novo em contato. Num nível puramente psicológico, talvez sinta sua cabeça sendo invadida por pensamentos que parecem intrigantes ou incômodos. Por mais que eles o influenciem, você deve fazer um esforço para entender o que está acontecendo, dentro e/ou fora de sua cabeça. Usar meios a que talvez normalmente não recorresse para fazer suas investigações – como hipnose, regressão a vidas passadas ou psicoterapia – é também uma probabilidade, e também recomendada. Num nível mais mundano, talvez você se encontre inesperadamente ocupado ou envolvido com alguma forma de instituição, como um hospital ou prisão – mas provavelmente não de forma direta. O fato é que está sendo posto em contato com um lado da vida – e com aqueles que a vivem – que não está em seu rol habitual de coisas. O objetivo dessas experiências é limpar seu armário de laços e lembranças antigas que estão impedindo que você progrida. No processo, você pode perfeitamente encontrar alguma pista ou interesse que altere, de modo radical, o que você pensa que a vida de fato significa, dando origem por fim a alguma perspectiva nova, com um caminho diferente.

Netuno: Tabela de Conversão da Casa

(apenas para o cálculo "Pronto para Vestir")

Seu Signo de Nascimento ↓ Casa Transitada ↓ Número da Página

Período (Signo sendo transitado)	♈ Áries	♉ Touro	♊ Gêmeos	♋ Câncer	♌ Leão	♍ Virgem	♎ Libra	♏ Escorpião	♐ Sagitário	♑ Capricórnio	♒ Aquário	♓ Peixes
1 jan 2007 a 4 abr 2011 (Aquário)	11ª p. 295	10ª p. 294	9ª p. 293	8ª p. 293	7ª p. 292	6ª p. 291	5ª p. 291	4ª p. 290	3ª p. 289	2ª p. 289	1ª p. 288	12ª p. 295
4 abr 2011 a 5 abr 2011 (Peixes)	12ª p. 295	11ª p. 295	10ª p. 294	9ª p. 293	8ª p. 293	7ª p. 292	6ª p. 291	5ª p. 291	4ª p.290	3ª p. 289	2ª p. 289	1ª p. 288
5 abr 2011 a 3 fev 2012 (Aquário)	11ª p. 295	10ª p. 294	9ª p. 293	8ª p. 293	7ª p. 292	6ª p. 291	5ª p. 291	4ª p.290	3ª p. 289	2ª p. 289	1ª p. 288	12ª p. 295
3 fev 2012 a 30 maio 2025 (Peixes)	12ª p. 295	11ª p. 295	10ª p. 294	9ª p. 293	8ª p. 293	7ª p. 292	6ª p. 291	5ª p. 291	4ª p. 290	3ª p.289	2ª p. 289	1ª p. 288
	♈ Áries	♉ Touro	♊ Gêmeos	♋ Câncer	♌ Leão	♍ Virgem	♎ Libra	♏ Escorpião	♐ Sagitário	♑ Capricórnio	♒ Aquário	♓ Peixes

Netuno Transitando pelas Casas

Netuno Transitando por sua Primeira Casa

Espiritualidade ou ilusão, sintonia sutil ou sensibilidade exacerbada, inspiração ou confusão penetram em assuntos relativos à sua imagem, à sua aparência e ao que constitui seu senso de presença no mundo ao redor. Tudo isto pode ser experimentado como qualquer coisa entre uma crise de identidade e o sentimento de que você é o canal para algo mais alto e maior ou sua personificação. Como sempre acontece com Netuno, quanto mais você está consciente e se esforça deliberadamente para entrar em sintonia com o que a mente superior está captando do éter, mais gratificantes e menos confusas parecerão as coisas. Assim, práticas como meditação, visualização, canto gregoriano ou qualquer tipo de expressão ou performance criativa são fortemente recomendadas. Se você deixa, no entanto, as influências atuarem livremente e não negocia com elas, fica sujeito a receber um monte de mensagens misturadas e nelas mergulhar. Isso acontece porque, na verdade, estamos sendo postos em contato com as inúmeras e diferentes impressões, energias e personas que estão circulando em nós e ao nosso redor. De repente você pode ver que é uma coisa para uma pessoa e alguém completamente diferente para outra. Pode também estar inclinado a idealizar intensamente pessoas e situações, com posterior decepção. A realidade por trás da realidade – o que o filósofo Immanuel Kant chamava de "noumeno" – está tentando se tornar conhecida para você – ou melhor, *através* de você. Como um sinal de rádio de alta frequência, ela é admirável se você consegue sintonizá-la adequadamente, mas se reduz a um amontoado de estática confusa se não se consegue.

Netuno Transitando por sua Segunda Casa

Espiritualidade ou ilusão, sintonia sutil ou sensibilidade exacerbada, inspiração ou confusão penetram em assuntos relativos às suas finanças, posses, poder aquisitivo, autoestima e senso do que tem valor para você. Basicamente, então, você tem o planeta mais espiritual, e portanto não material, afetando aquela que é a área mais tangível e materialista da vida. Na maioria das vezes, isto significa que você vai constatar que assuntos financeiros e questões de autoestima (que tendem a ser medidas em termos de dinheiro ou conquista de poder) serão desestabilizados ou solapados de alguma forma. Por exemplo, qualquer esquema como-enriquecer-da-noite-para-o-dia não pode deixar de fracassar. É a tentativa de Netuno de fazê-lo olhar para os bens materiais e para sua maneira de avaliar as coisas de um modo mais espiritual ou refinado. O que implicaria em perceber que, no fim das contas, tudo está nos braços dos deuses e que colocar demasiada ênfase no lado material ou físico da vida leva a equívocos e desequilíbrios. No limite extremo, o único modo de Netuno agir neste sentido é provocar algum tipo de perda material para que você tenha de aceitar que posses são coisas passageiras, que "não podemos levar conosco". O desprendimento do desejo ou da necessidade de ter e de ganhar provoca uma dose maior do tipo de filosofia "o bom Deus proverá", com a constatação de que a verdadeira riqueza consiste literalmente em ser fluido, deixando as coisas fluírem para um lado e para o outro conforme as necessidades. Contudo, como existe agora uma inclinação para ser idealista ou imaginativo demais com relação a questões de dinheiro, seria sensato "confiar em Alá, mas amarrar o camelo".

Netuno Transitando por sua Terceira Casa

Espiritualidade ou ilusão, sintonia sutil ou sensibilidade exacerbada, inspiração ou confusão penetram em assuntos relativos às suas coisas e batalhas do dia a dia, à educação, aos seus parentes (especialmente irmãos ou irmãs) e a tudo relacionado com comunicação. Pode ser uma época de esperanças e pensamento inspirado; de falsa percepção ou de percepção paranormal. Tudo depende de você estar encarando a vida de um ponto de vista espiritual, metafísico, ou de estar tentando extrair algum sentido do que vê para controlar o que encara como seu mundo. Se puder imaginar sua mente como um receptor de rádio sintonizado em pensamentos e ideias, a interação com quem se encontra ao redor assumirá uma característica que está além do lugar comum, superando as passadas minúsculas da vida diária. Se você não dá atenção a isso ou nega que a vida seja mais do que está diante do olho, acredite que ficará confuso com a pobre alternativa de ver as trivialidades se transformando numa massa sem sentido de pensamentos e palavras. Os fios entram em curto, as comunicações se tornam grotescas, a bisbilhotice assume uma característica mais debilitante ou mesmo escandalosa. O dito "o mundo é mais do que conhecemos" é adequado a essa situação. Tente conservar o que (acha que) sabe e ficará confuso. Mantenha-se aberto para o misterioso, o inexplicável e ficará fascinado, colocando-se em contato com algo que torna a vida muito mais interessante, digna e significativa.

Netuno Transitando por sua Quarta Casa

Espiritualidade ou ilusão, sintonia sutil ou sensibilidade exacerbada, inspiração ou confusão penetram em assuntos relativos à sua casa e família, a seu senso de segurança e de pertencer a alguma coisa. Este período pode, portanto, revelar se você se sente ou não à vontade em relação ao lugar onde vive. Se existe uma sensação ruim emboscada ou coisas se despedaçando ou não combinando, isso está dizendo que você precisa rever o que quer de sua vida doméstica e familiar, precisa saber por que está se conformando com isso e se deve ou não se mudar para um novo local. Ou mais metafisicamente, o lugar onde você vive pode ser experimentado como uma projeção de seu estado emocional interior ou do estado de outra pessoa que more com você. A experiência pode se dar na forma de uma ocorrência estranha ou que envolva água de alguma forma. Problemas de inundações e encanamentos, por exemplo, seriam um sinal de que existem assuntos emocionais aflorando que precisam ser "enxugados" ou tratados. Em seu ponto mais extremo esta influência pode ser experimentada como assombração – mas a interpretação é a mesma: ela está refletindo algum distúrbio em sua existência ou na existência de outro membro do ambiente doméstico. Positivamente falando, a influência pode ser experimentada como uma "volta para casa", um ficar mais em contato com os espíritos da casa e do lar, sentindo uma espécie de comunhão com todos eles. Em termos mais gerais, você se sente em contato paranormal com suas raízes (ou com um passado remoto) e/ou com a própria Natureza.

Netuno Transitando por sua Quinta Casa

Espiritualidade ou ilusão, sintonia sutil ou sensibilidade exacerbada, inspiração ou confusão penetram em assuntos relativos a seu estilo de autoexpressão criativa – e isso inclui tudo de passatempos a romance, de filhos a drama e à disposição de fazer algo que seja uma demonstração de sua personalidade única. Assim, esta influência pode se manifestar sob uma grande variedade de formas, mas todas em função de você querer tornar a vida mais colorida, significativa, romântica, glamurosa, dramática ou criativa. O lado negativo é considerável porque tal influência poderia ser experimentada deixando-o irremediavelmente apaixonado (ou com um desejo ardente). Você poderia idealizar alguém de modo desproporcional ao que a pessoa realmente é (ou ver a mesma coisa sendo feita com você). Poderia se envolver em algum caso ou intriga que tomaria vulto quando seus castelos no ar eliminassem qualquer noção de realidade. Pode ser, no entanto, um período em que você realmente estabeleça um ótimo laço com alguém, um laço que pode ser inclusive platônico, pois isto talvez preserve mais facilmente o ideal e crie aquele elevado sentimento de estar espiritualmente envolvido com alguém, como se os dois já tivessem se conhecido antes. Ânsias e suscetibilidades podem encontrar expressão através das crianças (suas ou de outros), na medida em que elas personifiquem seus ideais, sua necessidade de autoexpressão ou sua fragilidade. Assumir ou aperfeiçoar algum talento criativo que você tenha é um dos meios mais frutíferos e confiáveis de conviver com esta influência, pois assim você estaria empregando a imaginação em sua esfera própria, em vez de projetá-la sobre alguma coisa ou alguém.

Netuno Transitando por sua Sexta Casa

Espiritualidade ou ilusão, sintonia sutil ou sensibilidade exacerbada, inspiração ou confusão penetram em assuntos relativos ao trabalho, colegas de trabalho, saúde, metodologias e serviço para outros. Provavelmente é com relação à saúde que você tem de ser extremamente cuidadoso. Isto porque, por um lado, está mais suscetível a pegar infecções ou desenvolver alergias e, por outro, a permitir que sua imaginação tome conta de você e o deixe adoecer. Sem dúvida, se você ficar indisposto durante este período, talvez se trate de uma efermidade estranha ou difícil de diagnosticar, possivelmente psicossomática. Este último detalhe não indica necessariamente que não haja nada errado, pois você está manifestando fisicamente algo que o incomoda num nível inconsciente ou emocional. É também provável que, durante este período, você procure ajuda médica complementar ou alternativa, ou até mesmo que decida se tornar um médico. É para as razões mais sutis da saúde ou de sua falta que você – de um modo ou de outro – se sente agora atraído. Da mesma maneira, nutrição e dieta podem se tornar uma preocupação, mas ainda aqui tenha cuidado para que isso não se transforme num novo problema, com modismos passageiros desafiando-o como se fossem fatos reais. No trabalho, suscetibilidades, alergias e rumores podem ser um incômodo – mas também seriam sintomáticos de algum problema subjacente tentando se fazer notar.

Netuno Transitando por sua Sétima Casa

Espiritualidade ou ilusão, sintonia sutil ou sensibilidade exacerbada, inspiração ou confusão penetram em assuntos relativos a relacionamentos, a um parceiro ou parceira, se você tem alguém, e à sua maneira de se relacionar com os outros. Uma manifestação comum disto é ficar apaixonado – ou cair presa das ilusões do amor. A tendência humana para tratar de maneira romântica ou idealizar um ser amado é realmente um meio de percebermos se podemos ou não amar de forma genuína e incondicional, pois é provável que, durante este período, nos deparemos com o lado mais frágil de nosso parceiro ou parceira (possivelmente um problema de saúde ou alguma outra condição debilitante) ou meramente com o lado pelo qual não nos apaixonamos ou não teríamos nos apaixonado se tivéssemos nos deparado com ele logo no início. Se podemos amar a ela ou a ele apesar disso, passamos, por assim dizer, no teste de Netuno e seremos conduzidos a um nível mais elevado de amor e relação – possivelmente a um nível que é, temporária ou indefinidamente, platônico. Se, por outro lado, o que está em jogo são "ilusões de amor", uma dolorosa ou pelo menos embaraçosa bifurcação dos caminhos está nas cartas. Fora este cenário de relacionamento pessoa a pessoa, nosso trato com os outros em geral se desenvolve melhor do ponto de vista da compaixão e da compreensão espiritual ou, falhando isso, com um olho atento para ver onde o outro quer chegar. Aceitação, encarando os problemas karmicamente e virando a outra face, caracteriza a primeira atitude, enquanto absorver as coisas com uma pitada de sal e ler as letras miúdas caracteriza a segunda.

Netuno Transitando por sua Oitava Casa

Espiritualidade ou ilusão, sintonia sutil ou sensibilidade exacerbada, inspiração ou confusão penetram em assuntos relativos a recursos de outros, envolvimentos íntimos, sejam emocionais ou financeiros, e em qualquer interesse que você possa ter no mundo oculto ou no "outro lado". De um modo geral, dinheiro ou questões contratuais devem ser minuciosamente conferidos porque há um possível elemento de fraude ou pelo menos de incompreensão nascida do não conhecimento de todos os fatos. Tenha cuidado com o pensamento fantasioso ou projetos messiânicos, pois eles poderiam pegá-lo distraído. No entanto, o lado mais místico ou não quantificável da vida pode entrar em jogo, de um modo benéfico, com relação a coisas como heranças ou negociações financeiras – mas você teria de estar realmente muito bem sintonizado com a possibilidade de ter sua sorte nas mãos dos deuses para contar com isso.

Com relação à intimidade e sexualidade, qualquer coisa do mais alto ao mais baixo, do exótico ao atordoante, do extático ao repudiado pode ser parte de sua paisagem. Ilusões referentes à sua atitude com relação a sexo e com relação a alguém que é parte de seu cenário sexual subirão provavelmente à superfície durante este período e precisarão ser honestamente enfrentadas, refinadas e resolvidas para que a confusão não se transforme em violento caos. Uma abordagem espiritual do sexo, como o tantra, pode ser uma rota recomendável ou pelo menos uma rota que pode ser seguida. Na medida em que envolve sua vida espiritual, este é um período em que a realidade e o significado da morte e do oculto podem desempenhar importante papel para conectá-lo com o mundo do espírito e, assim, com seus sentimentos mais intensos e incontestáveis, ajudando-o de um modo especial ou sutil.

Netuno Transitando por sua Nona Casa

Espiritualidade ou ilusão, sintonia sutil ou sensibilidade exacerbada, inspiração ou confusão penetram em assuntos relativos a viagem e exploração, educação superior, desbravamento de novos terrenos, descoberta de leis e significados ou, em geral, à comunicação entre você e uma audiência mais ampla. A característica principal desta influência é conduzi-lo à percepção de que tudo e todos são *um*, que todos nós compartilhamos a mesma fonte e a mesma natureza fundamental enquanto criaturas vivas e que, na verdade, todas as coisas são seres sencientes, de uma flor a uma montanha, de um ser humano a um inseto. Por mais nobre e bom, e um tanto "gênero *hippie*", que tudo isto possa ser, há o perigo de nos fazer aceitar uma visão de vida ilusória ou fantasiosa com, paradoxalmente, um senso de superioridade moral a acompanhá-la. Neste ponto, a influência de Netuno avança um pouco para solapar esse "egoísmo egotista"; o resultado é que somos deixados ao deus-dará, o "guru" se revela como uma fraude demasiado humana e o sonho impetuoso de paz e amor é desbaratado pelas severas realidades da vida como ela realmente é, não como sonhamos que deveria ser. Seja como for, tais excursões místicas pelo que Deus, o universo e tudo mais significam levam de fato a uma certa elevação de nossa filosofia espiritual, contribuindo, num pequeno grau, para criar um mundo mais admirável e tolerante. Mas provavelmente você acabará se perdendo, literalmente ou mentalmente, ou de ambas as formas, no processo.

Netuno Transitando por sua Décima Casa

Espiritualidade ou ilusão, sintonia sutil ou sensibilidade exacerbada, inspiração ou confusão penetram em assuntos relativos à sua carreira, *status* e reputação. O modo como isto pode se manifestar varia consideravelmente, mas no fundamental trata-se do quanto aquilo que você está fazendo no mundo (através da profissão ou da contribuição dada a alguma coisa) tem a ver com uma expressão mais verdadeira e mais espiritual de quem você é. Se sua conduta está mais relacionada com um sentimento de *status*, autoridade ou riqueza, é provável que surja algum elemento que a sabote ou mine de alguma forma, deixando-o nu. E como isso seria essencialmente uma questão do ego, é bastante provável que irrompesse na cena algum outro ego – possivelmente uma figura de autoridade – que "o enfurecesse". Rebater isso golpe a golpe seria compreendê-lo mal e levaria a uma situação radicalmente confusa, frustrante, que acabaria por transformá-lo no perdedor. Seria assim pelo fato de você não estar prestando atenção ou dando ouvidos à questão que Netuno está colocando por meio de tal acontecimento ou de tal pessoa: "É isto o que você realmente quer fazer ou, pelo menos, é deste modo que você quer fazer?"

Outra maneira de Netuno colocar a questão é vê-lo fazer algo por sua própria conta – no presente ou no passado – que mine sua posição agora. A expressão positiva desta influência é obtida satisfazendo a exigência de Netuno de que você faça alguma coisa no mundo que seja iluminadora, que possa consolar ou divertir. Alguma atividade ou profissão que contribua para isso poderia se apresentar a você como uma ideia, uma oportunidade ou desdobramento, talvez envolvendo a música, a metafísica ou o teatro. Seja como for, o que você está fazendo atualmente para enaltecer ou inspirar outras pessoas é o que constitui a verdadeira marca de seu lugar no mundo. Ao mesmo tempo, porém, tenha cuidado para que seu ego não se ponha (de novo) no caminho, glorificando seu papel, pois isso também o levaria à ruína, à desilusão ou ao escândalo.

Netuno Transitando por sua Décima Primeira Casa

Espiritualidade ou ilusão, sintonia sutil ou sensibilidade exacerbada, inspiração ou confusão penetram em assuntos relativos às suas amizades, atividades de grupo e interesses comunitários/políticos. A beleza de uma tal influência pode ser experimentada como o sentimento de que você está realmente entre espíritos afins ou que está envolvido em algum movimento realmente destinado à glória ou a fazer algo de bom no mundo. O problema aqui é que, se há alguma ilusão ou empecilho, como todos os envolvidos estão sob a mesma influência existe a possibilidade de que ninguém repare até que a bolha arrebente e o que eram convicções idealistas passe a ser visto como mera fantasia (que, se tivesse sido manejada de forma mais sutil e consciente, teria conseguido satisfazer metas e aspirações nobres). Em outra expressão deste trânsito, a compaixão e o amor incondicional são dados a um amigo ou grupo ou deles recebidos. Seja como for, render-se honestamente às exigências do grupo ou ver o amigo fazendo alguma admissão franca é vital – de outro modo as coisas poderiam se dissolver em desapontamento e recriminação. Outra expressão desta influência poderia ser o fato de você frequentar grupos místicos ou simplesmente descobrir que o grupo onde está "não serve mais" para você – ou ambas as coisas. O empenho espiritual do grupo, no entanto, é a essência deste período, com todos os altos e baixos que isso possa engendrar.

Netuno Transitando por sua Décima Segunda Casa

Espiritualidade ou ilusão, sintonia sutil ou sensibilidade exacerbada, inspiração ou confusão penetram em assuntos relativos às atividades de "bastidores", ao que é mais delicado e menos óbvio com relação à vida e a você mesmo. É uma influência duplamente sutil – o que significa que você pode perdê-la inteiramente ou de fato alcançar uma compreensão melhor do que você e a vida significam de uma perspectiva espiritual. Mas "perder inteiramente" não seria estritamente verdadeiro, porque Netuno sempre busca a porta dos fundos quando não pode entrar pela frente – isto é, ele atrairá sua atenção para as obras interiores da vida e influenciará sua personalidade, realizando algo que você não pode explicar ou com o qual não pode lidar da habitual forma objetiva, material ou lógica. Talvez haja uma impressão de que algo ou alguém está fazendo falta ou que uma parte de você está tentando se fazer sentir através da névoa de atividade e racionalidade com que você se cercou, mas que aceita como sendo normal. Ou então isso pode surgir como uma enfermidade um tanto difícil de ser tratada ou diagnosticada. Ou alguma coisa ou alguém pode penetrar em alguma área de sua vida ou de seu ser sem ter sido, por assim dizer, convidado. Por isso é muito melhor enfrentar essa influência com uma investigação sobre seu passado ou senso de mistério, enfrentá-la na psicologia ou no misticismo, e naquilo que possa ser sua realidade espiritual. Desse modo você irá falar a linguagem de Netuno, evitando assim ser confundido pela abordagem mais indireta do planeta. Questões relativas ao karma, à vida no útero e a vidas passadas são uma possível, e particularmente fértil, área de investigação e experiência – mesmo se você a está utilizando pela primeira vez.

Plutão: Tabela de Conversão da Casa

(apenas para o cálculo "Pronto para Vestir")

Seu Signo de Nascimento ↓ Casa Transitada ↓ Número da Página

Período (Signo sendo transitado)	♈ Áries	♉ Touro	♊ Gêmeos	♋ Câncer	♌ Leão	♍ Virgem	♎ Libra	♏ Escorpião	♐ Sagitário	♑ Capricórnio	♒ Aquário	♓ Peixes
1 jan 2007 a 26 jan 2008 (Sagitário)	9ª p. 303	8ª p. 303	7ª p. 302	6ª p. 302	5ª p. 301	4ª p. 300	3ª p. 299	2ª p. 299	1ª p. 298	12ª p. 298	11ª p. 297	10ª p. 304
26 jan 2008 a 14 jun 2008 (Capricórnio)	10ª p. 303	9ª p. 302	8ª p. 302	7ª p. 301	6ª p. 300	5ª p. 299	4ª p. 299	3ª p. 298	2ª p.298	1ª p. 297	12ª p. 304	11ª p. 303
14 jun 2008 a 27 nov 2008 (Sagitário)	9ª p. 302	8ª p. 302	7ª p. 301	6ª p. 300	5ª p. 299	4ª p. 299	3ª p. 298	2ª p. 298	1ª p. 297	12ª p. 304	11ª p. 303	10ª p. 303
27 nov 2008 a 23 mar 2023 (Capricórnio)	10ª p. 303	9ª p. 302	8ª p. 302	7ª p. 301	6ª p. 300	5ª p. 299	4ª p. 299	3ª p. 298	2ª p. 298	1ª p. 297	12ª p. 304	11ª p. 303
	♈ Áries	♉ Touro	♊ Gêmeos	♋ Câncer	♌ Leão	♍ Virgem	♎ Libra	♏ Escorpião	♐ Sagitário	♑ Capricórnio	♒ Aquário	♓ Peixes

Plutão Transitando pelas Casas

Plutão Transitando por sua Primeira Casa

Crises, transformações profundas, ocorrências fatais e experiências intensas penetram em questões relativas à sua imagem, à sua aparência e ao que constitui seu senso de presença no mundo ao redor. Como isto é caracterizado principalmente por uma intensificação do que você vê e sente estar realmente acontecendo, pode haver uma tendência ou mesmo uma compulsão para controlar as coisas, pois você suspeita que as coisas o esmagariam se você não o fizesse. O problema é que isso dá início a uma reação do meio ambiente e de outras pessoas, o que de certo modo prova que suas suspeitas eram justificadas. E daí pode resultar uma espiral negativa. É, portanto, muito melhor ver tudo como uma intensificação de sua *percepção*, não do que você realmente percebe. Você pode então ver que o mundo corresponde em grande parte a como você o está criando como resultado de impressões recebidas mais cedo em sua vida, na época até do próprio nascimento – ou mesmo antes. Uma reflexão adicional pode também levá-lo a perceber que, de fato, foi você mesmo quem atraiu tais experiências em virtude do modo como se relacionou com as pessoas e, de novo, pelo modo como historicamente tem estado inclinado a observar o que acontece com você. No essencial, isso equivale à *capacitação* de sua *persona*, mas muito depende de se saber para o que você usa esta *persona* capacitada. Se a está usando apenas para abrir seu próprio caminho e com pouca consideração pelos outros, está atraindo e alimentando hostilidade contra si próprio. Se, por outro lado, você vê sua poderosa aura como meio de se aproximar da vida e dos outros para ajudar, curar ou divertir, você será definitivamente uma pesença a ser procurada em vez de evitada ou maltratada.

Plutão Transitando por sua Segunda Casa

Crises, transformações profundas, ocorrências fatais e experiências intensas penetram em questões relativas às suas finanças, posses, poder aquisitivo, autoestima e senso do que tem valor para você. Mais fundamentalmente, este período tem um enorme impacto sobre o mérito que julgamos nos caber. Um golpe em sua autoestima ou poder aquisitivo – ou qualquer acontecimento deste período relacionado ao seu mérito – seria realmente um catalisador para levá-lo a reexaminar não só como você avalia a si próprio e à vida, mas também os critérios que usa para fazê-lo. Uma das práticas mais imprudentes agora seria tentar se agarrar ao que você tem ou escondê-lo, pois isto muito provavelmente atrairia uma perda. Simplesmente Plutão está dizendo: "Você não pode levá-lo com você", pois a vida física e material é, com toda a certeza, coisa transitória. Se, por outro lado, você se vê como sendo essencialmente uma entidade possuidora de uma riqueza inata, que não pode ser destruída mas apenas desdobrada, transformada e usada para ajudar outros, você conhecerá a bênção de Plutão por entre as oportunidades e batalhas que o habilitarão a conseguir mais de si mesmo.

Plutão Transitando por sua Terceira Casa

Crises, transformações profundas, ocorrências fatais e experiências intensas penetram em questões relativas a seus parentes (especialmente irmãos ou irmãs) e a qualquer coisa relacionada com comunicação. No essencial, este é um período para o aprofundamento de sua reflexão com relação a quanto você sinceramente deseja olhar para as causas que estão na raiz das coisas. Seu contato social e intelectual assumirá, portanto, tons mais penetrantes e intensos à medida que você procure as razões por trás das razões por trás das razões. Ou, se você é emocionalmente avesso a chegar ao fundo das coisas, sua mente e vida diária se tornarão confusas e sobrecarregadas. Assim, você tem, inevitavelmente, de continuar procurando as escoras mais profundas da existência cotidiana, senão sua mente se tornará antes obcecada que convencida, seus encontros com outros serão antes insatisfatórios que estimulantes. Este poderia ou deveria ser um período em que você fica interessado na psicologia, na astrologia, na numerologia ou em qualquer coisa que tenha um olhar mais profundo sobre a realidade. Isto também pode incluir matemática, ciência ou astronomia – ou qualquer trilha séria de educação – como meio de chegar a uma compreensão da realidade que você captou.

Plutão Transitando por sua Quarta Casa

Crises, transformações profundas, ocorrências fatais e experiências intensas penetram em questões relativas à sua casa e família, a seu senso de segurança e de pertencer a alguma coisa. Assim, uma boa palavra-chave para o tema subjacente e o sentido essencial deste período é "raízes" – ou mais especificamente, mudanças provocadas pelo fato de você estar impregnado delas ou à procura delas – talvez de forma compulsiva. A convivência com seus pais e a vida doméstica têm uma característica que obriga velhos problemas a vir à tona, provavelmente dando origem a lutas pelo poder, a confrontos e sublevações. Porque certos processos também podem se refletir na sua vida doméstica em geral, com mudanças de casa, por exemplo, simbolizando alterações profundas que estão ocorrendo dentro de você. Você está buscando o lugar a que de fato pertence (e pode perfeitamente encontrá-lo), pelo menos até lhe ser exigido que busque suas raízes num nível ainda mais profundo. Como parte desta "jornada" é também provável que você fique completamente enterrado em casa, escondido do mundo. Como Plutão é o planeta dos fins e começos, o período pode trazer o falecimento de um pai, da mãe ou de outro membro da família – mas isto não é de modo algum uma certeza. Se de fato ocorre, é indicativo de seu "processo de enraizamento" ultrapassando o que foram suas primeiras raízes, mais ou menos como as raízes de um carvalho veriam as idas e vindas da flora e fauna que existem em seu meio.

Plutão Transitando por sua Quinta Casa

Crises, transformações profundas, ocorrências fatais e experiências intensas penetram em questões relativas ao seu estilo de autoexpressão criativa – o que inclui qualquer coisa de passatempos a romances, de filhos a drama e à disposição de fazer algo que seja uma demonstração de sua personalidade única. Um vínculo sexual ou romance vigoroso, até mesmo obsessivo, pode ocorrer durante o período – ou um caso existente pode atravessar uma crise levando a uma intimidade maior, a uma compreensão mais profunda ou a um fim. Os filhos podem, de alguma forma, aparecer, provocando uma mudança mais significativa que de hábito. Você deve reconhecer que decisões tomadas com relação aos filhos têm agora um efeito profundo em seu futuro e no futuro deles; seja portanto muito cuidadoso nas opções. Quaisquer atividades em que você se empenhe durante este período devem provavelmente ser muito absorventes, até mesmo arriscadas. Isto porque você quer sentir que está fazendo ou criando algo que tem um efeito profundo sobre você mesmo e os outros. O modo como você se expressa e o que de fato expressa sobre si mesmo passa por certas mudanças – possivelmente como resultado de acontecimentos sobre os quais não teve controle. Por exemplo, se tornar repetitivo e ter de tomar alguma atitude nova.

Plutão Transitando por sua Sexta Casa

Crises, transformações profundas, ocorrências fatais e experiências intensas penetram em questões relativas ao trabalho, colegas de trabalho, saúde, método técnico e serviço para outros. Obviamente é a área da saúde a que deveria ser dada prioridade agora, considerando-se a influência às vezes crítica de Plutão. Assim, se você tem uma condição precária, alguma enfermidade ou sintoma de doença, leve ou forte, é durante este período que eles provavelmente alcançarão um estágio onde alguma providência fundamental tem de ser tomada para que, mais tarde, você não se lamente por não ter feito nada. Ao mesmo tempo, esta é também uma das melhores influências para tornar a deixar em forma a mente e o corpo através de algum tipo de método como ioga, exercícios físicos, dieta, etc. Procure, no entanto, não ficar neurótico ou obcecado com relação a todos esses possíveis cenários, pois isso poderia criar por si só um problema. Como Plutão está envolvido com o mais profundo funcionamento das coisas, devíamos agora ter em conta que a saúde física realmente se origina nos mais profundos recessos da constituição da pessoa. Ficar intimamente envolvido com essa área – através de terapia profunda como renascimento, xamanismo, visualização ou qualquer disciplina que reconheça e utilize a conexão íntima entre mente e corpo – vai gerar resultados incrivelmente positivos. Você pode ter de atravessar algum trecho difícil para chegar lá, mas valerá a pena.

Aquela outra área-chave, o trabalho, é afetada por Plutão de formas igualmente intensas. Pelo lado negativo, você pode enfrentar lutas por posição no trabalho ou conflitos com colegas de trabalho. Pode descobrir que seu trabalho simplesmente não o satisfaz ou já não atende às suas exigências. Mas tais eventos não são apenas negativos. Estão aí para fazê-lo aprofundar seu olhar e descobrir qual é realmente o trabalho certo para você ou, num nível menos radical, que técnica ou rotina se adaptam melhor às suas exigências. Sob um ângulo puramente positivo, alguém envolvido em sua área pode lhe dar ânimo, assim como alguma espécie de trabalho em grupo ou reciclagem, melhoria de método ou retificação podem aprimorar ou auxiliar incrivelmente o que você está tentando fazer. Em termos do tipo de trabalho com que você se envolveu agora, ele pode perfeitamente ser de natureza plutônica, isto é, regenerativo, profundamente purificador ou investigativo.

Plutão Transitando por sua Sétima Casa

Crises, transformações profundas, ocorrências fatais e experiências intensas penetram em questões relativas a relacionamentos, a um parceiro ou parceira, se você tem alguém, e à sua maneira de se relacionar com os outros. Como Plutão é o Senhor do Submundo, você pode esperar encontrar as camadas mais profundas de sua própria constituição e da constituição de outra pessoa. O que você descobre pode ser qualquer coisa entre emocionante e atraente a profundo e revirador do estômago. Muito depende do tipo de relacionamento que já está mantendo ou do tipo de relacionamento que julga estar procurando ante aquilo que o destino tem realmente reservado para você. Se está em busca de alguma coisa que possa afetá-lo de forma profunda e transformá-lo, ou se precisa conscientemente disso, pode esperar que essa exigência seja mais do que satisfeita. Se, contudo, vem tentando manter as coisas de modo mais superficial ou descompromissado (tenha você consciência disso ou não), é muito provável que encontre alguém de quem não poderá se afastar ou experimente algo para o qual não será tão fácil encontrar uma explicação satisfatória. Seja como for, é provável que ocorram confrontações e lutas por posições à medida que colocar na ordem do dia o que é importante para você e onde você concorda ou diverge sobre problemas sérios. Isto terá o efeito de aprofundar uma relação ou encerrá-la. Tentar pairar em algum lugar no meio de tudo e não investigar os assuntos resultaria num tipo de morte lenta. É provável que você atraia "tipos sérios", possivelmente poderosos ou indagadores por natureza ou por profissão.

Plutão Transitando por sua Oitava Casa

Crises, transformações profundas, ocorrências fatais e experiências intensas penetram em questões relativas a recursos de outros, envolvimentos íntimos, sejam emocionais ou financeiros, e em qualquer interesse que você possa ter no mundo oculto ou no "outro lado". Assim, pode ser o momento em que você é ocasionalmente posto em contato com o mais difícil de sondar ou explicar de forma satisfatória – ou com aquilo de que simplesmente não consegue se afastar. Dizem que há coisas na vida que não se pode evitar, como a morte e os impostos. Do mesmo modo, há questões que o forçam a mudar de um modo profundo ou inequívoco; você não está autorizado a simplesmente contorná-las. Tem de chegar ao xis do problema, não importa a profundidade onde ele se encontre. O poder, numa ou mais de suas formas, se torna um elemento em suas relações – por isso espere ser levado a extremos quando ocorrerem lutas e avanços. Talvez haja algum tipo de "pagamento" ou herança a caminho – mas não conte com isso!

Plutão Transitando por sua Nona Casa

Crises, transformações profundas, ocorrências fatais e experiências intensas penetram em questões relativas a viagem e exploração, educação superior, desbravamento de novos terrenos, descoberta de leis e significados ou, em geral, à comunicação entre você e uma audiência mais ampla. Em suma, então, pode-se dizer que este é um período em que o que você acredita que a vida realmente é se torna um problema candente, até mesmo obsessivo – possivelmente provocado pelo fato de ter se deparado com uma pessoa, um lugar ou um ensinamento que exerce um poderoso efeito sobre você. Sua filosofia ou opinião anterior pode se tornar insuficiente para lidar com o que agora você se confronta, ou é desafiada por alguém. Simplesmente dar voz às próprias crenças não vai dar certo; é preciso ser coerente com o que diz – e lhe foi realmente dada a oportunidade de fazer isso. O problema pode ser que você ainda tente ser acadêmico em vez de mergulhar na experiência de vida como distinta da mera teoria. Ou então talvez você apenas se aproxime de alguém ou alguma coisa que parece ter o que você está procurando em termos de filosofia ou sistema de crenças. Ainda assim, a inclinação para ser farisaico, fundamentalista mesmo, poderia cegá-lo para o fato de que o que cura um mata outro. O principal objetivo dessa influência é dar um sentido mais profundo à sua experiência de vida, acabando por lhe proporcionar um senso muito mais forte de seu próprio destino e do objetivo da vida na Terra. Mas se você começa a pensar que, de alguma forma, tomou posse da filosofia moral ou religião definitivas, provavelmente será posto em seu lugar por uma força maior – talvez pela própria lei ou por qualquer terra ou cultura na qual ou próximo da qual você se encontre vivendo.

Plutão Transitando por sua Décima Casa

Crises, transformações profundas, ocorrências fatais e experiências intensas penetram em questões relativas à sua carreira, *status* e reputação. Efetivamente, você está tendo agora de ser seu mais autêntico eu com relação ao que está fazendo no mundo e a como se esforça para alcançar alguma coisa. Sente uma força e uma urgência impelindo-o a conquistar sucesso e posição. Contudo, se sacrifica a integridade por ganho material, pode se ver destruído num estágio posterior ou se chocar com pessoas que estão fazendo o mesmo jogo – mas estão fazendo isto há mais tempo e são extremamente cruéis. Paradoxalmente, no entanto, uma certa crueldade é exigida neste período – mas trata-se de ser cruel antes com você mesmo que com os outros. Se algum hábito ou vínculo está impedindo seu progresso, você pode perfeitamente ter de eliminá-lo, mas tenha muito cuidado com quem fica ferido aqui, pois a coisa pode ricochetear em algum ponto da estrada. Provavelmente, no entanto, você terá mesmo de averiguar se a trilha ou situação em que se encontra é realmente a melhor. Se for preciso, procure se desvencilhar inteiramente dela, salvando-se a tempo. A inclinação para se preocupar com sua carreira talvez vire uma obsessão, o que pode a princípio resultar em certas recompensas, mas talvez acabe fazendo com que outras áreas da vida, como casa, família ou relacionamentos acabem sendo negligenciadas. Similarmente, usar meios secretos, clandestinos ou mesmo criminosos para obter o que você acha que quer pode ser agora uma tentação – mas isto também acabaria levando-o a portos precários, se não realmente perigosos. Muito pode ser ganho e alcançado durante a manobra, mas também muito pode ser perdido!

Plutão Transitando por sua Décima Primeira Casa

Crises, transformações profundas, ocorrências fatais e experiências intensas penetram em questões relativas às suas amizades, atividades de grupo e interesses comunitários/políticos. Uma ocorrência provável sob esta influência pode ser rotulada "descobrir quem são seus amigos". Porque as amizades verdadeiras vão se destacar e aquelas que variam conforme o tempo ficarão expostas como resultado de algum tipo de crise, grande ou pequena. Alternativamente, ou ao mesmo tempo, os valores sociais, princípios ou ideologias que você subscreve podem ser colocados em xeque e possivelmente você terá de rever aquilo a que se apegou, além do laço com quem, sob esta base, esteve intimamente associado a você. Por outro lado, pode ocorrer alguma coisa que o force a decidir de que lado está e pode haver inclusive alguma causa que você esteja inclinado a promover e pela qual esteja disposto a fazer sacrifícios. No seu limite mais extremo, este período pode nos fazer lembrar da opinião que um dia Martin Luther King externou: "Se um homem não descobriu algo pelo qual fosse capaz de morrer, não tem condições de viver".

Plutão Transitando por sua Décima Segunda Casa

Crises, transformações profundas, ocorrências fatais e experiências intensas chegam a questões relativas a atividades de "bastidores", ao que é mais delicado e menos óbvio com relação à vida e a você mesmo. Essencialmente, Plutão desenterra o que foi enterrado, o que inclui qualquer coisa do passado que, por uma razão ou outra, tenha sido varrida para baixo do tapete. Isto também se relaciona a certos aspectos de sua natureza, dos quais você não tem consciência e/ou desaprova, que agora precisam ser trazidos à consciência a fim de que você possa chegar a um acordo com eles. O problema aqui é que, devido à própria natureza dessas coisas, ficamos relutantes em dar uma boa olhada nelas. E assim, podem ocorrer eventos que o forcem a um olhar introspectivo, ou, como alternativa precária, o tentem a continuar tolamente negando o papel que desempenhou numa dada questão. Fundamentalmente, assim que enfrentar ou tratar a sombra de seu passado ou aquela que faz parte de sua personalidade, você vai sentir o que pode ser comparado a um fluxo de ar fresco penetrando no espaço que você tinha originalmente preenchido com "matéria negra". Este período pode, portanto, vê-lo descobrir dimensões da vida e de si próprio que são iluminadoras, que lhe dão novas forças ou que fazem ambas as coisas. Além disso, temas como psicologia e reencarnação podem se tornar de grande ou prioritário interesse, visto que você procura sondar as profundezas da existência, seja a sua, a de outra pessoa ou a do coletivo. Efetivamente, então, este período pode ser como esvaziar o armário, dando a você a sensação de ter se preparado para deixar alguma coisa nova e promissora entrar em sua vida quando Plutão finalmente abandonar a Décima Segunda Casa e entrar em conjunção com seu Ascendente, que penetra na Primeira Casa. Continue negando a existência e a força do que habita em seu inconsciente e você pode estar se condenando a uma crise numa época posterior que não poderá de modo algum varrer para baixo do tapete, como por exemplo uma enfermidade ou uma perda física.

APÊNDICE 6

Pontos Focais: Picos e Padrões

São períodos em que devemos estar mais alertas, quando é maior a probabilidade de algo crucial ou importante acontecer com relação a uma ou mais Ondas Planetárias, tanto em nível coletivo quanto pessoal. Estar, contudo, consciente do efeito de uma Onda Planetária *do início ao fim* de sua duração ainda é importante, pois o habilitará a responder rápida e apropriadamente sempre que um piparote inesperado da Onda atingir a ponta de sua "prancha". Isso se adiciona à verdadeira intenção e ao efeito pretendido deste livro, que é *elevar sua consciência* a um nível que torne possível surfar as Ondas Planetárias com segurança e com êxito, evitando seus perigos e se beneficiando do que elas estão trazendo.

Embora não haja garantia de que alguma coisa *vá* realmente ocorrer durante um Ponto Quente, esses "piparotes" inesperados devem-se ao fato de que a astrologia, como a física quântica, a meteorologia, a medicina e algumas outras disciplinas, é uma ciência *inexata.* Isso significa que todas requerem um certo grau de *discernimento e imaginação.* Provavelmente, no entanto, elas requerem antes de mais nada *consciência e intuição.*

Como Vemos é Como Criamos

Pontos Focais são como cruzamentos de estrada (ou contracorrentes), pontos onde é mais provável alguma coisa acontecer ou ter seu acontecimento previsto. E assim, no espírito de criarmos em conjunto a vida e a realidade – que é o espírito deste livro e deste período – somos mais capazes, nesses momentos críticos, de influenciar o que vai ou não acontecer. Isto se dá porque estamos sendo mais influenciados *por* eles, pois o "vento" e a "corrente" são mais fortes. Podemos então dispor e tirar proveito de todas as ajudas ao surfe da Onda Planetária dadas neste livro com maior "consciência do clima" que de hábito – e fazer mais diferença que de hábito! E não esqueça que tudo isto se aplica à sua vida *pessoal* assim como a problemas globais. Existem os dois tipos de Pontos Focais relacionados abaixo: Padrões e Picos.

Padrões

Ocorrem quando uma série de planetas cria padrões importantes no céu. Quando envolvem as Luas Nova ou Cheia, isso os torna mais poderosos e, se são Eclipses, ainda mais. Os padrões podem durar de alguns dias a uma semana ou mais, de um lado e de outro das datas mostradas.

Picos

Surgem simplesmente quando os dois planetas envolvidos numa Onda estão interagindo de forma mais próxima ou intensa (tecnicamente falando, ocorre quando ambos os planetas estão exatamente alinhados em grau e minuto de arco). Fora qualquer outra coisa, as datas são recomendadas para a prática de algum ritual que você gostasse de cumprir com relação à Onda, como usar a devida Meditação da Onda Planetária para Grandes Tempestades e Ventos Favoráveis em seus picos, que são sempre dados abaixo em **negrito**.

Juntando Todos

Aqui está, então, uma visão geral de todos os Pontos Focais, ano a ano, usando os mesmos símbolos e códigos:

❖ = Padrão

▲ = Grande Tempestade ou Pico de Vento Favorável

⚡▲ = Pico do Reforço de Júpiter

Itálico = Vento ou Brisa Favoráveis soprando

Sublinhado = Ocorre um agrupamento de Padrões, sugerindo fortemente acontecimentos óbvios, ou pelo menos humores, tanto para o individual quanto para o coletivo.

Sombreado = Quando os Pontos Focais ocorrem no mesmo dia ou no prazo de alguns dias um do outro, intensificando efeitos para o bem ou para o mal.

Páginas = Números de páginas se referem aos textos da Onda Planetária relevantes para o Ponto Focal.

- Na(s) página(s) indicadas, simplesmente procure qualquer Onda Planetária ocorrendo na data ou em torno da data do Ponto Focal.
- O texto descreverá a energia do Ponto Focal e que evento, humor, advertência ou oportunidade ela pode propor.
- Leve também em consideração qualquer ênfase colocada sobre esta energia por um sombreamento ou sublinhado, como descrito acima.
- Se os dois planetas de qualquer Onda Planetária estiverem ambos incluídos nos planetas mencionados na coluna "Ondas Planetárias e/ou Padrão" das tabelas dos Pontos Focais que vêm a seguir, a Onda Planetária em questão deve merecer uma atenção especial. Pois a criamos como a vemos.
- Para adquirir novas percepções sobre o que estava, está ou podia estar acontecendo em qualquer ano particular em que ocorre um Ponto Focal, consulte também o Índice Ano a Ano da Onda Planetária na página 317.

Pontos Focais de 2007

data	tipo	onda planetária e/ou padrão	páginas
13 jan	❖	*Padrão Saturno/Plutão*	128, 131, 182
22 jan	⚡ ▲	Tempestade Menor Júpiter/Urano 2006-2007	76
28 fev	▲	**Grande Tempestade Saturno/Netuno 2004-2008**	144-79, 182-95
16 mar	⚡ ▲	*Brisa Favorável Júpiter/Saturno 2007-2009*	131, 183
6 maio	⚡ ▲	*Brisa Favorável Júpiter/Saturno 2007-2009*	131, 183
11 maio	⚡ ▲	Tempestade Menor Júpiter/Urano 2006-2007	76
16 maio	❖	*Padrão Júpiter/Saturno/Urano*	76, 131, 183
16 maio	❖	Lua Nova em Saturno/Netuno	144-79, 182-95
25 jun	▲	**Grande Tempestade Saturno/Netuno 2004-2008**	131, 144-79, 182-95, 230
30 jun	❖	Padrão Saturno/Netuno + Lua Cheia	131,144-79, 182-95, 230
30 jun	❖	*Padrão Saturno/Plutão + Lua Cheia*	128, 182
6 ago	▲	***Vento Favorável Saturno/Plutão 2006-2008***	128, 131, 182
13 ago	❖	Lua Nova em Saturno/Netuno	131,144-79, 182-95
28 ago	❖	Eclipse Lunar + Padrão Saturno/Netuno	131,144-79, 182-95
11 set	❖	Eclipse Solar em Júpiter/Urano/Plutão	34-87, 75
21 set	❖	Sol/Marte em Júpiter/Urano/Plutão	34-87, 75
9 out	⚡ ▲	Tempestade Menor Júpiter/Urano 2006-2007	76, 231
11 dez	⚡ ▲	Tempestade Menor Júpiter/Plutão 2007-2008	76, 131
24 dez	❖	Lua Cheia + Padrão Júpiter/Plutão	76, 131
24 dez	❖	*Padrão Saturno/Plutão*	128, 131, 231

Pontos Focais de 2008

data	tipo	onda planetária e/ou padrão	páginas
2 jan	❖	Marte em Júpiter/Plutão	76, 131
21 jan	⚡▲	*Brisa Favorável Júpiter/Saturno 2007?2009*	131, 183, 231
18 jun	❖	Padrão Lua Cheia em Urano/Plutão	34-87
17 ago	❖	Padrão Lua Cheia em Saturno/Netuno	131, 144-79 182-95
17 ago	❖	Padrão Urano/Plutão	34-87
17 ago	❖	*Padrão Júpiter/Saturno + Lua Cheia*	131, 183, 231
8 set	⚡▲	*Brisa Favorável Júpiter/Saturno 2007-2009*	131, 183, 231
8 set	❖	*Padrão Júpiter/Saturno*	131, 183, 231
8 set	❖	Sol em Saturno/Urano	132, 183, 197--227
4 nov	▲	**Grande Tempestade Saturno/Urano 2007-2012**	131, 132, 197--227, 230-31
21 nov	⚡▲	*Brisa Favorável Júpiter/Saturno 2007-2009*	131, 231
27 nov	❖	Padrões + Lua Nova em Saturno/Urano	131, 132, 183 184, 197-227 230-31
30 nov	❖	*Padrão Júpiter/Saturno*	131, 183, 231
12 dez	❖	Marte/Lua Cheia em Saturno/Urano	131, 132, 197--227, 230-31

Pontos Focais de 2009

data	tipo	onda planetária e/ou padrão	páginas
26 jan	❖	Eclipse Solar + Saturno/Urano	131, 132, 197--227, 230-31
5 fev	▲	**Grande Tempestade Saturno/Urano 2007-2012**	131, 132, 197--227, 230-31
11 mar	❖	Lua Cheia em Saturno/Urano	131, 132, 197--227, 230-31
15 abr	❖	Marte em Saturno/Urano	131, 132, 197--227, 230-31

7 jul	❖	Lua Cheia em Urano/Plutão	34-87
27 ago	❖	Mercúrio/Marte em Urano/Plutão	34-87
15 set	▲	**Grande Tempestade Saturno/Urano 2007-2012**	131, 132, 197-227, 230-31
18 set	▲	Lua Nova em Urano/Plutão	34-87
18 set	❖	Lua Nova em Saturno/Urano	131, 132, 197-227, 230-31
2 nov	❖	Lua Cheia em Saturno/Plutão + Padrão	88-127, 131, -132, 183, 231
15 nov	▲	**Grande Tempestade Saturno/Plutão 2008-2011**	88-127, 131-132, 183, 231
16 nov	❖	Lua Nova em Saturno/Plutão + Padrão	88-127, 131-132, 183, 231

Pontos Focais de 2010

data	tipo	onda planetária e/ou padrão	páginas
30 jan	❖	Padrão Lua Cheia + Saturno/Plutão	88-127, 131-132, 231
31 jan	▲	**Grande Tempestade Saturno/Plutão 2008-2011**	88-127, 131-132, 231
4 abr	❖	Padrão Saturno/Urano/Plutão	34-127, 131-132, 183, 197-227, 230-31
26 abr	▲	**Grande Tempestade Saturno/Urano 2007-2012**	131, 132, 183, 197-227, 231-40
23 maio	ϟ ▲	Tempestade Menor Júpiter/Saturno 2010-2012	132, 232
8 jun	ϟ ▲	Tempestade Menor Júpiter/Urano 2010-2011	76, 232
26 jun	❖	Eclipse Lunar no Padrão Júpiter/Saturno/Urano/Plutão	76, 132, 232
25 jul	ϟ ▲	Tempestade Menor Júpiter/Plutão 2010-2011	76, 132
26 jul	▲	**Grande Tempestade Saturno/Urano 2007-2012**	131-32, 197-227, 231-40
26 jul	❖	Lua Cheia + Padrão Júpiter/Saturno/Urano/Plutão	76, 132, 232

3 ago	↯ ▲	Tempestade Menor Júpiter/Plutão 2010-2011	76, 132
10 ago	❖	Lua Nova + Padrão Júpiter/Saturno/Urano/Plutão	76, 132, 232
16 ago	↯ ▲	Tempestade Menor Júpiter/Saturno 2010-2012	132, 232
21 ago	▲	**Grande Tempestade Saturno Plutão 2008-2011**	88-127, 130-43
19 set	↯ ▲	Tempestade Menor Júpiter/Urano 2010-2011	76, 232

Pontos Focais de 2011

data	tipo	onda planetária e/ou padrão	páginas
4 jan	↯ ▲	Tempestade Menor Júpiter/Urano 2010-2011	76, 232
18 fev	❖	Padrão Lua Cheia + Padrão Saturno/Urano/Plutão	76, 132, 232
25 fev	↯ ▲	Tempestade Menor Júpiter/Plutão 2010-2011	76, 132
3 abr	❖	Padrão Lua Nova em Saturno/Plutão	88-127, 130-43
28 maio	↯ ▲	Tempestade Menor Júpiter/Saturno 2010-2012	132, 184, 232
7 jul	↯ ▲	*Brisa Favorável Júpiter/Plutão 2011-2012*	76, 134
27 set	❖	Padrão Lua Nova em Urano/Plutão	34-87
26 out	❖	*Lua Nova + Júpiter/Plutão*	76, 134
28 out	↯ ▲	*Brisa Favorável Júpiter/Plutão 2011-2012*	76, 134
24 dez	❖	Lua Nova em Urano/Plutão	34-87
24 dez	❖	*Lua Nova + Saturno/Netuno*	144-79, 184-92
24 dez	❖	*Lua Nova em Júpiter/Plutão*	76, 134

Pontos Focais de 2012

data	tipo	onda planetária e/ou padrão	páginas
13 mar	⚡ ▲	*Brisa Favorável Júpiter/Plutão 2011-2012*	76
22 mar	❖	Lua Nova em Urano/Plutão	34-87
22 mar	❖	*Lua Nova em Júpiter/Plutão*	76
20 maio	❖	Padrão Eclipse Solar	34-87
24 jun	▲	ONDA-MÃE URANO/PLUTÃO 2007-20	34-87
25 jun	⚡ ▲	Tempestade Menor Júpiter/Netuno 2012	183
17 ago	❖	Lua Nova + Padrão + Urano/Plutão	34-87
19 set	▲	ONDA-MÃE URANO/PLUTÃO 2007-2020	34-87
30 set	❖	Lua Cheia em Urano/Plutão	34-87
30 set	❖	*Lua Cheia + Saturno/Netuno*	144-79, 184
11 out	▲	*Vento Favorável Saturno/Netuno 2010-2013*	180-81
28 dez	❖	Lua Cheia em Urano/Plutão	34-87

Pontos Focais de 2013

data	tipo	onda planetária e/ou padrão	páginas
22 mar	❖	Padrão Urano/Plutão	34-87
10 abr	❖	Padrão Lua Nova em Urano/Plutão	34-87
20 maio	▲	ONDA-MÃE URANO/PLUTÃO 2007-2020	34-87
11 jun	▲	*Vento Favorável Saturno/Netuno 2010-2013*	180-81, 184, 232
3 jul	❖	*Padrão Lua Nova + Padrão Júpiter/ Saturno/Netuno*	180-81, 184
17 jul	⚡ ▲	*Brisa Favorável Júpiter/Saturno 2013-2014*	185
18 jul	⚡ ▲	*Brisa Favorável Júpiter/Netuno 2013*	185
19 jul	▲	*Vento Favorável Saturno/Netuno 2010-2013*	180-81, 184
21 jul	⚡ ▲	Tempestade Menor Júpiter/Urano 2013-2014	76
7 ago	⚡ ▲	Tempestade Menor Júpiter/Plutão 2013-2014	76
1º nov	▲	ONDA-MÃE URANO/PLUTÃO 2007-2020	34-87
13 dez	⚡ ▲	*Brisa Favorável Júpiter/Saturno 2013-2014*	185
30 dez	❖	Padrão Urano/Plutão	34-87

Pontos Focais de 2014

data	tipo	onda planetária e/ou padrão	páginas
1º jan	❖	Padrão Lua Nova em Urano/Plutão	34-87
21 jan	❖	Padrão Júpiter/Urano/Plutão	76
31 jan	ϟ▲	Tempestade Menor Júpiter/Plutão 2013-2014	76
26 fev	ϟ▲	Tempestade Menor Júpiter/Urano 2013-2014	76
20 abr	ϟ▲	Tempestade Menor Júpiter/Urano 2013-2014	76
20 abr	ϟ▲	Tempestade Menor Júpiter/Plutão 2013-2014	75
21 abr	▲	**ONDA-MÃE URANO/PLUTÃO 2007-2020**	34-87
21 abr	❖	Padrão Júpiter/Urano/Plutão	76
14 jun	❖	Padrão Urano/Plutão	34-87
8 out	❖	Padrão Lua Cheia em Urano/Plutão	34-87
8 out	❖	*Padrão Lua Cheia em Júpiter/Urano*	77
25 out	ϟ▲	*Brisa Favorável Júpiter/Urano 2014-2015*	77
15 dez	▲	**ONDA-MÃE URANO/PLUTÃO 2007-2020**	34-87

Pontos Focais de 2015

data	tipo	onda planetária e/ou padrão	páginas
3 mar	ϟ▲	*Brisa Favorável Júpiter/Urano 2014-2015*	77
12 mar	❖	Padrão Urano/Plutão	34-87
17 mar	▲	**ONDA-MÃE URANO/PLUTÃO 2007-2020**	34-87
4 abr	❖	Eclipse Lunar em Urano/Plutão	34-87
22 jun	ϟ▲	*Brisa Favorável Júpiter/Urano 2014-2015*	77
16 jul	❖	Padrão Urano-Plutão + Lua Nova	34-87
3 ago	ϟ▲	Tempestade Menor Júpiter/Saturno 2015-2016	185
17 set	ϟ▲	Tempestade Menor Júpiter/Netuno 2015-2016	185
11 out	ϟ▲	*Brisa Favorável Júpiter/Plutão 2015-2016*	77
13 out	❖	*Lua Nova + Júpiter/Plutão*	77
13 out	❖	Lua Nova + Urano/Plutão	34-87
25 nov	❖	Padrão Lua Cheia em Saturno/Netuno	144-79, 185, 195
26 nov	▲	**Grande Tempestade Saturno/Netuno 2014-2017**	144-79, 185, 195

Pontos Focais de 2016

data	tipo	onda planetária e/ou padrão	páginas
10 jan	❖	Lua Nova em Urano/Plutão	34-87
16 mar	⚡ ▲	*Brisa Favorável Júpiter/Plutão 2015-2016*	77
23 mar	⚡ ▲	Tempestade Menor Júpiter/Saturno 2015-2016	185, 233
23 mar	❖	Padrão Júpiter/Saturno/Netuno + Eclipse Lunar	185, 232-33
23 mar	❖	Urano/Plutão + Eclipse Lunar	34-87
23 mar	❖	*Júpiter/Plutão + Eclipse Lunar*	77
7 abr	❖	Lua Nova em Urano/Plutão	34-87
21 maio	❖	Padrão Lua Cheia em Júpiter/Saturno/Netuno	185, 232-33
26 maio	⚡ ▲	Tempestade Menor Júpiter/Saturno 2015-2016	185, 233
5 jun	❖	*Padrão Lua Nova em Júpiter/Saturno/Plutão*	77
18 jun	▲	**Grande Tempestade Saturno/Netuno 2014-2017**	144-79, 185, 195
26 jun	⚡ ▲	*Brisa Favorável Júpiter/Plutão 2015-2016*	77
1º set	❖	Eclipse Solar em Saturno/Netuno	144-79, 185, 195
10 set	▲	**Grande Tempestade Saturno/Netuno 2014-2017**	144-179, 185 195
16 out	❖	Padrão Urano/Plutão + Lua Cheia	34-87
24 nov	⚡ ▲	Tempestade Menor Júpiter/Plutão 2016-2017	78
25 dez	▲	***Vento Favorável Saturno/Urano 2015-2018***	185, 228-29
26 dez	⚡ ▲	Tempestade Menor Júpiter/Urano 2016-2018	78, 233
29 dez	❖	Padrão Lua Nova + Padrão Júpiter/ Urano/Plutão	78, 233

Pontos Focais de 2017

data	tipo	onda planetária e/ou padrão	páginas
12 jan	❖	Lua Cheia no Padrão Júpiter/Urano/Plutão	78, 233
3 mar	ϟ ▲	Tempestade Menor Júpiter/Urano 2016-2018	78, 233
30 mar	ϟ ▲	Tempestade Menor Júpiter/Plutão 2016-2017	78
19 maio	▲	*Vento Favorável Saturno/Urano 2015-2018*	134, 185, 228-29
30 jun	❖	Padrão Júpiter/Urano/Plutão	78
4 jul	ϟ ▲	Tempestade Menor Júpiter/Plutão 2016-2017	78
23 jul	❖	Padrão Lua Nova no Padrão Júpiter/ Urano/Plutão	78
23 jul	❖	*Padrão Lua Nova no Padrão Saturno/Urano*	228-29
28 set	ϟ ▲	Tempestade Menor Júpiter/Urano 2016-2018	78, 233
20 out	❖	Padrão Lua Cheia no Padrão Júpiter/ Urano/Plutão	78, 233
20 out	❖	*Padrão Lua Cheia no Padrão Saturno/Urano*	228-229
11 nov	▲	*Vento Favorável Saturno/Urano 2015-2018*	134, 185, 228- -229
3 dez	ϟ ▲	Brisa Favorável Júpiter/Netuno 2017-2018	185
18 dez	❖	*Padrão Lua Nova no Padrão Saturno/Urano*	228-229

Pontos Focais de 2018

data	tipo	onda planetária e/ou padrão	páginas
17 jan	❖	Padrão Lua Nova em Urano/Plutão	34-87
31 mar	❖	Lua Cheia no Padrão Saturno/Plutão	88-127, 135
13 jul	❖	Padrão Eclipse Solar + *Padrão Saturno/Urano + Júpiter/Netuno*	135, 228-229
28 jul	❖	Padrão Eclipse Lunar no *Padrão Saturno/Urano + Júpiter/Netuno*	135, 228-229
24 out	❖	*Padrão Lua Cheia em Saturno/Urano*	135, 228-229
23 nov	❖	Padrão Lua Cheia + Urano/Plutão	34-87

Pontos Focais de 2019

data	tipo	onda planetária e/ou padrão	páginas
21 jan	❖	Eclipse Lunar + Padrão Saturno/ Urano/Plutão	34-87
30 ago	❖	Padrão Lua Nova no Padrão Saturno/ Urano/Plutão	34-87, 88-127 135-43
28 out	❖	Padrão Lua Cheia em Saturno/Plutão	88-127, 135-43
15 dez	⚡ ▲	*Brisa Favorável Júpiter/Urano 2019-2020*	78

Pontos Focais de 2020

data	tipo	onda planetária e/ou padrão	páginas
10 jan	❖	Padrão Eclipse Lunar no Padrão Saturno/ Urano/Plutão	34-87, 78, 135, 197-27, 231-40
12 jan	▲	**Grande Tempestade Saturno/Plutão 2018-2021**	88-127, 135-43
24 jan	❖	Lua Nova no Padrão Saturno/Urano/Plutão	34-87, 78, 135- -143, 197-27 231
5 mar	⚡ ▲	Tempestade Menor Júpiter/Plutão 2020-2021	78, 135
4 abr	❖	Padrão Saturno/Urano	197-227, 231
8 abr	❖	Lua Cheia + Padrão Júpiter/Saturno/ Urano/Plutão	78, 135, 197- -227, 231
30 jun	⚡ ▲	Tempestade Menor Júpiter/Plutão 2020-2021	78, 135
23 jul	❖	Lua Nova no Padrão Júpiter/Saturno/Plutão	78, 135
16 out	❖	Padrão Lua Nova no Padrão Júpiter/ Saturno/Plutão	78, 135
12 nov	⚡ ▲	Tempestade Menor Júpiter/Plutão 2020-2021	78, 135
21 dez	⚡ ▲	Tempestade Menor Júpiter/Saturno 2019-2021	135, 231

APÊNDICE 7

Índice Ano a Ano da Onda Planetária

Ano	Ondas Ativas/Clima da Onda Planetária + página onde estão descritas
2007-2020	**Introdução 9 Gráfico do Clima da Onda Planetária 27 Cronologia e Índice da Onda Planetária 28 Onda-Mãe Urano/Plutão 34-87 O Alvorecer da Era de Aquário 258**
2007	**Onda-Mãe Urano/Plutão 34-87** Tempestade Menor Júpiter/Urano 76 Tempestade Menor Júpiter/Plutão 76 ***Vento Favorável Saturno/Plutão*** 128-30 Grande Tempestade Saturno/Netuno 131 Tempestade Menor Júpiter/Plutão 132 *Brisa Favorável Júpiter/Saturno* 123 Grande Tempestade Saturno/Urano 132 **Grande Tempestade Saturno/Netuno** 145-79, 182-95 *Vento Favorável Saturno/Plutão* 182 *Brisa Favorável Júpiter/Satuno* 183 Grande Tempestade Saturno/Urano 183 **Grande Tempestade Saturno/Urano** 197-27, 230-40 Grande Tempestade Saturno/Netuno 230 *Vento Favorável Saturno/Plutão* 231 Tempestade Menor Júpiter/Urano 231 *Brisa Favorável Júpiter/Saturno* 231
2008	**Onda-Mãe Urano/Plutão** 34-87 Tempestade Menor Júpiter/Plutão 76 ***Vento Favorável Saturno/Plutão*** 128-30 Grande Tempestade Saturno/Netuno 131 Tempestade Menor Júpiter/Plutão 132 *Brisa Favorável Júpiter/Saturno* 132 Grande Tempestade Saturno/Urano 132 **Grande Tempestade Saturno/Plutão** 89-127, 130-43 *Brisa Favorável Júpiter/Saturno* 133 Grande Tempestade Saturno/Urano 133 **Grande Tempestade Saturno/Netuno** 145-79, 182-95 *Vento Favorável Saturno/Plutão* 182 *Brisa Favorável Júpiter/Saturno* 183 Grande Tempestade Saturno/Urano 184 **Grande Tempestade Saturno/Urano** 197-27, 230-40 Grande Tempestade Saturno/Netuno 230 *Vento Favorável Saturno/Plutão* 231 *Brisa Favorável Júpiter/Saturno* 231 Grande Tempestade Saturno/Plutão 231

2009 **Onda-Mãe Urano/Plutão** 34-87

Grande Tempestade Saturno/Plutão 89-127, 130-43 *Brisa Favorável Júpiter/Saturno* 133 Grande Tempestade Saturno/Urano 133

(Grande Tempestade Saturno/Netuno) Tempestade Menor Júpiter/Netuno 183

Grande Tempestade Saturno/Urano 197-227, 230-40 *Brisa Favorável Júpiter/Saturno* 231 Grande Tempestade Saturno/Plutão 231

2010 **Onda-Mãe Urano/Plutão** 34-87 Tempestade Menor Júpiter/Urano 76 Tempestade Menor Júpiter/Plutão 76

Grande Tempestade Saturno/Plutão 89-127, 130-43 Grande Tempestade Saturno/Urano 133 Tempestade Menor Júpiter/Saturno 133 Tempestade Menor Júpiter/Plutão 133 *Vento Favorável Saturno/Netuno 133*

Vento Favorável Saturno/Netuno 184-85 Grande Tempestade Saturno/Urano 184 Grande Tempestade Saturno/Plutão 184 Tempestade Menor Júpiter/Saturno 184

Grande Tempestade Saturno/Urano 197-227, 230-40 Grande Tempestade Saturno/Plutão 231 Tempestade Menor Júpiter/Saturno 232 Tempestade Menor Júpiter/Urano 232 *Vento Favorável Saturno/Netuno* 232

2011 **Onda-Mãe Urano/Plutão** 34-87 Tempestade Menor Júpiter/Urano 76 Tempestade Menor Júpiter/Plutão 76 *Brisa Favorável Júpiter/Plutão* 76

Grande Tempestade Saturno/Plutão 89-127, 130-143 Grande Tempestade Saturno/Urano 133 Tempestade Menor Júpiter/Saturno 133 Tempestade Menor Júpiter/Plutão 133 *Vento Favorável Saturno/Netuno* 133 *Brisa Favorável Júpiter/Plutão* 134

Vento Favorável Saturno/Netuno 184-185 Grande Tempestade Saturno/Urano 184 Grande Tempestade Saturno/Plutão 184 Tempestade Menor Júpiter/Saturno 184

Grande Tempestade Saturno/Urano 197-227, 230-40 Grande Tempestade Saturno/Plutão 231 Tempestade Menor Júpiter/Saturno 232 Tempestade Menor Júpiter/Urano 232 *Vento Favorável Saturno/Netuno* 232

2012 **Onda-Mãe Urano/Plutão** 34-87 *Brisa Favorável Júpiter/Plutão 76*

(Grande Tempestade Saturno/Plutão) *Brisa Favorável Júpiter/Plutão 134*

Vento Favorável Saturno/Netuno 184-85 Grande Tempestade Saturno/Urano 184 Tempestade Menor Júpiter/Saturno 184 Tempestade Menor Júpiter/Netuno 184

Grande Tempestade Saturno/Urano 197-227, 230-40 Tempestade Menor Júpiter/Saturno 232 *Vento Favorável Saturno/Netuno* 232

Fim do Calendário Maia 261

2013 **Onda-Mãe Urano/Plutão** 34-87 Tempestade Menor Júpiter/Plutão 76 Tempestade Menor Júpiter/Urano 76

Vento Favorável Saturno/Netuno 184-85 *Brisa Favorável Júpiter/Saturno* 185 *Brisa Favorável Júpiter/Netuno* 185

(Grande Tempestade Saturno/Urano) *Vento Favorável Saturno/Netuno* 232

2014 **Onda-Mãe Urano/Plutão** 34-87 Tempestade Menor Júpiter/Plutão 77 Tempestade Menor Júpiter/Urano 77 *Brisa Favorável Júpiter/Urano* 77

Grande Tempestade Saturno/Netuno 145-79, 182-95

2015 **Onda-Mãe Urano/Plutão** 34-87 *Brisa Favorável Júpiter/Urano* 77 *Brisa Favorável Júpiter/Plutão* 77

Grande Tempestade Saturno/Netuno 145-79, 182-95 Tempestade Menor Júpiter/Saturno 184 Tempestade Menor Júpiter/Netuno 184 *Vento Favorável Saturno/Urano* 185

Vento Favorável Saturno/Urano 232-33 Grande Tempestade Saturno/Netuno 232 Tempestade Menor Júpiter/Saturno 233

2016 **Onda-Mãe Urano/Plutão** 34-87 *Brisa Favorável Júpiter/Plutão* 77 Tempestade Menor Júpiter/Plutão 77 Tempestade Menor Júpiter/Urano 77

Grande Tempestade Saturno/Netuno 145-179, 182-195 Tempestade Menor Júpiter/Saturno 184 Tempestade Menor Júpiter/Netuno 184 *Vento Favorável Saturno/Urano* 185

Vento Favorável Saturno/Urano 185 Grande Tempestade Saturno/Netuno 232 Tempestade Menor Júpiter/Saturno 232 Tempestade Menor Júpiter/Urano 232

2017 **Onda-Mãe Urano/Plutão** 34-87 Tempestade Menor Júpiter/Plutão 77 Tempestade Menor Júpiter/Urano 77

Grande Tempestade Saturno/Netuno 145-79, 182-95 *Vento Favorável Saturno/Urano* 185 *Brisa Favorável Júpiter/Netuno* 185

Vento Favorável Saturno/Urano 232-233 Grande Tempestade Saturno/Netuno 232 Tempestade Menor Júpiter/Urano 232

2018	**Onda-Mãe Urano/Plutão** 34-87 Tempestade Menor Júpiter/Urano 76 **Grande Tempestade Saturno/Plutão** 89-127, 130-43 *Vento Favorável Saturno/Urano* 134 **(Grande Tempestade Saturno/Netuno)** *Brisa Favorável Júpiter/Netuno 185* Tempestade Menor Júpiter/Netuno 184 ***Vento Favorável Saturno/Urano*** *232-233* Tempestade Menor Júpiter/Urano 232 Grande Tempestade Saturno/Plutão 231
2019	**Onda-Mãe Urano/Plutão** 34-87 *Brisa Favorável Júpiter/Urano* 77 **Grande Tempestade Saturno/Plutão** 89-127, 130-43 Tempestade Menor Júpiter/Saturno 134 **(Grande Tempestade Saturno/Netuno)** Tempestade Menor Júpiter/Netuno 184 **(Grande Tempestade Saturno/Urano)** Tempestade Menor Júpiter/Saturno 233
2020	**Onda-Mãe Urano/Plutão** 34-87 *Brisa Favorável Júpiter/Urano* 77 Tempestade Menor Júpiter/Plutão 77 **Grande Tempestade Saturno/Plutão** 89-127, 130-143 Tempestade Menor Júpiter/Saturno 134 Tempestade Menor Júpiter/Plutão 134 Grande Tempestade Saturno/Urano 135 **Grande Tempestade Saturno/Urano** 197-227, 230-40 Grande Tempestade Saturno/Plutão 233 Tempestade Menor Júpiter/Saturno 233

Para concentrar o foco nas "datas quentes" num determinado ano, ver também Pontos Focais nas páginas anteriores, começando com uma explicação de como usá-los na página 305.